租税政策論

橋本恭之・鈴木善充 [著]
Hashimoto Kyoji　Suzuki Yoshimitsu

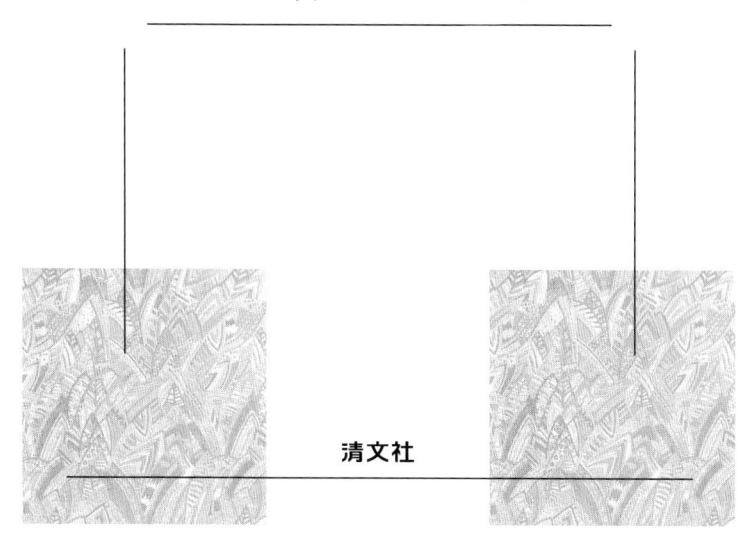

清文社

はしがき

　租税政策に関する関心は高い。とりわけ消費税を増税すべきか否かは、政権の命運をも左右する問題である。近年の税制改革の議論では、消費税の増税にのみ関心が寄せられているが、わが国の税制改革の課題は消費税だけにはとどまらない。消費税の増税が人々の関心を呼ぶのは、商品価格に一定比率で上乗せされるという仕組みが表面的にはシンプルでわかりやすいからだろう。これに対して、所得税、相続税は、累進税率表のもとで課税され、各種の控除が適用されるなど複雑な仕組みを有しており、どこに問題が存在するのかが一般の人々にはわかりにくい。法人税は、企業が負担するものであり、自分たちには関係のないものだと考えている人も少なくない。本書は、日本の税制改革の課題を正しく理解するための一助となることを意図して執筆したものである。

　租税政策、租税理論については、これまでも数多くの優れた研究書が存在してきた。しかし、これらの研究書は経済学の素養が不足している人々には、あまりにもハードルが高いものとなっている。本書を執筆するに際しては、経済学の基礎知識が不足している人々にも理解できるように、できるだけ数式の使用を控えている。ただし、学部の教科書として利用することも考えて、あえて簡単な数式を使用している箇所もある。これは、公務員試験では、租税の経済効果について数式を用いた計算問題が頻出していることを考慮したためである。本書は、学部のゼミナールでの教科書、税理士志望の大学院生向けの租税政策論の講義用の教科書としても使用することを想定している。本書の租税理論に関する各章は、公共経済学の講義の一部としても利用することを想定した。

　本書の具体的な構成は、第1章から第3章までで、租税制度全体の現状、

租税理論、税制改革の議論を包括的にみたうえで、第4章以降で、所得税、消費税、法人税、資産課税、地方税の個別の分野について詳しくみていくという形式を採用している。第4章以降は、いずれも個別の租税について、制度、理論、改革の課題の3つの切り口で論じている。これらの章を読むにあたっては、租税制度が毎年のように変化していく、「生き物」であることを意識して欲しい。インターネット等を活用して、本書ではカバーできない、最新の租税制度や改革の議論をフォローすることが必要となる。本書では、紙数の関係から環境税やたばこ税などのテーマについては盛り込むことができなかった。学部のゼミ生諸君には、これらの本書では取り扱っていないテーマについても、本書と同様に、制度、理論、改革の視点から研究に取り組んで欲しいところである。本書の巻末につけた学習案内も活用して、精力的に卒業論文や修士論文の作成にあたって欲しい。

　本書は、橋本と鈴木の共同執筆であり、全体を通して2人で調整を図りながら執筆したものである。一応の分担は、橋本が第1章第1・2節、第2章、第3章、第4章、第5章、第6章第1節、第7章、第8章、第9章第1・3・4節、第10章、第11章、第12章、第13章、第15章第1・2節、第16章、第17章、第18章第1節を、鈴木が第1章第3節、第6章第2・3・4・5・6節、第9章第2節、第14章、第18章第2節を担当した。

　本書は、2011年度の関西大学大学院における租税政策研究の講義をベースとしている。講義を受講した大学院生各位からは、改善のための貴重なコメントをいただいた。とりわけ橋本研究室の福山枝里子氏には、図表の作成の一部、校正も手伝っていただいた。本書の税制改革の課題の各章では、(旧)関西社会経済研究所（アジア太平洋研究所）の抜本的税財政改革研究会での成果の一部を使用した。研究の機会を提供していただいた(旧)関西社会経済研究所および研究会のメンバー各位にも感謝したい。本書を出版するにあっては、清文社の冨士尾栄一郎氏と熊谷愛氏に大変お世話になったことも記して深く謝意を表したい。

最後に、橋本の大学院時代からの恩師であり、鈴木を孫弟子としてご指導頂いている大阪大学名誉教授、近畿大学世界経済研究所所長・教授の本間正明先生に本書を捧げたい。

2012年5月

著　者

目　次

はしがき

第1章　日本の租税制度の現状 …………………………………… 1

1.1　租税の分類 ………………………………………………………… 1
1.2　税体系 ……………………………………………………………… 4
1.3　日本の税収構造 …………………………………………………… 6
　(1)　国税収入の推移　7
　(2)　地方税収入の推移　8
　(3)　日本の税収構造の変化　12

第2章　税制改革の基礎理論 …………………………………… 19

2.1　租税原則 …………………………………………………………… 19
　(1)　租税原則の変遷　19
　(2)　課税の公平性　23
　(3)　課税の効率性　24
2.2　税制改革の理論 …………………………………………………… 25
　(1)　包括的所得税　25
　(2)　支出税　29
　(3)　最適課税論　31
2.3　租税帰着 …………………………………………………………… 40
　(1)　帰着の概念　40
　(2)　従量税と従価税の違い　41
　(3)　完全競争市場の下での個別物品税の租税帰着　43
　(4)　独占市場での租税帰着　44

第3章　税制改革論議 …………………………………………47

3.1　政府税制調査会答申に学ぶ …………………………………47
- (1) 高度経済成長と減税答申—1964年12月答申　48
- (2) 財政再建と一般消費税導入構想——一般消費税大綱　52
- (3) 「増税なき財政再建」路線への転換　54
- (4) 税制の抜本的見直し—中曽根税制改革から竹下税制改革まで　55
- (5) 専門小委員会報告（1986年）　58
- (6) 中曽根税制改革—所得税減税とマル優制度廃止、売上税廃案　63
- (7) 竹下税制改革—所得税減税と消費税導入　65
- (8) 平成不況と村山税制改革—1994年6月答申　66
- (9) 高齢化社会を見据えた答申—2000年7月答申　67
- (10) 小泉政権下の答申—2002年11月答申　69
- (11) サラリーマン増税—個人所得課税に関する論点整理　72

3.2　わが国の税制改革論議 …………………………………………75
- (1) 所得税改革　76
- (2) 消費税改革　79
- (3) 法人税改革　81
- (4) 相続税・贈与税の改革　82

第4章　所得課税制度 ……………………………………………84

4.1　個人所得課税制度の変遷 ……………………………………84
- (1) シャウプ勧告　84
- (2) 高度成長期の税制改革　85
- (3) 抜本的税制改革　85
- (4) 平成不況と所得税減税　87
- (5) 個人住民税の変遷　89
- (6) 三位一体改革と税源移譲　90

4.2 所得課税の仕組み……………………………………………………91
　(1) 所得税（国税）の仕組み　91
　(2) 個人住民税（所得割）の仕組み　96

第5章　所得課税の理論……………………………………………98

5.1 課税による労働供給の変化……………………………………98
5.2 最適所得税論……………………………………………………103
　(1) 最適線形所得税　104
　(2) 最適非線形所得税　108
　(3) 新しい最適所得税論　109

第6章　所得税改革の課題………………………………………111

6.1 累進税率表の見直し…………………………………………111
　(1) 累進度の測定方法について　111
　(2) 累進度の推移　118
　(3) 再分配効果の分解　124
6.2 課税最低限の見直しについて………………………………126
6.3 給与所得控除の改革…………………………………………129
6.4 その他の所得控除の見直し…………………………………131
6.5 給付付き税額控除……………………………………………132
　(1) 負の所得税のメカニズム　134
　(2) 勤労税額控除　136
6.6 扶養控除の廃止と子ども手当の導入………………………138
6.7 課税単位について……………………………………………140

第7章　消費税課税制度……………………………………………143

7.1 消費課税制度の現状…………………………………………143
7.2 消費課税制度の変遷と仕組み………………………………146

(1) 消費税制度の変遷　146
　(2) 消費税の仕組み　149

第8章　消費課税の理論 ……………………………………156

8.1　課税の効率性 …………………………………………156
　(1) 超過負担　156
　(2) 一般消費税と個別消費税　158

8.2　ライフサイクル・モデル …………………………161
　(1) 労働所得税と消費税の等値性　161
　(2) 労働所得税と消費税の比較　163
　(3) 利子所得税と消費税の比較　165
　(4) ライフサイクルからみた貯蓄二重課税論　167

第9章　消費税改革の課題 ……………………………………170

9.1　消費税と景気 …………………………………………170
　(1) 消費税と物価　171
　(2) 消費税率引き上げと消費行動の変化　172

9.2　消費税の税収ロス ……………………………………173
　(1) 産業連関表を用いた益税の推計方法　174
　(2) SNAデータを用いた益税の推計方法　176
　(3) 益税の推計結果　176

9.3　消費税の逆進性 ………………………………………178
　(1) 所得階級別にみた逆進性　179
　(2) 生涯税負担でみた逆進性　180

9.4　逆進性の緩和措置 ……………………………………182
　(1) 複数税率化　182
　(2) 給付付き消費税額控除制度　185

第10章　法人課税制度 ……………………………………………190

10.1　法人課税の現状 ……………………………………………190
10.2　法人税率の変遷 ……………………………………………192
10.3　法人税の仕組み ……………………………………………193

第11章　法人課税の理論 ……………………………………199

11.1　法人の捉え方 ………………………………………………199
　(1)　法人実在説と法人擬制説　199
　(2)　地方税としての法人課税　200
　(3)　租税理論からみた法人税の位置づけ　201
11.2　法人税と企業行動 …………………………………………203
　(1)　減価償却　203
　(2)　利潤動機による投資の決定　205
　(3)　企業価値の最大化　206
11.3　法人税と転嫁 ………………………………………………207
　(1)　転嫁の経路　207
　(2)　古典的な見解：部分均衡モデル　208
　(3)　一般均衡分析　209
　(4)　法人税転嫁の実証分析　210

第12章　法人課税改革の課題 ……………………………211

12.1　法人税廃止論 ………………………………………………211
12.2　法人税率の引き下げ ………………………………………212
　(1)　法人税の税率・税収パラドックス　212
　(2)　法人税の平均実効税率と限界実効税率　215
　(3)　法人税の引き下げと家計の負担　217
12.3　課税ベースの拡大 …………………………………………220

(1) 中小企業の優遇措置　220
  (2) 配当税額控除　222
  (3) フリンジ・ベネフィット課税　224

第13章　資産課税制度 ……………………………………………227

　13.1　資産課税制度の変遷 ………………………………………227
  (1) 資産所得課税の変遷　227
  (2) 相続・贈与税の変遷　230
　13.2　資産課税の仕組み …………………………………………232
  (1) 相続税の仕組み　233
  (2) 贈与税の仕組み　235

第14章　資産課税の理論 …………………………………………236

　14.1　資本所得課税の理論 ………………………………………236
  (1) 資本所得課税の理論　236
  (2) 二元的所得税論　238
　14.2　土地税制の経済効果 ………………………………………239
  (1) 地価の決定要因　239
  (2) 固定資産税の帰着：伝統的見解と新しい見解　241
  (3) 土地譲渡所得税　243
　14.3　相続税の基礎理論 …………………………………………243
  (1) 遺産税と取得税　243
  (2) 遺産動機による経済効果の違い　245
  (3) 内生的成長モデルと相続税　246

第15章　資産課税改革の課題 ……………………………………248

　15.1　資産保有の現状 ……………………………………………248
  (1) 所得階層別の資産保有　248

(2)　高齢者間の資産格差、所得格差の現状　249

　　(3)　資産形成における相続の実態　251

　15.2　金融所得の一体課税　…………………………………………………255

　　(1)　金融商品の多様化　255

　　(2)　金融所得課税のあり方について　258

　15.3　相続税改革の課題　……………………………………………………260

　　(1)　相続税改正と相続税負担の現状　260

　　(2)　相続税の税率構造　262

　　(3)　2011年度税制改革大綱　264

第16章　地方税制度　……………………………………………………265

　16.1　地方税の現状と地方税体系　…………………………………………265

　　(1)　地方税の現状　265

　　(2)　地方税体系　266

　16.2　地方税の仕組み　………………………………………………………271

　　(1)　個人住民税　271

　　(2)　地方法人税　272

　　(3)　地方消費税　275

　　(4)　固定資産税　275

第17章　地方税の理論　…………………………………………………279

　17.1　地方税固有の租税原則　………………………………………………279

　　(1)　応益性　279

　　(2)　負担分任　280

　　(3)　普遍性　282

　　(4)　安定性と伸張性　282

　17.2　国と地方の税源配分　…………………………………………………282

　　(1)　伝統的税源配分論　283

(2)　新しい税源配分論　285
17.3　租税の外部性 ………………………………………285
　　(1)　租税輸出　287
　　(2)　租税競争　288

第18章　地方税改革の課題 …………………………290

18.1　地方法人税の改革 …………………………………290
　　(1)　地方法人課税への依存と地域間の税収格差　290
　　(2)　租税原則からみた地方法人課税　292
18.2　固定資産税の改革 …………………………………294
　　(1)　固定資産税の公平性　294
　　(2)　固定資産税の応益性　298
　　(3)　固定資産税の普遍性　300

日本語文献　302
英語文献　311
学習案内　315
索　引　317

　　　　　　　　　　　カバー・表紙・扉デザイン＝前田俊平

第 1 章　日本の租税制度の現状

　この章では、日本の租税制度の現状について見ていく。まず、租税の分類をおこなった後、日本の税体系について概観する。租税の分類は、さまざまな税の目的、機能を学ぶのに役立つ。日本の税体系を把握しておくことは、日本の税制が抱える問題点を整理する際に不可欠な基礎的な作業となる。最後に、日本の税収構造の推移をみることで、日本の租税制度の現状を把握することに役立てよう。

1.1　租税の分類

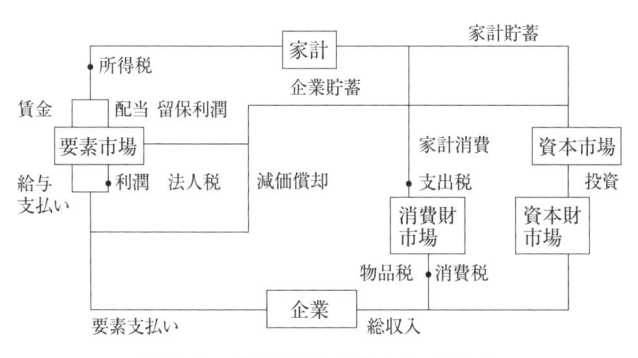

図1-1　貨幣循環と課税のインパクト

　この節では、租税の分類についてみていく。まず、図1-1は、貨幣循環と課税のインパクトにより租税を分類したものだ。経済には、**家計**（消費者）、**企業**（生産者）、**政府**の**経済主体**が存在している。家計と企業は、さまざまな**市場**を通じて取引をおこなっている。政府は、家計と企業から取引の過程にお

1

ける特定のポイントで税を徴収している。

　要素市場とは、労働と資本という生産要素を取引する市場である。家計は要素市場へ労働力を提供し、企業はその労働力に対して給与を支払う。家計からみると企業からの給与支払いは賃金であり、この賃金に対して、政府は**所得税**を課税している。家計は要素市場へ資本も提供している。たとえば、企業の発行した株式を購入している。企業は利潤の一部を株式を保有している家計へ**配当**として支払い、一部を**留保利潤**として貯蓄する。企業は、生産設備のおきかえに備えて**減価償却**も積み立てておく。留保利潤と減価償却が企業貯蓄となるわけだ。**法人税**は要素市場へ支払われる利潤への課税である。

　消費財市場とは、家計と企業の間での消費財の取引がおこなわれる市場である。家計は、要素市場を通じて受け取った賃金、配当から一部を消費し、残りを貯蓄する。この**家計消費**へ**直接税**として課税しようとするものが**支出税**とよばれる課税方式である[1]。企業が消費財市場へ提供した財・サービスに**間接税**として課税しているものが**消費税**である。物品税とは、消費税が導入される以前に主として企業の製品出荷段階で個別の物品に課税していた税金である[2]。

　次に、**表1-1**を用いて、租税を分類してみよう。表は、財務省が①**国税・地方税**、②**直接税・間接税**、③**所得課税・消費課税・資産課税**という基準で日本の租税制度を分類したものだ。

　国税・地方税という分類は、国が課税対象としているか、地方公共団体が課税対象としているかという違いで分類したものである。地方税には、地方消費税のように一旦国が徴収して、地方公共団体に再配分しているものも含まれている。

　直接税・間接税という分類は、税金をかけるポイントの違いで区分したものである。直接税とは、納税義務者と税負担者が同一の税金と定義される。一方、間接税とは、納税義務者と税負担者が異なる税金として定義される。納税義務

1）支出税については、本書の第2章で説明する。
2）物品税のなかには小売り段階で課税するケースもあった。

表1-1 財務省による租税の分類

	国　税	地方税		国　税	地方税
所得課税	所得税★ 法人税★	個人住民税★ 個人事業税★ 法人住民税★ 法人事業税★ 道府県民税利子割★	消費課税	消費税 酒税 たばこ税 たばこ特別税 揮発油税 地方道路税 石油ガス税 自動車重量税 航空機燃料税 石油税 電源開発促進税 関税 とん税 特別とん税	地方消費税 地方たばこ税 軽油引取税 自動車取得税 ゴルフ場利用税 入湯税 自動車税★ 軽自動車税★ 鉱産税★ 狩猟者登録税★ 入猟税★ 鉱区税★
資産課税等	相続税・贈与税★ 地価税★ 登録免許税 印紙税	不動産取得税 固定資産税★ 都市計画税★ 事業所税★ 特別土地保有税★ 等			

(注)　★印は直接税、無印は間接税等
出所：財務省ホームページ http://www.mof.go.jp/jouhou/syuzei/siryou/gen/gen02.htm 引用。

者とは税務署へ納税する義務がある者、税負担者はその税金を実質的に負担すると「想定されている」者である。たとえば消費税は、消費者が負担した税金を、流通の各段階の事業者が税務署へ納税することになる。消費税の場合には、消費者が税負担者、納税義務者は事業者となっている。直接税には所得税、法人税が、間接税には消費税が分類される。しかし、この直接税・間接税という分類には、租税の転嫁の可能性を考慮していないという問題点もある。消費税の場合に、消費税率分だけ値上げできなければ事業者が消費税を負担していることになる。法人税の場合には、法人税が引き上げられたときに企業が製品価格の引き上げでその税負担を支払おうとするならば、実質的な税負担は消費者となってしまう。このような問題点はあるものの、一般的には財務省の分類にしたがって直接税と間接税は区分されている。

　所得課税・消費課税・資産課税という分類は、課税ベースによる違いで区分したものだ。これは経済的分類とも呼ばれている。税金をかける対象である課

税ベースには、所得、消費、資産がある。それぞれ、「ヒト」「モノ」「カネ」を課税ベースとしているわけだ。それらの課税ベースに応じて経済的分類では、それぞれ所得課税、消費課税、資産課税に分類できる。所得課税には、所得税や法人税が、消費課税には、消費税やたばこ税、酒税などが、資産課税には、固定資産税、相続税などが含まれる。

1.2 税体系

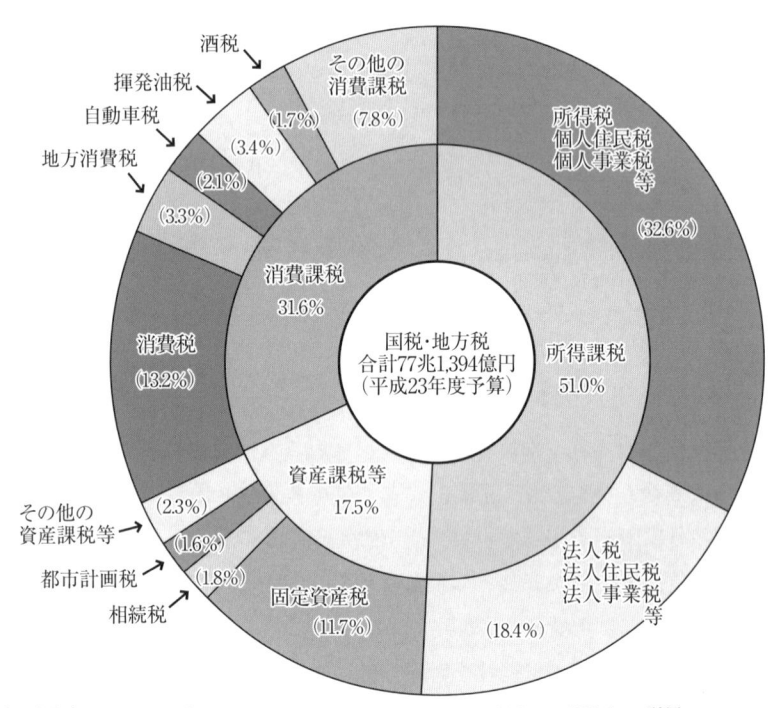

図1-2 国税・地方税の税収内訳（2011年度当初予算額）

出所：財務省ホームページ http://www.mof.go.jp/jouhou/syuzei/siryou/001.htm 引用。

2011年度当初予算額によると日本の税収は、国税・地方税を合計すると77兆1,394億円となっている。図1-2をみると、課税ベース別には所得課税の比率が最も高く51.0％であり、消費課税の31.6％、資産課税の17.5％と続いている。

第1章 日本の租税制度の現状

図1-3 租税負担率の内訳の国際比

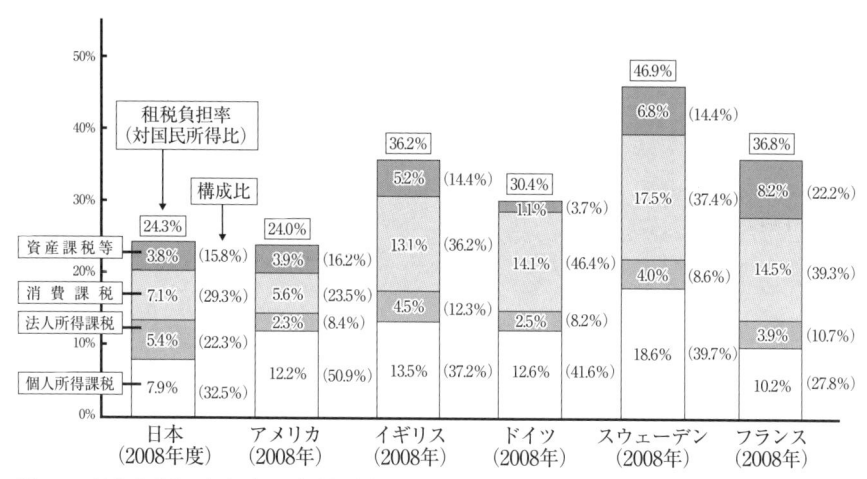

(注) 1. 日本は平成20年度（2008年度）実績、諸外国は、OECD "Revenue Statistics 1965-2009"及び同 "National Accounts 1997-2009"による。なお、日本の平成23年度（2011年度）予算ベースでは、租税負担率：22.0％、個人所得課税：7.2％、法人所得課税：4.0％、消費課税：6.9％、資産課税等：3.8％となっている。
2. 租税負担率は国税及び地方税の合計の数値である。また所得課税には資産性所得に対する課税を含む。
3. 四捨五入の関係上、各項目の計数の和が合計値と一致しないことがある。
出所：財務省ホームページ http://www.mof.go.jp/jouhou/syuzei/siryou/021.htm 引用。

　所得課税の内訳は、所得税、個人住民税、個人事業税という個人への課税が32.6％、法人税、法人住民税、法人事業税という企業への課税が18.4％を占めている。消費課税の内訳としては、消費税が13.2％、揮発油税が3.4％、地方消費税が3.3％を占めている。資産課税の内訳としては、固定資産税が11.7％、相続税が1.8％を占めている。
　図1-3は、租税負担率の内訳を国際比較したものだ。日本の対国民所得比でみた租税負担率は、24.3％となっており、アメリカとともに低い。内訳については、日本は法人所得課税の比率が5.4％と、先進諸国のなかでは高くなっていることがわかる。対国民所得比でみた消費課税の負担率は、日本の7.1％、アメリカの5.6％がヨーロッパ諸国と比べると低くなっていることも読み取れる。

5

表1-2 直間比率の国際比較

	日本 直間比率	アメリカ 直間比率	イギリス 直間比率	ドイツ 直間比率	フランス 直間比率
国税	58：42	94：6	59：41	46：54	55：45
地方税	86：14	58：42	100：0	95：5	48：52
国税＋地方税	71：29	76：24	62：38	53：47	53：47

(注) 1．日本は平成20年度（2008年度）実績額。なお、平成23年度（2011年度）予算における直間比率は、国税は56：44、地方税は85：15、国税＋地方税は69：31となっている。
2．諸外国はOECD "Revenue Statistics 1965-2009" による2008年の計数。OECD "Revenue Statisitics" の分類に従って作成しており、所得課税、給与労働力課税及び資産課税のうち流通課税を除いたものを直接税、それ以外の消費課税等を間接税等とし、両者の比率を直間比率として計算している。
3．諸外国の計数のうち、アメリカでは連邦税を、ドイツでは連邦税と州税の合計を国税として算出している。
出所：財務省ホームページ http://www.mof.go.jp/tax_policy/summary/condition/015.htm 引用。

　最後に、直間比率の国際比較をまとめた**表1-2**を見てみよう。この表は国税、地方税それぞれの直接税、間接税の比率と国税と地方税を合計した場合の直接税と間接税の比率を比較したものだ。この表の中で直接税の比率が最も高い国は、国税、地方税を合計すると76対24となっているアメリカだ。アメリカは国税に関しては94対6と税収のほとんどを直接税に依存している**直接税中心**の国である。地方税に関しては58対42と国税に比べると直接税への依存度がかなり低下している。これは、アメリカでは地方税として州の売上税が存在しているためだ。イギリス、ドイツ、フランスのヨーロッパ諸国は、直接税の比率がアメリカよりも低くなっている。ヨーロッパ諸国はVATと呼ばれる付加価値税への依存度が高く、**間接税中心**の税体系を採用している。日本の直接税と間接税の比率は、国税、地方税を合計すると、71対29となっている。日本もアメリカと同様に、直接税への依存度が高い国となっている。

1.3　日本の税収構造

　この節では、日本の税収構造の推移を概観する。まず、主要な税目別に税収の推移を明らかにし、主な税制改正についても言及する。次に、主要な税目別

税収の推移と経済成長率との間の関係をみていく。

(1) 国税収入の推移

国税収入のうち税収構成比の高い所得税、法人税、消費税の比率の推移からみていこう。図1-4は、所得税、法人税、消費税の税収が国税総額に占める比率の推移を1985年度から2009年度まで描いたものだ。この図からは、所得税、法人税の構成比の低下、とりわけ法人税の構成比が1989年度以降2002年度頃までの期間に急激に減少していることがわかる。これは、バブル崩壊以降の企業収益の落ち込みと法人税率の引き下げによるものだ。法人税の税収構成比は、2003年度以降は景気の回復に伴い再び上昇傾向が見られ、2006年度には所得税を逆転して、国税収入に占める割合が最も高くなっていることがわかる。その後、2007年度からは再び所得税の構成比を下回り、2008年度から急激に減少し

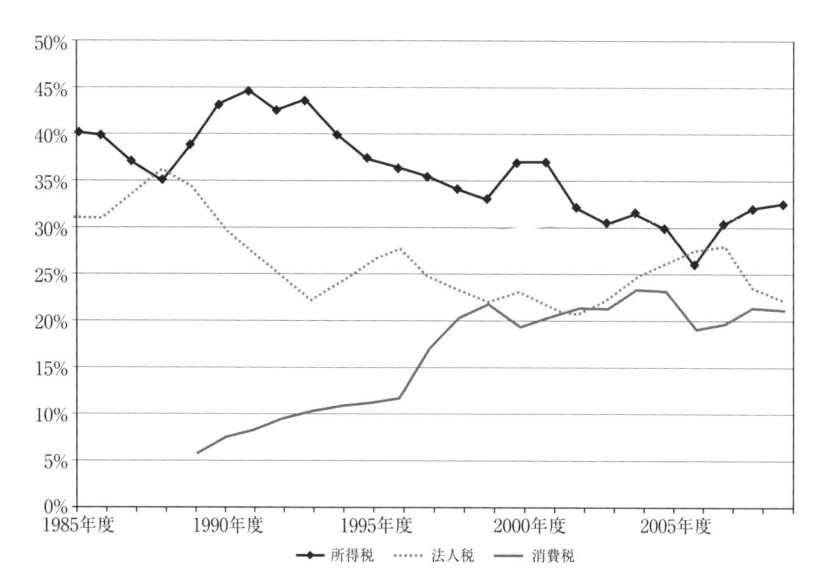

備考：2008年度は補正後予算、2009年度は当初予算の数字である。
出所：財務省『財政金融統計月報（租税特集）』各年版より作成。

図1-4　所得税、法人税、消費税の国税総額に占める比率の推移

ている。これは、サブプライムローン問題を発端とする金融危機から2008年9月にリーマンショックが発生し、世界同時不況に突入したことによるものだ。

　所得税の税収構成比は、1994年度以降、低下傾向がみられる。これはバブル崩壊以降の景気の落ち込みによる個人所得の伸び悩みと、景気対策を目指した所得税減税で説明できる。2008年度以降には所得税の構成比には回復傾向が見られる。これは、所得税税収もリーマンショックにより落ち込んだものの、法人税の大幅な落ち込みにより相対的に税収比率が高まったためである。

　その一方で消費税の税収構成比は、1989年度の消費税導入以降、着実に増加し、1997年度からの税率引き上げでさらに大きく増加している。

(2)　地方税収入の推移

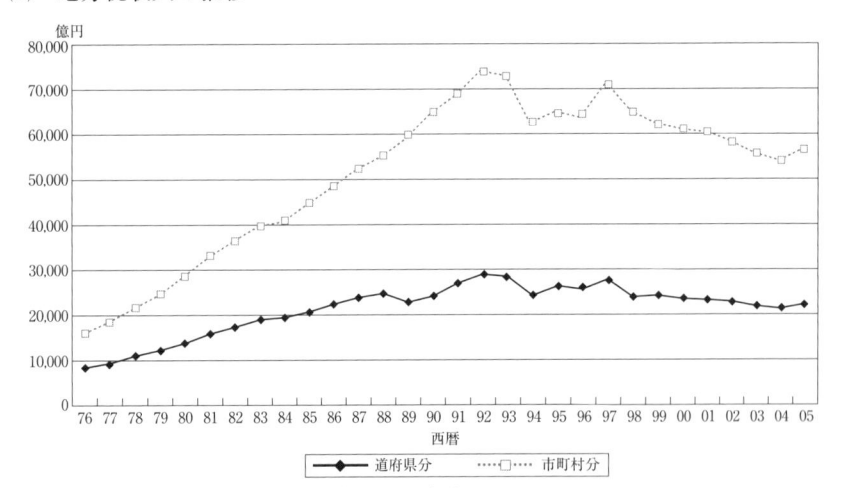

出所：『財政金融統計月報（租税特集）』各年版より作成。
図1-5　道府県・市町村個人住民税の推移

　以下では、国税と同様に比較的税収規模の大きな税目についての推移をみていこう。図1-5は、道府県・市町村の個人住民税の税収の推移を描いたものである。なお、均等割の税収は除いている。道府県・市町村では、市町村分の方が税収が大きくなっている。道府県住民税と市町村住民税は、税率水準だけ

が異なっており、課税所得は共通であるため税収の動き自体は、同じとなる。グラフからは、バブル崩壊までの右上がりの傾向と崩壊後の右下がりの傾向が見られる。しかし、バブル崩壊後の税収の落ち込みは、国税である所得税ほど大きくない。これは、国税ほど税率表の累進性が高くなかったためである。このため、税収の所得弾性値が低く、不況期の税収の落ち込みも小さくなっている。2007年からは、三位一体改革にともなう個人住民税の比例税率化が実施されている。

図1-6は、道府県・市町村住民税の法人税割、均等割の税収の推移を描いたものである。法人税割は、国税の法人税の税収を課税ベースとする比例税であり、均等割は、資本金階級毎の定額税である。2012年現在の法人税割の標準税率は、都道府県が5％、市町村が12.3％であり、均等割の標準税率は、都道府県が2万円～80万円、市町村が5万円～300万円となっている[3]。法人税割

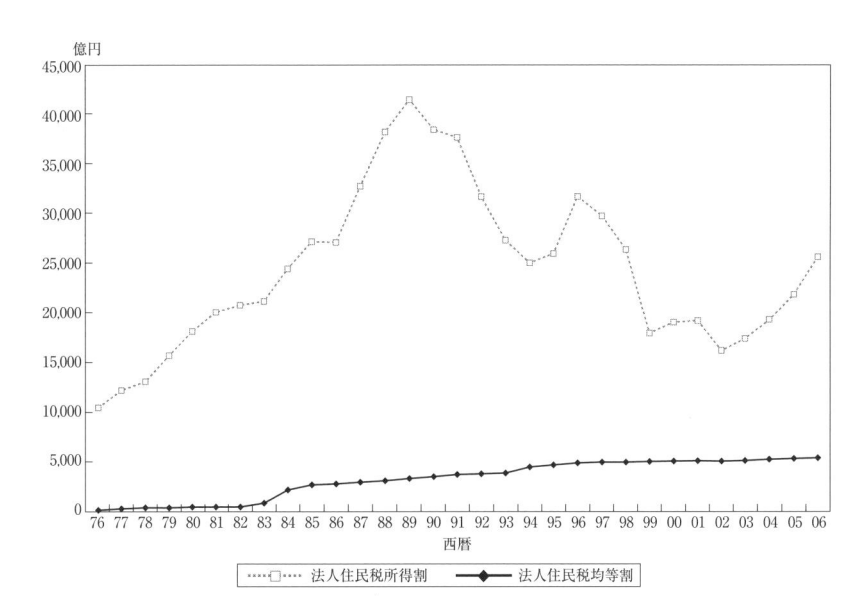

出所：『地方税に関する参考計数資料（総務省）』より作成。

図1-6　道府県・市町村法人住民税の推移

3）大阪府のように、均等割に超過課税をおこなっている地方団体もある。

の税収の推移は、課税ベースが国税の法人税であるため、国税と同じ動きとなっている。この間に、法人税割の税率は、1981年に道府県分5.2％、市町村分12.1％から、道府県分5％、市町村分12.3％へと改正されている。法人税均等割の税収は、1976年以降、1983年まで徐々に増加し、1984年に前年の953億円から2,255億円へと増大する。その後は2005年に至るまで増加幅は少ないものの増大傾向が見られる。この間の法人税均等割は、1984年に資本金・従業者数別の標準税率が8,000円から80万円の区分であったものが4万円から300万円の区分に大幅に増額された。1994年では従業者数別の標準税率が一律に1万円増額されるという改正がおこなわれている。

図1-7は、事業税の税収の推移を描いたものである。事業税の税収についてもバブル崩壊前の右上がりの傾向とバブル崩壊後の右下がりの傾向がみられる。事業税はこれまで法人所得を課税ベースとしてきたため、法人税と同様に景気変動に伴う、法人所得の変動に大きく左右されてきたわけだ。しかし、2006年からは事業税の一部に外形標準化が導入された。課税ベースの一部に付

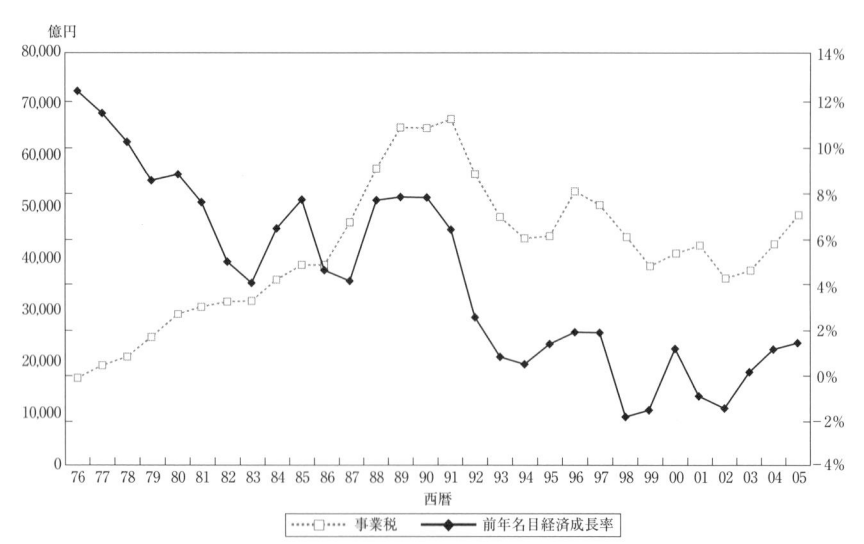

出所：『財政金融統計月報（租税特集）』各年版より作成。

図1-7 事業税と前年名目経済成長率の推移

加価値基準が採用されたことにより、景気による変動を受けにくい構造へと変化することになった。

図1-8は、固定資産税の税収の推移を描いたものだ。固定資産税は、土地、建物の実物資産と償却資産に課税される従価税である。2008年現在の税率は、1.4％である。図からは、1976年以降の税収が1999年までほぼ一貫して上昇してきたが、2003年以降、2005年に至るまでほぼ横ばいとなっていることがわかる。固定資産税は、本来は地価との関連性が高い税目である。しかし、バブル崩壊以降の期間については、急激な地価下落にもかかわらず税収の落ち込みがみられない。これは、固定資産税の評価額に負担調整措置がとられていることで説明できる。固定資産税の評価額を算定する際には、急激な地価上昇による税負担の増加をさけるために負担調整措置がとられてきた。この負担調整措置が地価上昇と固定資産税の増加との相関を薄める効果を持つ。逆に、地価が下落している期間においては、過去にとられた負担調整措置の影響で、本来の評価額に近づけるために、地価が下落したにもかかわらず固定資産税の評価額が

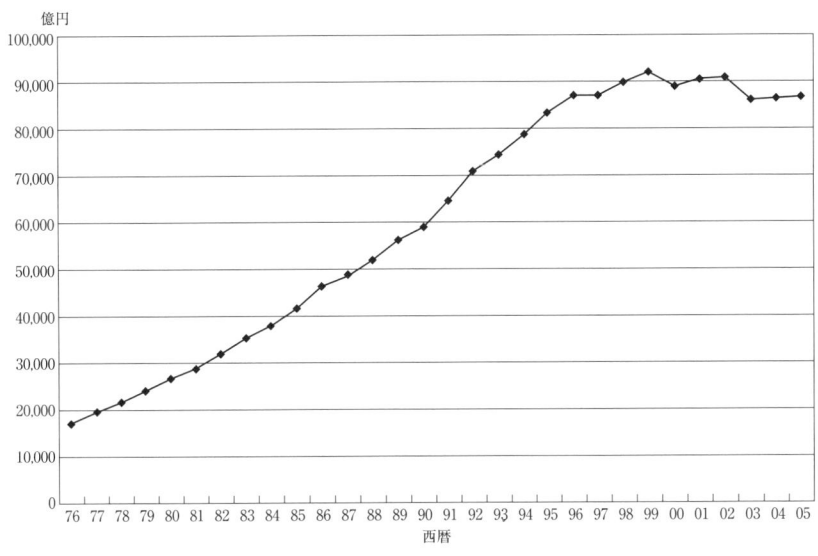

出所：『財政金融統計月報（租税特集）』各年版より作成。

図1-8　固定資産税税収の推移

下落しないという現象を生じてきたわけだ[4]。

(3) 日本の税収構造の変化

税収構造をはかる指標としては、GDP に対する税収弾性値が存在する。税収弾性値は、

$$税収弾性値 = \frac{税収の変化率}{GDP の変化率}$$

で求めることができる。政府の長期税収予測では、税収弾性値は1.1を想定することが多い。

以下では、実際のデータを用いて税収弾性値を推計してみよう。税収弾性値は、上記の式を使って毎年の値を求めることもできるが、構造的な値を知るためには税制が比較的固定されていた期間の GDP と税収の間の関係から、最小自乗法を利用して推計するほうが適している[5]。まず、バブル崩壊前の1976年から1991年の期間について国税収入決算額と地方税収入決算額の名目 GDP に対する税収弾性値を推計したものが、(1-1) 式と (1-2) 式である[6]。この式の GDP に関する係数が弾性値となる。この期間については、GDP に対する相関性が高く、国税の弾性値が1.367、地方税の弾性値が1.316となっており、国税のほうが地方税よりも高くなっている。

バブル崩壊前（1976年－1991年）

ln 国税収入 $= -4.506 + 1.367 ln\, GDP$ $\overline{R^2} = 0.992$ $D.W. = 1.480$ (1-1)
   (-11.355) (43.352)

ln 地方税収入 $= -4.339 + 1.316 ln\, GDP$ $\overline{R^2} = 0.994$ $D.W. = 0.667$ (1-2)
   (-12.820) (48.907)

---

4) 固定資産税の負担調整措置については、本書の第16章を参照されたい。
5) 毎年の値を求めて、数年間の平均を求める方法もある。
6) ここで $\overline{R^2}$ は、自由度修正済み決定係数、$D.W.$ はダービンワトソン比、( ) 内の値は t 値である。

バブル崩壊後（1992年－2007年）

$$\ln 国税収入 = 9.904 + 0.242 \ln GDP \qquad \overline{R^2} = -0.066 \quad D.W. = 0.550 \quad (1-3)$$
$$\qquad\qquad (0.848) \quad (0.272)$$
$$\ln 地方税収入 = -12.174 + 1.901 \ln GDP \quad \overline{R^2} = 0.605 \quad D.W. = 0.834 \quad (1-4)$$
$$\qquad\qquad (-2.388) \quad (4.892)$$

　次に、バブル崩壊後の1992年から2007年の期間について、同様の推計をおこなったものが（1-3）式と（1-4）式である。この式を見ると、国税、地方税ともにGDPに対する決定係数も低く、国税についてはGDPに関する係数が有意でないなど、名目GDPの動きだけでは、税収の動きをほとんど説明できないことがわかった。これは、この期間に所得税、法人税の減税が頻繁に行われており、これらの制度改正の影響を無視した単純な推計では、税収の変動を説明できないためだ。

　そこで、国税収入における主要な税収項目である所得税、法人税について、税率表の改正などを考慮した税収関数をバブル崩壊前、崩壊後の期間に分けて推計することで、税収構造の変化をあきらかにしよう[7]。

　所得税の税収は、「申告所得税」と「源泉所得税」に分けられ、源泉所得税がその大部分を占めている。源泉所得税の税収には、給与所得税収、利子・配当所得税収などが含まれるが、その多くは給与所得税の税収である。そこで、税収割合の最も多い、給与所得税の税収関数の推計を試みる。給与所得税の税収関数の説明変数として考えられるのは、給与所得総額、累進税率表で規定されている限界税率に関係する変数である。説明変数としての給与所得には、『税務統計からみた民間給与の実態』に掲載されている給与総額を使用した。

　次に、いまひとつの説明変数である限界税率については、累進税率表により毎年複数の値が存在するために、そのままでは説明変数として使用することはできない。そこで、税収関数の説明変数には、毎年の税率表における平均的な

　7）以下では橋本・呉（2008b）の推計結果を利用した。

表1-3 各年の累進度尺度

	累進度尺度
1976年	0.000130
1977年	0.000129
1978年	0.000129
1979年	0.000129
1980年	0.000135
1981年	0.000135
1982年	0.000135
1983年	0.000134
1984年	0.000125
1985年	0.000125
1986年	0.000125
1987年	0.000122
1988年	0.000113
1989年	0.000113
1990年	0.000113
1991年	0.000113
1992年	0.000113
1993年	0.000113
1994年	0.000113
1995年	0.000089
1996年	0.000089
1997年	0.000089
1998年	0.000089
1999年	0.000089
2000年	0.000089
2001年	0.000089
2002年	0.000089
2003年	0.000089
2004年	0.000089
2005年	0.000089
2006年	0.000089
2007年	0.000093

累進度を用いることにした。

この累進度を示す指標は、各年の所得税法にしたがい、夫婦子供2人の世帯の給与収入が増加したときの給与所得税の税額を計算し、税率表そのものを給与収入と税額の間の関係を示す租税関数に変換することで求めた。これは、すべての所得階層に均等に納税者が分布していた場合の仮想的な租税関数を推計していることになる。関数形については、以下のような2次関数を想定した。

$$\text{所得税額} = \alpha + \beta \text{給与収入}^2 \quad (1-5)$$

である。(1-5)式の係数βが租税関数の累進度を規定する説明変数となる[8]。**表1-3**がこのような手法で求めた各年の累進尺度である。

表1-3のデータと、『税務統計からみた民間給与の実態』に掲載されている「給与総額」のデータを利用して、バブル崩壊前後の源泉給与所得税収の税収関数を推計してみよう[9]。まず、バブル崩壊前の期間について、税収関数を推計したものが、(1-6)式である。この式の自由度修正済み決定係数は、0.971となっており、関数のあてはまりも良好であり、累進度尺度、給与総額についてのt値も有意となっている。この式の給与総額

8) 累進度尺度の推計方法としては、税務統計のデータを利用する方法も考えられる。詳しくは、橋本・呉(2008b)を参照されたい。
9) バブル崩壊後の推計期間については、1992年から2006年とした。2007年については、推計時点において、決算額のデータが所得税収全体についてしか入手できなかった。

に関する弾性値は、1.631となっており、所得の伸びに対して、バブル崩壊前の期間については、大きな自然増収が確保できていたことがわかる。

バブル崩壊前（1976年－1991年）

ln(源泉給与所得税収) $= 1.456 ln$(累進度尺度) $- 1.631 ln$(給与総額) $- 1.766$
　　　　　　　　　　　　(3.623)　　　　　　　　　(-17.726)　　　　　　(-0.673)
　　　　　　　　　　　　　　　　$\overline{R^2} = 0.971$　　$D.W. = 1.599$　　（1-6）

バブル崩壊後（1992年－2005年）

ln(源泉給与所得税収) $= 0.971 ln$(累進度尺度) $- 1.347 ln$(給与総額) $- 0.806$
　　　　　　　　　　　　(5.847)　　　　　　　　　(-4.264)　　　　　　(-0.130)
　　　　　　　　　　　　　　　　$\overline{R^2} = 0.782$　　$D.W. = 1.863$　　（1-7）

　次にバブル崩壊後の期間について同様の税収関数を推計したものが（1-7）式である。この式では、自由度修正済みの決定係数が0.782と低下している。（1-7）式の税収関数のパフォーマンスが低下した理由は、バブル崩壊後の期間に実施された景気対策のための特別減税を考慮していないためである。1994年には村山税制改革において景気対策のための先行減税として、20％の定率減税が実施された。この定率減税は、上限が200万円と大きく、減税規模としては3.8兆円となっていた。1995年、96年に関しては、定率減税は15％に、上限は5万円に引き下げられ、減税規模も95年は1.4兆円となった[10]。1998年には、経済成長率がマイナスとなるなかで、景気対策として2.8兆円規模の特別減税が定額減税の形で実施された。1999年から2005年にかけては、定率減税と税率表の改正の双方から構成される減税が実施された[11]。1999年の所得税の減税規模は、総額では3.0兆円（平年度ベース）であった。

---

10) ただし、1995年からは税率表が改正されたため全体としての減税規模は3.8兆円となっており、1996年の減税規模と総額はそれほどかわらない。
11) 税率表の改正としては、最高税率の50％から37％への引き下げなどがおこなわれた。

このような所得税減税の影響のうち（1-7）式では、税率表の改正をともなう部分しか考慮できていないわけだ。そこで、定率減税の影響を減税ダミーで処理したものが以下の式である[12]。

ln（源泉給与所得税収）＝0.614ln（累進度尺度）＋0.621ln（所得）
　　　　　　　　　　　　　(4.305)　　　　　　　　　　　(3.659)

　　　　　　　－0.158（94年減税ダミー）－0.057（95年、96年減税ダミー）
　　　　　　　(－6.826)　　　　　　　　　(－1.99)

　　　　　　　－0.103（98年減税ダミー）－0.177（その他減税ダミー）
　　　　　　　(－2.781)　　　　　　　　　(－5.205)

　　　　　　　＋10.028
　　　　　　　(4.103)

$\overline{R^2}$＝0.981　$D.W.$＝1.148　（1-8）

（1-8）式では、減税ダミーを使用することで、自由度修正済み決定係数が0.981となり、（1-7）式よりも適合度が高くなっている。このバブル崩壊後の税収関数である（1-8）式とバブル崩壊前の税収関数である（1-6）式の所得に対する弾性値を比較すると、バブル崩壊後の期間においては、税収の所得弾力性が大幅に低下したことが読み取れる。これは、バブル崩壊後の税率表が緩和されたことを反映したものであり、表1-3で示した累進度尺度がバブル崩壊後の期間の方が低下していることからも推定できる結果である。

次に法人税の税収関数を推計してみよう。所得税と並ぶ国税の基幹税が法人税である。法人税の税収関数は、以下のように定義した。

---

12) ダミー変数は、モデルのなかで説明しきれない何らかの要因を、何らかの要因による影響があった年を1、その他の年をゼロとして処理するものだ。詳しくは標準的な計量経済学のテキストを参照されたい。

$$ln（法人税収）= \alpha \ln（法人所得）+ \beta \ln（法人実効税率）+ 定数$$

法人所得のデータについては『国税庁統計年報書』の法人税長期時系列データから法人税課税状況の法定事業年度分について入手した。法人実効税率には、財務省型の法人実効税率を使用した[13]。

まず、（1－9）式は、バブル崩壊前の1976年から1991年の期間について法人税の税収関数を推計したものである。

$$ln（法人税収）= 1.047 \ln（実効税率）+ 0.940 \ln（法人所得）- 3.930$$
$$\quad\quad\quad\quad\quad (1.230) \quad\quad\quad (14.238) \quad\quad\quad (-1.412)$$
$$\overline{R^2} = 0.945 \quad D.W. = 1.559 \quad (1-9)$$

次に、バブル崩壊後の1992年から2006年までの期間について推計したものが、

$$ln（法人税収）= 1.097 \ln（実効税率）+ 0.083 \ln（法人所得）+ 6.873$$
$$\quad\quad\quad\quad\quad (5.983) \quad\quad\quad (5.774) \quad\quad\quad (9.905)$$
$$\overline{R^2} = 0.793 \quad D.W. = 1.658 \quad (1-10)$$

である[14]。バブル崩壊前の推計結果の法人所得の税収弾性値が0.940であるのに対して、バブル崩壊後の弾性値は0.083と著しく低下している。

このようなバブル崩壊前後の税収構造の変化はいかなる要因にもとづくものであろうか。まず考えられるのは、税制改正による影響である。法人税率の引き下げ、所得税のフラット化など、主としてバブル崩壊後に実施された税制改正は、税収弾性値を低下させることになる。また法人税に関しては、バブル崩壊後の金融機関の不良債権処理の関係で法人所得が伸びても過去の債務の繰越控除によって税収の伸びが低下してきたものと考えられる。バブル崩壊後の不良債権処理が税収に与える影響についてさらに詳しくみるために、欠損金の当期控除額と翌期繰越額の推移をみたものが図1－9である。欠損金については、

---

13) 財務省型実効税率についての詳細な説明は、本書の第10章でおこなう。
14) バブル崩壊後の期間を2006年までとしたのは、2007年についての法人所得のデータが推計時点で入手できなかったためである。

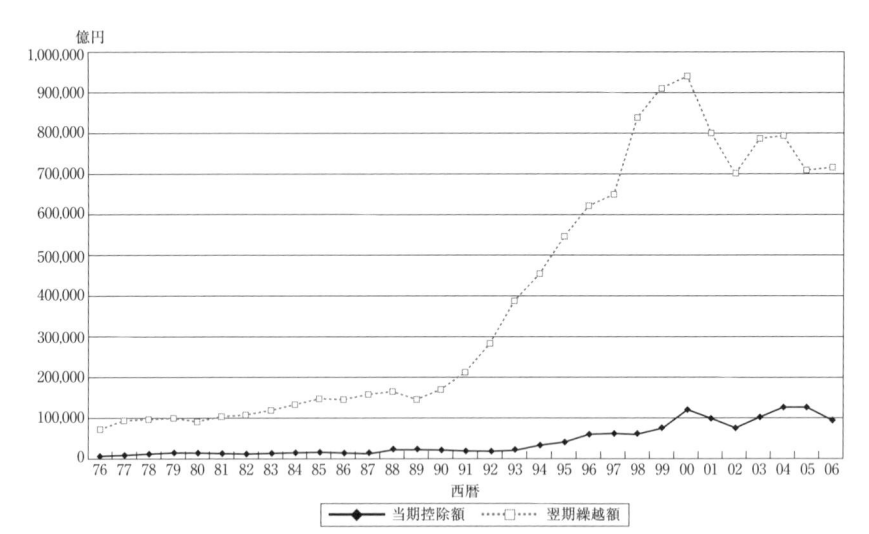

図1-9 欠損金当期控除額と翌期繰越額の推移

出所:『税務統計から見た法人企業の実態』長期時系列データより作成。

青色申告書に提出した事業年度に限って、7年間の繰越控除が認められている[15]。当期控除額とは、事業年度での欠損金控除額に相当し、翌期繰越額とは青色申告書を提出した事業年度で繰り越した欠損金控除額である。この図からは1990年代のバブル崩壊以降に翌期繰越額が急激に増加していることが読み取れる。翌期繰越額は、2000年をピークとして低下するものの2005年時点で70兆円と依然として高水準となっていることがわかる。

---

15) 2004年の改正以前は5年間の繰越控除であった。

第 2 章　税制改革の基礎理論

　この章では、税制改革の基礎理論についてみていく。まず、税制が備えるべき望ましい条件である租税原則を整理するところから始める。次に、税制改革の理論として、包括所得税論、支出税論、最適課税論という3つの考え方について概観することにしよう。最後に、税負担が最終的に誰に落ち着くかを考える租税帰着の理論について説明する。

2.1　租税原則

(1)　租税原則の変遷

　税制が備えるべき望ましい条件を示したものである**租税原則**は、時代とともに変化してきた。租税原則として古くは、18世紀に提唱された**アダム・スミスの4原則**が有名である。アダム・スミスの主張は、市場経済においては見えざる手にみちびかれて効率的な資源配分が達成される、という**自由放任**を基本的な考え方としている。仮に失業者が発生した場合でも、市場にまかせておけば、いずれは労働の需要と供給がつりあうところまで賃金が低下し、失業も解消されるので、政府の役割は市場では供給できない国防、行政、司法などの必要最小限でよいとされた。この考え方は、**夜警国家、小さな政府**とも呼ばれている。

　これらの必要最小限の国家が提供する公共サービスの対価として、課税の根拠を求めているのがアダム・スミスの考え方の特徴だ。この考え方は、課税の根拠としての**利益説**と呼ばれている。各個人が国防や警察サービスなどから利益を得ていることを課税の根拠としているわけである。

　アダム・スミスは、課税の根拠としては利益説に依拠したうえで、税制が備えるべき望ましい条件として次の4つの租税原則を唱えた。

アダム・スミスの4原則

| 1. 公平性 |
| 2. 明確性 |
| 3. 便宜性 |
| 4. 最小徴税費 |

　公平性とは、税制は公平でなければならないというものである。**明確性**とは、何が課税対象になっているかが誰の目からみても明らかでなければならないというものだ。**便宜性**とは、納税の時期や方法が納税者にとって便利でなければならないというものである。**最小徴税費**の原則とは、租税を徴収する際のコストができるだけ小さいほうが望ましいというものである。アダム・スミスはこれらの原則にもとづいて、実際の税制としては比例的な所得税を用いるべきだとした。

　アダム・スミス以降の租税原則としては、19世紀のドイツ歴史学派に所属したアドルフ・**ワグナーの9原則**が有名である。ワグナーは、アダム・スミスとは違い、課税の根拠として**義務説**を唱えていた。義務説とは、納税は国民の義務であるとする考え方だ。その背景には、国家は社会的家父長的保護機関とする考え方がある。国民には国家の維持に必要な資金を負担する倫理的な義務があるというわけだ。

　ワグナーは、課税の根拠として義務説に依拠しながら、以下の9原則を唱えた。

ワグナーの9原則

1. 財政政策上の諸原則
   課税の十分性
   課税の可動性
2. 国民経済上の諸原則
   正しい税源の選択
   租税の作用を考慮して税種の選択
3. 公正の諸原則
   課税の普遍性
   課税の平等性
4. 税務行政上の諸原則
   課税の明確性
   納税の便宜性
   最小徴税費の努力

　ワグナーの9原則は、大別すると4つの原則、個別の項目として9つの原則から構成されている。4つの大きな原則のうちの1番目は、財政政策上の諸原則である。これは課税の十分性と可動性から構成されている。財政政策を行う際には、政府支出をまかなうのに十分な税収が必要となり、政府支出の水準の変化にあわせて税率等を操作する必要もある。2番目の国民経済上の諸原則とは、課税による経済効果を意識したものとなっている。正しい税源の選択は、所得、消費といった課税ベースのうち何に税金をかけるべきかという選択であり、「租税の作用を考慮して」という原則は課税による経済効果の違いを意識すべきだというものだ。3番目の公正の諸原則としては、普遍性と平等性が唱えられている。普遍性は、特定の個人に偏らない税が望ましいというものであり、平等性は国民が等しく税を負担すべきだという考え方を反映している。4番目の税務行政上の諸原則としては、課税の明確性、納税の便宜性、最小徴税

費の努力が挙げられる。ワグナーの9原則は、課税の根拠は異なるものの、アダム・スミスの唱えた4原則を拡張したものとも言えよう。拡張したポイントとしては、ワグナーが課税による経済効果をも考慮に入れたところにある。

現代の租税原則は、これらの過去の租税原則を集約したもので、**租税の3原則**と呼ばれている。具体的には、

現代の租税の3原則

1. 公平性
2. 効率性（中立性）
3. 簡素性（徴税費と納税協力費の最小化）

の3つが挙げられる。**公平性**（equity）は、公平な課税を求めるものだが何をもって公平とするかは難しい問題である。**効率性**（efficiency）ないし、中立性は、資源配分にゆがみをもたらさないような課税の仕方が望ましいというものだ。**簡素性**（simplicity）は、税制をできるだけ簡素にすることで、徴税費と納税協力費の最小化が図れるはずだというものだ。徴税費は、税を徴収する行政側に発生するコストであり、納税協力費は、税を納める納税者側に発生するコストである[1]。

この租税の3原則のうち公平性と効率性の間には、トレードオフの関係がある。そこで以下では課税の公平性、効率性について詳しくみていこう。

---

1) これらの租税原則については、見直す動きもあった。詳細は本書の第3章で紹介する。

(2) 課税の公平性

政府が租税を徴収するとき各個人にどのように税負担を配分するかについては、公共サービスから受け取る利益に応じて課税する**応益原則**と支払能力に応じて課税する**応能原則**が存在する。しかし、現実には公共サービスから受け取る利益を各個人に帰属させることは困難であり、かつ、公共サービスの利益が低所得層により多く発生する傾向があるので、応益原則は一部の**目的税**を除いて適用されていない。ほとんどの場合、応能原則にもとづいて税負担を配分することになる。政府が各個人の支払能力に応じて税負担を配分するときには、公平性を満たすために**水平的公平**（horizontal equity）と**垂直的公平**（vertical equity）が要求されることになる。水平的公平と垂直的公平は、Musgraveの定義に従えば、それぞれ「等しい経済力を持つ人々の等しい取扱い」、「異なる経済力を持つ人々の異なる取扱い」とされる。つまり、水平的公平は、等しい「経済状態」にある人々に対して、同額の税負担を求めるというヨコの公平の概念であり、垂直的公平は異なる「経済状態」の人々の間では、経済的に恵まれた人々に対して、より高い税負担を求めるというタテの公平の概念である。

この2つの公平性の概念のうち前者の水平的公平は、経済状態の指標さえ決めれば、税負担を配分することができる。伝統的な租税理論である**包括的所得税**の考え方では、経済状態は「**包括的所得**」で捉えられる。この場合、水平的公平は同じ所得水準の人々に同額の税負担を要求することになる。しかし、包括的な所得ベースにもとづく水平的公平の議論には、いくつかの疑問が提示されている。第1の疑問は、同じ所得水準を得ている人々であっても、その所得から享受できる効用水準（満足度）が同じであるとは限らないというものだ。第2の疑問は、生涯全体を通じて考えると単年度ごとに発生した所得をベースに課税することが公平とは限らないというものだ。これは、所得税は勤労所得と利子所得の双方に課税するので、生涯を通じて考えれば同額の所得を稼ぐ人々であっても若い時により多く貯蓄した人は、単年度ごとの所得をベースに課税すると、より多くの税負担を担うことになるという**貯蓄に対する二重課税**の議論である[2]。

一方、後者の垂直的公平は、異なる税負担能力を持つ人々には、より大きな

税負担能力を持つ人々により高い税負担を求めるものだが、異なる税負担能力を持つ人々に対して具体的にどの程度の税負担を要求すればよいのであろうか。この問題は、古くは**課税の犠牲説**において検討されてきた。課税の犠牲説は、税負担による犠牲を各個人の間で均等にすることが垂直的公平を達成することになるという考え方である。犠牲を個人間で均等にする方法としては、税負担による犠牲の絶対量を均等化する「**均等絶対犠牲**」、所得から得られる効用に占める税負担による犠牲の比率を均等化する「**均等比例犠牲**」、社会全体の総犠牲を最小化する「**最小犠牲**」の3つの考え方がある。

このうち「最小犠牲」の結論としては、すべての個人の課税後所得を均等化すべきであるという極端な累進課税が導かれることになる。しかし、このような極端な累進課税は、個人の労働意欲を阻害するため、**貧困の平等**を招く可能性が高い。

(3) 課税の効率性

所得税や消費税などの通常の租税は、課税されると超過負担と呼ばれる資源配分上のロスを生じることになる。所得税が課税された場合には、余暇と消費の選択をゆがめることで労働供給を阻害する可能性がある。一般消費税も、消費財間の選択に際しては中立的だが、余暇に課税しないために、所得税と同様に労働供給を阻害することになる。この超過負担の大きさは、資源配分に対して完全に中立的な税である**ランプサム・タックス**（lump-sum tax；定額税）と所得税、消費税などの通常の税を課税したときの効用水準の差額ないし、税収の差として測定されることになる[3]。ランプサム・タックスとは、所得や消費などとは関係なく、政府が各個人の税負担能力に応じて、一定の金額の租税を課すものだ。現実には政府は各個人の正確な税負担能力を測定することができないので、あくまでも理論上想定されている仮想的な税制である。競争的な市場経済においては、自動的に資源配分の中立性が達成されるという**厚生経済**

---

2) 貯蓄二重課税の詳しい説明は、本書の第8章でおこなう。
3) 超過負担の図解による説明は、本書の第8章でおこなう。

学の第1基本定理が存在する。厚生経済学の第1基本定理は、家計の効用最大化、企業の利潤最大化行動を前提とすると、競争によって自動的に資源が無駄なく使われている状態である**パレート最適**を招くことになるというものだ[4]。この第1基本定理では、競争市場が資源配分の効率性を保証するものの、個人間の公平性は保証されない。市場経済での分配は、個人の能力によって格差を生じることになるからだ。ランプサム・タックスが利用可能な場合には、資源配分のロスを生じることなく、格差の是正も可能だという**厚生経済学の第2基本定理**が適用できる。このような状況は、公平性と効率性の両立が可能な特殊な状況であり、**ファースト・ベスト**と呼ばれている。しかし、政府は、ランプサム・タックスではなく、所得税や消費税などの効率性を阻害する税を使わざるをえない。政府が利用可能な税が限定される場合に、次善の課税方法を探るものが**セカンド・ベスト**の最適課税論である。セカンド・ベストの最適課税論では、格差是正のために公平性を重視した場合には、労働意欲の阻害などの効率性のロスが生じるというトレードオフが知られている。

2.2 税制改革の理論

(1) 包括的所得税

包括的所得税とは、**包括的所得**にもとづき課税することが望ましいとする租税理論である。日本の税制の基礎をなした**シャウプ勧告**やアメリカの**レーガン税制改革**のベースとなった財務省報告も、この包括的所得税をベースとしている。この包括的所得はシャンツ、ヘイグ、サイモンズによって定義された。具体的には、包括的所得は、2時点間（通常1年間）の経済力の増加とされる。経済力をはかる指標としては、市場で評価された消費価値額と資産価値の純増であり、

　　　包括的所得＝市場で評価された消費価値額＋資産価値の純増

4）市場経済の効率性の議論については、標準的なミクロ経済学のテキストを参照されたい。

とされている。

　市場で評価された消費価値額には、**要素所得**および**移転所得**からの消費、**自家消費**、**帰属サービス消費**（所有資産・耐久消費財の使用価値）、**フリンジ・ベネフィット**がある。経済力の増加を、消費する力で捉えようとしているわけだ。

　要素所得というのは生産要素としての労働、資本からの所得である。労働が生じる所得には給与所得が、資本からは配当所得が生じる。これらの要素所得を受け取れば、経済力が増加し、消費する力が生まれるというわけだ。移転所得とは、生活保護費や年金給付などの政府から受けとる所得である。

　自家消費とは、農家が市場に出荷せずに自家用に生産しているお米を消費することなどを指す。農家は、お米を購入しなくてすむ分だけ、より経済力が高まると考えているわけだ。

　帰属サービス消費とは、資産（マンションなど）や耐久消費財（車など）を所有していることから生じる使用価値のことである。持ち家の人は借家の人とちがって家賃を支払わなくて済む分だけ、より経済力が高いと考えられている。

　フリンジ・ベネフィットとは、現物給付のことであり、制服の支給、社用車での送迎など現物での支給に加えて、社会保険料の雇用主負担などをさす。

　資産価値の純増には、純貯蓄の蓄積と所有資産の価値増加が含められる。純貯蓄の蓄積には、銀行の普通預金、定期預金残高の増加などがある。所有資産の価値増加には、株や土地のキャピタル・ゲイン（値上がり益）がある。包括的所得には**未実現のキャピタル・ゲイン**（まだ売却していない場合における計算上の利益）も含められる。

　この包括的所得税は、現行の所得税よりも課税ベースが広いものとなっている。表2-1は、包括的所得税と現行所得税の課税ベースの主な違いをまとめたものだ。フリンジ・ベネフィットについては、包括的所得税ではすべて課税されている。一方、現行の所得税では社宅、独身寮が原則課税となっているものの、課税されるケースは限定的となっている。社宅、独身寮は、所得税法第36条第1項では「土地、家屋その他の資産（金銭を除く。）の貸与を無償又は低い対価で受けた場合における通常支払うべき対価の額又はその通常支払うべ

表2-1　包括的所得税と現行所得税との主な違い

	包括的所得税	現行所得税
フリンジ・ベネフィット		
社宅	課税	原則課税
独身寮	課税	原則課税
社員食堂	課税	非課税
社会保険料の雇用主負担	課税	非課税
生活保護費	課税	非課税（実質課税）
年金	課税	課税
未実現のキャピタル・ゲイン	課税	非課税
自家消費	課税	非課税
帰属サービス消費	課税	非課税

き対価の額と実際に支払う対価の額との差額に相当する利益」となっており、原則課税となっているものの賃貸料相当額の50%の家賃を支払っていると課税されない[5]。社員食堂についても原則課税となっているものの、①食事代の半分以上を負担している、②食事代と負担額の差額が1か月当たり3,500円（税抜き）以下であるという要件を満たしていれば課税されないことになっている。社会保険料の雇用主負担については、現物給与として課税されることはない。生活保護費については、生活保護法第57条において「被保護者は、保護金品を標準として租税その他の公課を課せられることがない。」とされており、所得税は課税されていない。ただし、生活保護費は、アルバイトなどの勤労所得が発生した場合には減額される仕組みとなっており、実質的には課税される

5）ただし、社宅や寮などの場合、賃貸料相当額の家賃を支払っている場合には課税されない。受け取っていれば給与として課税されない。賃貸料相当額とは、
　(1)　（その年度の建物の固定資産税の課税標準額）×0.2%
　(2)　12円×(その建物の総床面積（平方メートル）/3.3（平方メートル））
　(3)　（その年度の敷地の固定資産税の課税標準額）×0.22%
の合計額である。仮に、社宅や寮を無償で借りている場合には現物給与として、この賃貸料相当額が課税されることになる。賃貸料相当額より低い家賃しか支払っていない場合には、賃貸料相当額と支払った家賃との差額が、給与となる。

ことになる[6]。

　この包括的所得税を採用した場合には、公平性、効率性の両面でメリットがあるとされる。まず公平面では、水平的公平、垂直的公平の双方に関するメリットが指摘されている。水平的公平、垂直的公平は、ともに「経済状態」の把握が要求されるものだが、この「経済状態」を測定する基準として「包括的所得」がもっとも優れているという見方がある。たとえば大企業に勤めるサラリーマンと零細企業に勤めるサラリーマンを比較すると、大企業では保養所や独身寮、家賃補助など、給与以外の福利厚生面でも恵まれている。包括的所得税では、これらの福利厚生面での待遇の違いをも考慮にいれた課税ができるという点で、水平的公平、垂直的公平の観点で優れていると考えられる。また効率性の面でも、現行の所得税よりも課税ベースを拡大することになるため、同じ税収を調達しようとする場合、より低い税率での課税が可能となる。税率の引き下げは、所得税のもつ労働への阻害効果を低下させることにつながる。

　このような包括的所得税の考え方に対しては、税務執行面、理論面でさまざまな問題点も指摘されている。税務執行面でいうと農家の自家消費を把握することや、年に数回しか利用しない保養所によるフリンジ・ベネフィットを算定することは困難だ。帰属家賃への課税も納税者の理解が得られるとは思えない。理論面では、包括的所得税では所得の発生源の違いを考慮していないという批判や貯蓄に二重課税することになるといった批判が存在する。

　所得の発生源の違いによる批判は、包括的所得税がすべての包括的所得を合算して総合課税しようとすることに対しておこなわれている。同じように経済力を生じるとしても、たとえば給与所得と配当所得では、獲得するのに必要な労力が異なる。給与所得は労働の対価として受け取る勤労所得である。配当所得は、資本を提供したことで得られる資本所得であり、労働を投入する必要がないので不労所得とも呼ばれている。勤労所得よりも不労所得を重課すべきだという意見もある。一方で、利子所得と譲渡所得を比較すると、よりリスクの

---

[6] 生活保護費には、勤労控除が認められるため、アルバイト収入があった場合、収入増加分だけ減額されるわけではないものの、きわめて高い減額率となっている。詳しくは、橋本（2006）p.335を参照されたい。

高い投資への課税は、むしろ優遇すべきだいう見方もある。

　貯蓄に対する二重課税という批判には、利子所得は一度所得税が課税された後に貯蓄したことから生じるものだから利子所得への課税は二重課税だとする見方とライフサイクルを通じて考えると貯蓄への課税は、水平的公平の原則を損なう二重課税だとする見方がある[7]。

(2) 支出税

　支出税は、担税力の指標としては、所得よりもむしろ消費が望ましいとする考え方である。支出税の代表的な著作には、**カルドア**の「*An Expenditure Tax*」(1955年) がある[8]。カルドアは、「人々が共同のプールから汲み取る量に応じて彼らに課税するもので、彼らがそのプールに注ぎ見込む量に応じて課税しようとはしない。…中略…多く労働し、しかも自分の労働の果実をたくわえ、わずかしか費消しない人が、怠惰な生活をし、わずかしか稼がず、そして稼いだものはみな費消してしまう人よりも、より大きな負担を負わされねばならぬのか」と述べている。このように課税対象としての消費の優位性を強調したうえで、カルドアは、直接税として支出へ課税することを提案した。つまり消費税のように間接税として事業者に納税義務を課すのではなく、消費者に一年間の消費支出額を申告させて、その支出額に応じて、累進税率表を課すべきだとした。このカルドアの提案にしたがった税制改革は、実際にスリランカとインドで実行されたのだが、すぐに廃止されてしまった。その最大の理由は、税務当局が個人の消費支出額を確かめる方法がなかったところにある。このカルドアが考えた支出税は、**古典的支出税**とも呼ばれている。

　支出税に再び脚光があてられるのは1970年代に入ってからのことである。1978年に発表されたイギリスのミード委員会報告『直接税の構造と改革 (*The Structure and Reform of Direct Taxation*)』は、支出税の採用を検討した報告書として有名である。**ミード報告**で検討された支出税は、個人の申告した消費に応

---

7) ライフサイクルを通じた貯蓄二重課税論の説明は、本書の第8章を参照されたい。
8) この本の日本語訳は、支出税でなく『総合消費税』という題名がつけられている。支出税よりも総合消費税という訳のほうが、支出税の性格をよくあらわしている。

じて直接税として課税する古典的な支出税ではなく、(所得－貯蓄＝消費)で求めた消費に課税する現代的な支出税である。これは、税務当局にとっては、個人の消費を捕捉するよりも所得と貯蓄を捕捉する方が容易であることに着目したものだ。

現代的支出税では、貯蓄に関して適格口座を設け、適格口座の残高の増加を課税ベースから控除し、貯蓄残高の減少を課税することになる。したがって、負債の返済、利子支払は貯蓄として控除され、借入金の受取や貯蓄の取り崩しは課税されることになる。さらに、事業用資産の購入は控除され、当該資産からの収益は課税されることになる。ミード報告では、このように所得から貯蓄を引くことで求めた課税ベースに課税する包括的支出税 (universal expenditure tax) か、あるいは大多数の納税者については付加価値税を適用し、高額の支出をおこなっている納税者については、追加的な支出税を適用するという2段階支出税 (two tier expenditure tax) の選択を勧告した。

この支出税を採用することのメリットとしては、事業所得の算定が簡単になること、所得の平均化措置が不要になるといった点が指摘されている。事業所得の算定にあたっては、現行税制のもとでは複雑な減価償却制度を適用する必要があるが、支出税のもとでは、償却資産は全額、すぐに経費として控除すればよいことになる。キャピタル・ゲインも再投資される場合には非課税となる。所得の平均化というのは、累進的な所得税制度のもとで必要とされているものだ。たとえば、作家やスポーツ選手のように所得の変動が激しい職業の人たちは、累進課税制度のもとでは不利となる。支出税のもとではこの平均化措置の必要性はほとんどない。消費は所得よりも生涯を通じて変動が少ないと考えられるからだ。

支出税の経済的利点としては、現在消費と将来消費の選択をゆがめないという意味で経済中立性の点で優れているという意見や、貯蓄を促進することにつながるという意見もある[9]。公平面でも、貯蓄二重課税にもとづく、生涯所得への水平的公平の問題を、支出税ならば解決できることが指摘されている。

---

9) 現在消費と将来消費の選択についての中立性の議論は、本書の第8章を参照されたい。

一方、支出税の欠点は、以下のようにまとめることができる。第1に、税務行政上の欠点として、納税協力が得られるかどうかに疑問が残る。支出税は、借入金については貯蓄の取り崩しとして課税されることになる。借入金に対して課税することが、一般の納税者の理解を得られるとは考えにくい。第2に、効率性についても必ずしも優れているとはいえない。支出税の課税ベースは所得税の課税ベースよりも狭くなるため、同じ税収を調達するためにはより高い税率を必要とする。高い限界税率は、より大きな効率性の阻害を生じる可能性がある。第3に、公平上の欠点も抱えている。支出税では、富の蓄積は消費されない限りは課税されることはない。しかし、富の蓄積はそれ自体が社会的地位を向上させる。金融機関でも大口貯蓄には、より高い利子率を提示するのが一般的だ。また支出税では、消費の発生源の差異を区別できない。自らの努力で稼いだ所得からの消費と親からの贈与からの消費を支出税は同じように扱うことになる。第4に、支出税には移行上の問題もある。日本の税制は、消費税の占める割合が高くなってきているとはいえ、依然として国税収入に占める比率は所得税が高くなっている。現役世代のほとんどは、所得税を中心として支払ってきた世代で構成されている。これらの世代は、勤労期間においてすでに多くの所得税を納めてきた人たちである。支出税への税制改革が行われた場合にこれらの世代は、退職後の期間において、支出税の課税に直面することになる。税制改革時点に労働市場に参入する世代に比べると、不利になるという問題点が指摘できる。

(3) 最適課税論

最適課税論は、大別すると**ファースト・ベスト**の意味での最適課税論と**セカンド・ベスト**の意味での最適課税論に区分される。前者は政府の利用可能な税体系になんら制約のおかれていない状況で社会的厚生を最大化するような課税を探るものだ。前述したように、**ランプサム・タックス**をもちいれば、パレート最適を維持しながら所得分配の公正を達成することができる。しかし、現実には、政府は、所得税や消費税のように何らかのひずみをもたらす租税しか使用できないために、通常はセカンド・ベストの意味での最適課税論が議論の対

象とされている。セカンド・ベストの最適課税論は、政府の利用可能な税体系が間接税に限定される最適間接税論と、所得税のみが利用可能な場合の最適所得税論に大別される[10]。

社会的厚生関数

最適課税論で政府の目的関数として利用されているのが**社会的厚生関数**である。この社会的厚生関数は、一般的には、各家計の効用水準に依存するものと考えられている。具体的には、

$$W = W(U_1, \cdots, U_i, \cdots, U_I) \qquad (2-1)$$

と表記される。ここで、W は社会的厚生、U_i は第 i 家計の効用水準である。この式は単に社会全体の厚生は、その社会を構成する家計すべての効用に依存しているということを述べているのにすぎない。社会的厚生関数については、少なくとも、任意の家計の効用水準が増加したときに、社会全体の厚生水準も増大するという性質を備えている。つまり、

$$\frac{\partial W}{\partial U_i} > 0$$

が成立する。この式の左辺は第 i 家計の効用が増大したときに社会的厚生がどれだけ増加するかを示した**限界社会的重要度**と呼ばれるものになっている。任意の家計の効用が増大したときに社会的厚生が増大するのでこの式は正になる。限界社会的重要度が正になる社会的厚生関数は、**バーグソン・サムエルソン型の社会的厚生関数**とも呼ばれている。

---

10) 所得税と消費税の双方が利用可能な状況において、最適な直接税と間接税のあり方について研究した論文もある。詳しくは、Atkinson & Stiglitz (1976) を参照されたい。

社会的厚生関数を特定化する場合、よく使われるのが**功利主義的な社会的厚生関数**である。功利主義とは、**ベンサム**という哲学者が唱えた考え方で「最大多数の最大幸福」を目指すものである。単純化のために、社会には A と B の2人しかいないとしよう。このとき功利主義的な社会的厚生関数は、A の効用と B の効用の合計、

$$W = U^A + U^B \tag{2-2}$$

となる。

　功利主義の考え方よりも、もっと公平性を重視する場合もある。一番公平性を重視する考え方としては、哲学者の**ロールズ**の唱えた**マキシミン原則**が有名である。マキシミン原則とは、社会の最も恵まれない人の厚生を最大化しようという考え方である。

　功利主義、マキシミン原則といった価値判断を表現するための社会的厚生関数の具体的な関数型としては、

$$W = (1/\gamma) \Sigma U^\gamma \qquad \gamma \neq 0 \tag{2-3}$$

という形の式がよく用いられている[11]。この式は、$\gamma = 1$ のとき、功利主義的な社会的厚生関数と一致する。γ の値を小さくするにしたがって、この関数において、恵まれない人、効用水準の低い人のほうが、社会的厚生に占めるウェイトが大きくなる。γ の値が $-\infty$ のときには、マキシミン原則にもとづくロールズ的な社会的厚生関数となる。

---

11) Atkinson and Stiglitz (1980) は、$W = \dfrac{1}{1-\rho} \Sigma [(U^i)^{1-\rho} - 1]$ という形式の一般的な社会的厚生関数を利用している。このタイプの場合には、功利主義、ロールズに加えて、$\rho \to 1$ のときベルヌーイ・ナッシュ型の社会的厚生関数も含まれることになる。

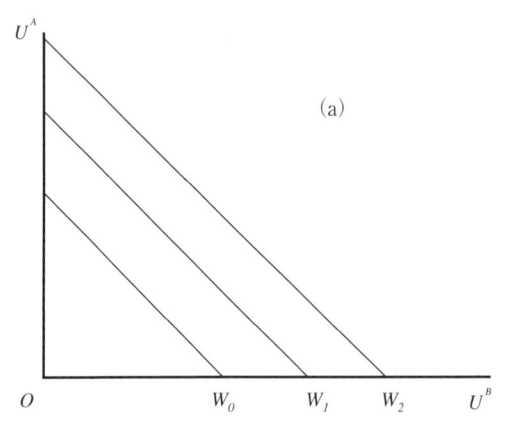

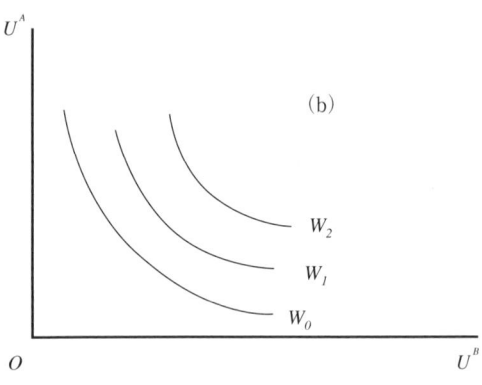

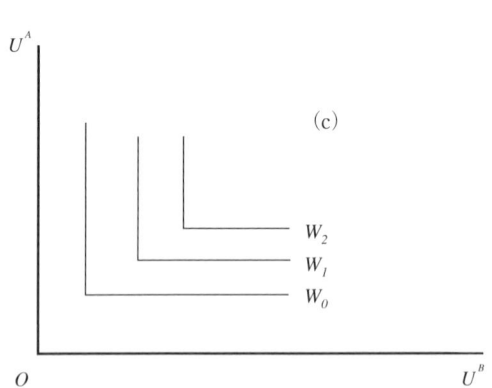

いま、社会全体に2人しか存在しないケースについて、(2-3)式の社会的厚生関数にもとづき、同じ社会的厚生水準を達成する組み合わせを示す**社会的無差別曲線**を、功利主義のケース、マキシミン原則のケース、その中間の公平性の価値判断が採用された場合について描いたものが図2-1である。

図2-1の(a)図は、功利主義的な社会的厚生関数を想定した場合の社会的無差別曲線を描いたものだ。社会的無差別曲線とは、AとBの効用水準に依存する社会的厚生水準が同一となる組み合わせを描いたものだ。功利主義の場合には、社会的無差別曲線は、傾きが-1の直線となる。(c)図は、マキシミン原則を採用する場合の社会的無差別曲線であり、直角に折れ曲がることになる。(b)図は、両者の中間的なケースであり、原点に対して凸の曲線となっている。

図2-1 社会的無差別曲線

効用可能性曲線と社会的厚生関数

これらの社会的厚生関数のもとでは、どのような分配状況が望ましいとされるのであろうか。これを探るために、図2-2のような**効用可能性曲線**が描かれているとしよう[12]。効用可能性曲線とは、ある者の効用水準を所与としたときに、別の者が達成可能な効用水準の組み合わせを示したものだ。

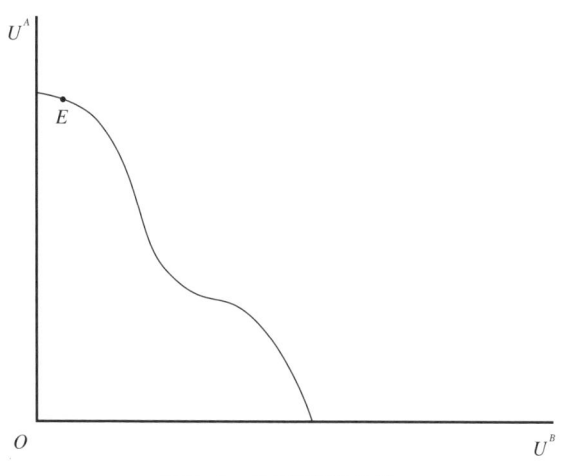

図2-2　効用可能性曲線

いま、市場均衡においてはE点において均衡が成立しているとしよう。効用可能性曲線上では、パレート最適が満たされているものの、その分配は必ずしも公平な分配を保証しない。厚生経済学の第2基本定理に従えば、ランプサム・タックスを利用可能な状況にあれば、効用可能性曲線上の任意の点への再分配が可能となる。そこで、社会的厚生関数のもとで、どのような分配状況が望ましいのかを考えてみよう。

図2-3は、効用可能性曲線と功利主義的な社会的無差別曲線を重ね合わせ

---

12) 効用可能性曲線の導出に興味がある読者は、Atkinson and Stiglitz (1980) を参照されたい。

て描いたものである。図にはAとBの効用水準が等しくなる45度線も描かれている。完全平等は、この45度線上での所得分配において達成されることになる。功利主義的な社会的無差別曲線と効用可能性曲線との接点はF点となっている。市場均衡よりは平等主義に近づくものの、功利主義のもとでは、それ

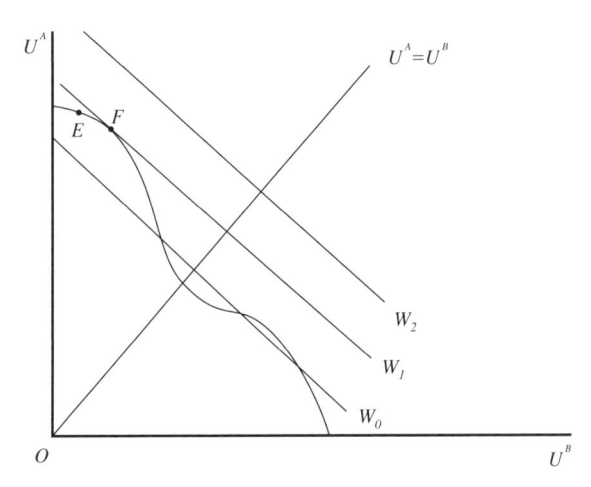

図2-3 功利主義的な社会的無差別曲線と効用可能性曲線

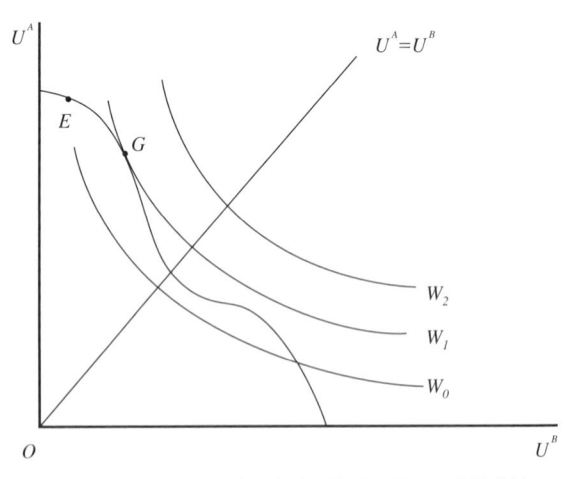

図2-4 一般的な社会的無差別曲線と効用可能性曲線

ほど大きな再分配は要求されないことになる。

　図2-4は、一般的な社会的無差別曲線と効用可能性曲線を描いたものだ。社会的無差別曲線と効用可能性曲線との接点がGとなり、功利主義的な社会的無差別曲線の場合よりも、平等主義に近づいていることがわかる。

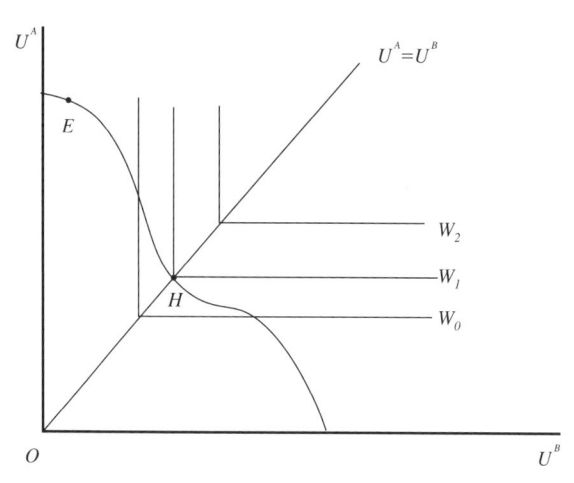

図2-5　ロールズ的な社会的無差別曲線と効用可能性曲線

　図2-5は、ロールズ的な社会的無差別曲線と効用可能性曲線を描いたものだ。この図では、社会的な厚生を最大化する点は、H点となっており、完全平等の点と一致することになる。

　以上の結果は、再分配の手段としてランプサム・タックスが利用可能な状況における最適な分配状況を示したものにすぎない。現実の世界では、政府はランプサム・タックスではなく、累進的な所得税と社会保障給付によって所得再分配をおこなうことになる。この場合には、効率性のロスが発生するために、効用可能性曲線の形状が変わることになる。いま累進課税のもとで効用可能性曲線が図2-6の点線のように変形してしまうと想定しよう。この効用可能性曲線上で完全平等をめざした場合には、原点Oでしか完全平等が達成されないことになってしまう。これはいわゆる貧困の平等が達成されている状況であ

る。つまり、完全平等をめざした極端な累進課税のもとでは、誰も働かなくなってしまうわけだ。

　累進課税のもとでは、いかなる社会的無差別曲線のもとでも完全平等は社会的な最適分配とならない。図2-6は、最も平等主義的な価値判断を示すロールズ的な社会的無差別曲線と累進課税のもとでの効用可能性曲線が描かれている。この図では、社会的な最適点はG'となっている。G'点では、この社会で最も恵まれない者であるBの効用水準が最大化されており、マキシミン原則を満たす点となっている。ロールズのマキシミン原則にしたがったとしても、再分配が効率性を損なうような形でしかおこなえない場合には、完全平等は達成されないことになる。以下では、政府の利用可能な税体系が間接税に限定される最適間接税論と、所得税に限定される最適所得税論についてみていこう。

最適間接税論

　最適間接税論は、Ramsey（1927）の古典的な論文を出発点とするものである。ラムゼーは、政府が個別消費税体系のもとで一定の税収をあげるとすれば、代表的家計の効用を最大化するために、各消費財の税率をどのように設定すれば

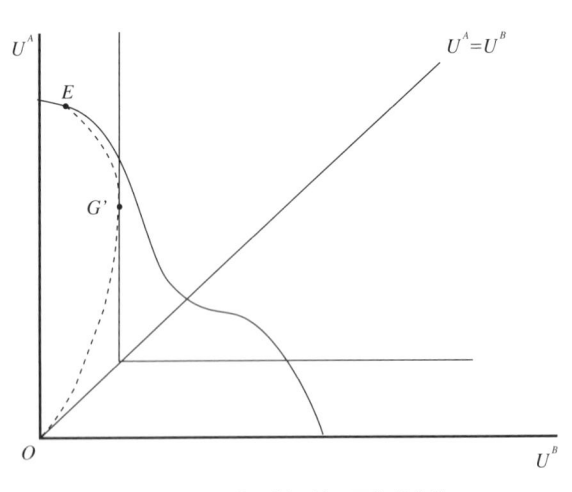

図2-6　累進課税と効用可能性曲線

よいのかを検討し、**ラムゼー・ルール**を導出した[13]。ラムゼー・ルールは、価格弾力性の高い財（奢侈品）に軽課、価格弾力性の低い財（必需品）に重課すれば、最適な課税が達成されるという命題である[14]。

　その後の最適課税の議論は、代表的家計の仮定をはずして社会には所得稼得能力の異なる複数の家計が存在する状況を想定し、税体系についても個別間接税だけでなく、所得税と間接税の双方が存在する状況を想定するなどの拡張がはかられてきた[15]。複数家計の存在する場合の最適な税制は、資源配分の効率性と所得分配の公平性の間にトレードオフが生じるために、代表的な家計しか存在しない場合のように明確な結論が得られず、課税に対する労働供給、需要の弾力性、その社会の所得分布状況、人々の平等性への価値判断の違いによって、左右されることになる。

最適所得税論

　政府が利用可能な税体系として間接税を想定するのではなく、所得税を想定し、所得税の望ましい累進度を検討したものが**最適所得税論**である[16]。最適所得税論は、ノーベル経済学賞を受賞したMirrlees（1971）の研究を出発点とするものだ。Mirrleesにはじまる最適所得税論における理論的な結論は、能力に上限と下限が存在しないケースと存在するケースで両極端な税率表を導きだすものだった。家計の所得を稼ぐ能力に上限が存在しないならば、最高限界税率は100％に設定すべきだとされる。能力の上限が存在しないならば、限界税率が高くても、働くことをやめないと考えられるからだ。一方、能力の上限と下限が存在するケースでは、その上限と下限では最適な限界税率はゼロとなるとされる。能力の上限と下限では、限界税率をゼロに設定することで、家計は追加的な労働供給を行うと考えられるからだ。

13）ラムゼー・ルールの詳しい説明は、本書の第8章を参照されたい。
14）超過負担の説明も、本書の第8章で扱う。
15）複数家計の存在する場合の最適間接税論については、本間・橋本（1985）のサーベイ論文が有益である。
16）最適所得税論のさらに詳しい説明は、本書の第5章を参照されたい。

最適な累進税率表を探る研究の一方で、課税最低限（ないし人頭補助金）と均一税率（フラット・レート）の最適な組み合わせを探る最適線形所得税の議論もおこなわれてきた。これは、Mirrlees の論文で、家計の行動を規定する効用関数をコブ・ダグラス型に仮定した場合には、最適な税率構造は均一税率と、課税最低限から構成されるフラットレート・タックス（線形所得税）となるという結論が提示されたことを契機としている。この最適線形所得税の理論的な結論としては、最適な均一税率と課税最低限の組み合わせは、課税に対する労働供給の反応の度合いと公平性への価値判断に依存することが知られている。課税に対する労働供給の反応が小さいほど、公平性への志向が高まるほど、より高い限界税率とより高い課税最低限が要求されることになる。

2.3 租税帰着

租税帰着は、最適課税と同様に、租税に関する経済学者の主要な関心事のひとつとされてきた。最適課税が規範的な事象を取り扱うのに対して、租税帰着は実証的な事象を取り扱うことになる。

(1) 帰着の概念

租税の最終的な落ち着き先のことを**帰着**という。この帰着の概念は、**法制上の帰着**と**経済的帰着**に大別できる。法制上の帰着とは、法律上で想定されている税負担の落ち着き先をさす。たとえば消費税の場合には、法制上、最終的な負担は消費者になると想定されている。しかし、経済学的には、消費税の負担が100％消費者に転嫁されるという保証はない[17]。税負担が市場での取引を通じて最終的に落ち着く先は、経済的帰着と呼ばれている。法制上の帰着と経済的帰着が異なる典型的な租税は、法人税であろう。法人税法では、法人税の納税義務者は、法人であるとしている[18]。法人税と所得税の二重課税の調整のために、所得税法では配当に対して配当控除を適用するという規定がある。こ

---

17) 消費税が消費者価格にどのような影響を与えたのかについての議論は、本書の第9章で扱う。

れは、税法上は法人税が株主に帰着すると想定していることを示すものだ。しかし、第11章で議論するように、法人税の最終的な負担は、株主だけでなく、従業員、消費者に帰着する可能性も指摘されている。経済的帰着では、すべての税は、最終的には個人に帰着することになる。

租税帰着の経済分析には、**絶対的帰着**、**差別的帰着**（differential tax incidence）、**均衡予算帰着**（balanced budget incidence）の3つの手法が存在する。絶対的帰着とは、特定の税の増税による分配状況の変化をみるものだ。たとえば、個別消費税を増税したときの分配状況の変化をみることになる。この絶対的帰着は、他の市場を無視するという単純化の仮定をおいており、教科書的な説明においてのみ使用されている。差別的帰着は、予算規模を一定としたときの税制改革による分配上の変化を測定する考え方だ。たとえば、税収中立のもとでの所得税減税と消費税増税を組み合わせた場合に、分配状況がどのように変化するのかをみることになる。均衡予算帰着とは、税制改革による予算規模の増加ないし、減少に伴い、歳出が増加ないし、減少する場合の分配上の変化を測定する考え方である。経済分析の多くでは、これらの手法のうち差別的帰着が使用されている[19]。

(2) 従量税と従価税の違い

租税帰着の説明では、従量税を例に採ることが多い。**従量税**（specific tax）とは、産出量1単位当たりの税であり、日本の税制ではたばこ税、酒税などが該当する。一方、消費税は、従量税ではなく、価格に一定比率の税率を課税する、**従価税**（ad valorem tax）の一形態となっている。租税帰着の説明に入る前に、従量税と従価税の経済効果の違いについて見ておこう。

---

18) 法人税法第4条　内国法人は、この法律により、法人税を納める義務がある。ただし、公益法人等又は人格のない社団等については、収益事業を行う場合、法人課税信託の引受けを行う場合又は第84条第1項（退職年金等積立金の額の計算）に規定する退職年金業務等を行う場合に限る。

19) 租税帰着論についての詳細は、本間（1982）を参照されたい。

いま、ある企業の総費用曲線（TC）を、

$$TC = aQ^2 + bQ + c \qquad (2-4)$$

と想定する。ただし、Q は生産量、a、b、c は正の定数である。（2-4）式を Q で微分すると限界費用曲線（MC）は、

$$MC = 2aQ + b \qquad (2-5)$$

となる。利潤最大化の必要条件、価格（P）＝限界費用（MC）より、企業の供給曲線は、

$$P = 2aQ + b \qquad (2-6)$$

となる。この状況において、従量税が課税された場合に、企業の供給曲線がどのように変化するかを考えてみよう。

まず従量税は、生産量を Q とし、税額を T、単位当たりの税を t とすると、

$$T = tQ \qquad (2-7)$$

と表すことができる。

従量税課税後の総費用曲線は、

$$TC = aQ^2 + bQ + c + T \qquad (2-8)$$

となり、税額分を足したものとなる。（2-8）式の T に、（2-7）式の右辺を代入すると、

$$TC = aQ^2 + bQ + c + tQ \qquad (2-9)$$

となる。（2-9）式を生産量 Q で微分すると限界費用曲線（MC）は、

$$MC = 2aQ + b + t \qquad (2-10)$$

となる。さきほどと同様に利潤最大化の必要条件を使うと、従量税課税後の供給曲線は、

$$P = 2aQ + b + t \tag{2-11}$$

となる。課税後の供給曲線（2-11）式と課税前の供給曲線（2-6）式は、従量税 t 円の差となっているため、従量税が課税されると t 円だけ供給曲線が平行にシフトすることになる。

次に、従価税が供給曲線に与える影響を考えてみよう。いま、課税前の供給曲線が、

$$P = aQ + b \tag{2-12}$$

で与えられているものとしよう。この供給曲線に、税率 t ％の従価税を課税すると、

$$\begin{aligned} P &= aQ + b + t\,(aQ + b) \\ &= (1 + t)(aQ + b) \end{aligned}$$

となり、供給曲線の傾きが変化することになる。

(3) 完全競争市場の下での個別物品税の租税帰着

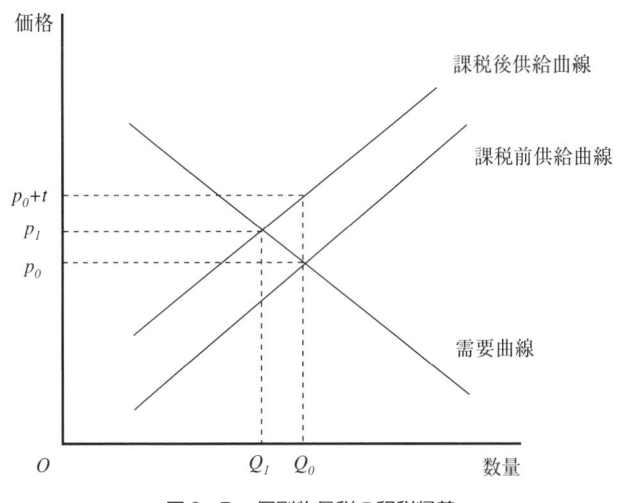

図2-7　個別物品税の租税帰着

以下では他の市場による影響を無視した部分均衡分析の枠組みで、個別物品税の租税帰着についてみていこう。個別物品税が課税された場合に、どの程度、消費者に転嫁されることになるかは、完全競争市場であるのか、独占市場であるのかによっても変わってくる。まず、完全競争市場の下で、単位当たり t 円の従量税が課税されるものとしよう。

　図2-7には、企業が納税義務者のケースについて、ある特定の商品への消費者の需要曲線と企業の供給曲線が描かれている。個別物品税が企業を納税者として課税された場合には、企業は、単位当たり t 円の個別物品税を生産者価格に上乗せして消費者の商品を販売しようとするために、供給曲線が左上方へシフトすることになる[20]。供給曲線がシフトすると、課税後の供給曲線と需要曲線との交点で新しい均衡価格が与えられることになる。このとき、消費者価格が上昇するとともに、均衡数量は、Q_0 から Q_1 へと減少する。供給曲線のシフトの幅は、税金分の t 円となっているが、均衡価格が p_1 までしか上昇していないことに注意されたい。t 円の値上げに伴い、消費者の需要が減少するために、企業は最終的には、P_1 までしか値上げできないことになり、消費者へ課税分を100％価格転嫁することはできないことになる。消費者価格への税金分をどの程度転嫁できるかの度合いは、需要曲線と供給曲線の傾きに依存することになる。たとえば、生活必需品のように需要の価格弾力性がきわめて小さく、需要曲線が垂直に近い場合には、価格が上昇しても消費者の需要がほとんど減少しないために、企業は課税分のほとんどすべてを消費者に転嫁できることなる。

(4)　独占市場での租税帰着

　次に、独占市場での租税帰着について考えてみよう。いま単純化のために、

---

20)　実は、消費者が納税義務者の場合でも、最終的な経済効果は同じとなる。消費者に課税した場合には、課税後の需要曲線が左下方へシフトし、均衡数量が減少する。企業が受け取る価格は、課税後の均衡価格に従量税の t 円を上乗せしたものとなるが、その価格は課税前の価格を t 円だけ引き上げたものとはならない。需要量の減少により均衡価格が減少するためである。

消費者の需要曲線は、

$$P = 100 - Q \qquad (2-13)$$

という1次関数で与えられているとしよう。独占企業の費用関数は、

$$TC = 2Q + 10 \qquad (2-14)$$

で与えられているとしよう。(2-14) 式を Q で微分し、限界費用 (MC) を求めると、

$$MC = 2$$

となる。

　独占企業は、消費者の需要曲線に直面することになるので、総収入 (TR) は、(2-13) を代入することで、

$$TR = P \times Q = (100 - Q) \times Q = 100Q - Q^2 \qquad (2-15)$$

で与えられることになる。(2-15) 式を Q で微分すると限界収入 (MR) は、

$$MR = 100 - 2Q \qquad (2-16)$$

となる。独占企業の利潤最大化の必要条件、限界収入 (MR) ＝限界費用 (MC) を使うと、利潤を最大化するような最適な生産量は、

$$100 - 2Q = 2$$
$$Q = 49$$

となる。このとき、消費者の支払う価格は (2-13) 式より、

$$P = 100 - 49 = 51$$

となる。いま、この独占企業に t 円の従量税が課税されたとしよう。課税後の利潤最大化の必要条件は、$MR = MC + t$ となる。仮に、税額を $t = 2$ とすると、利潤を最大化するような生産量は、

$$100 - 2Q = 4$$
$$Q = 48$$

となる。課税後に消費者の支払う価格は、

$$P = 100 - 48 = 52$$

となり、消費者の価格上昇は1円となる。つまり、独占市場の場合には、消費者の価格は、従量税の t 円の2分の1だけ上昇することになる。

第 3 章　税制改革論議

　この章では、わが国の税制改革論議を紹介する。まず、税制改革において中心的な役割を果たしてきた**政府税制調査会**の答申についてみていく[1]。次に、税制改革論議についての先行研究をまとめる。

3.1　政府税制調査会答申に学ぶ

　わが国の税制改革の推移を振り返ると、政府税制調査会の答申が果たしてきた役割は、決して無視できないものがある。世界的にも有名なミード報告、財務省報告といった税制改革の報告書、わが国の戦後税制の基礎をなしたシャウプ勧告と比較すると、税制調査会の答申そのものが研究対象となることは少ない[2]。ミード報告、財務省報告そしてシャウプ勧告は、特定の専門家によってまとめられたものであるのに対して、わが国の税制調査会の答申は、税制の専門家に加えて各界の代表から構成された審議会での議論をへて、提出されたものだからである。審議会での利害調整の結果として、租税理論からみた整合性がなくなることもある。だが、審議会方式の利点としては、税制改革の実現性が高いことが挙げられる。一方、ミード報告のように、租税理論としての支出税 (expenditure tax) に関する必読文献として今でも高く評価されながら、

---

[1]（旧）政府税制調査会は、2009年の自民党から民主党への政権交代に伴い廃止され、財務大臣並びに財務大臣の指名する財務副大臣及び財務大臣政務官、総務大臣並びに総務大臣の指名する総務副大臣及び総務大臣政務官、国家戦略担当大臣、内閣総理大臣の指名する内閣府副大臣並びに関係者を委員とする（新）政府税制調査会に改組された。

[2] 政府税調答申そのものについての貴重な研究に、木下 (1992) が存在する。日本の税制改革の歴史については、石 (2008) が詳しい。

現実には採用されなかったケースもある。その意味では、財務省報告は、報告書を土台にした大統領案、そして議会での修正をへて、包括的所得税論にもとづき課税ベースの拡大と税率のフラット化という骨格がほぼそのまま実現した希有なケースであろう。この財務省報告にもとづくレーガン税制改革が、多くの研究者の関心を呼んできた理由は、租税理論的に見て優れたものであり、かつ現実に施行されたところにあるだろう。

わが国における税制調査会の答申に関する研究が少ないのは、実現性は高いものの、租税理論からみた整合性にかけるためである。しかし、これからの税制改革のあり方を考えるうえで税制調査会における膨大な答申と資料の蓄積を無駄にしてはならない。近年、検討課題とされてクローズアップされている納税者番号制度などは、数十年間にわたって税制調査会の答申において、絶えず導入が検討されてきたものである。そこで、この節では、過去の膨大な税制調査会の答申の中で、税制改革のキーポイントとなった答申をとりあげて、その答申の持つ意味を再検討したい。

(1) 高度経済成長と減税答申―1964年12月答申

政府の税制調査会は、内閣総理大臣の諮問機関として1959年4月に設置された。それ以降、現在に至るまで、毎年の答申と長期的な税制の方向を議論した長期答申がおこなわれてきている。

税制調査会設置後の最初の長期答申『今後におけるわが国の社会、経済の進展に即応する基本的な租税制度のあり方』は、1964年12月12日に提出された。この当時、日本経済は、高度成長期にあり、答申の関心事は、経済成長期における税負担の増加をいかにして軽減していくかにあった。というのは、経済成長に伴う名目所得の上昇は、累進税率構造をもつ所得税制のもとで、所得の伸びを上回る税負担の増加をもたらすからである。

表3-1は、当時の経済成長に伴い、毎年どの程度の自然増収が生じていたのかを示している。この表によると、1960年代には、確実に自然増収を生じていたことがわかる。この自然増収の発生に対して、税制調査会は、「当分の間、少なくとも毎年度自然増収のうち20％程度を減税に充てることを目途に、国民

表3-1 自然増収額（当初予算ベースで目的税を除く）に対する減税額の割合の推移

(単位：億円)

	一般会計歳入総額(A)	自然増収額(B)	減税額(C)	(C)/(B)	(B)/(A)
1955年	11,264	403	395	98.0%	3.6%
1956年	12,325	472			3.8%
1957年	13,999	1,853	848	45.8%	13.2%
1958年	14,537	999	261	26.1%	6.9%
1959年	15,972	1,086	133	12.2%	6.8%
1960年	19,610	2,096	−58	−2.8%	10.7%
1961年	25,159	3,930	648	16.5%	15.6%
1962年	29,476	4,807	987	20.5%	16.3%
1963年	32,312	3,131	499	15.9%	9.7%
1964年	34,468	6,826	836	12.2%	19.8%
1965年	37,731	4,647	813	17.5%	12.3%
1966年	45,521	1,190	2,090	175.6%	2.6%
1967年	52,994	7,353	803	10.9%	13.9%
1968年	60,599	9,476	550	5.8%	15.6%
1969年	71,093	11,905	1,503	12.6%	16.7%
1970年	84,592	13,771	1,768	12.8%	16.3%
1971年	99,709	14,965	1,387	9.3%	15.0%
1972年	127,939	5,732	−48	−0.8%	4.5%
1973年	167,620	25,656	3,355	13.1%	15.3%
1974年	203,791	36,854	10,020	27.2%	18.1%
1975年	208,372	37,830	2,050	5.4%	18.2%
1976年	242,960	−20,100	−1,890	9.4%	−8.3%

備考：自然増収額は各年度の当初予算における税収見込額（税制改正前）の前年度予算額に対する増加額である。
出所：大蔵省主税局『税制主要参考資料集』各年版より作成。

負担の軽減を図っていくことが適当」と述べている[3]。

　表3-1では、このような税制調査会の基本的な方針にもとづき、毎年のように減税されてきたことが確認できる。この長期答申にもとづく減税は、所得税を中心におこなわれた。減税が所得税中心でおこなわれた理由として、税制調査会は、「昭和28年から昭和37年までの間の国民所得に対する国税収入全体の弾性値は平均1.5程度であるが、所得税の弾性値は平均2.5程度に達している」ことを指摘している[4]。所得税減税の具体的な中身としては、扶養控除の

3）税制調査会編（1964a）p.4引用。

引き上げ、給与所得に対する負担軽減として給与所得控除を拡充することで、課税最低限を引き上げる方向が打ち出された。税率構造については、最低税率8％を漸次引き上げるものとされた。なお、答申では配偶者控除と基礎控除には差額を設けるべきとされた[5]。また、経済成長に伴う名目所得の上昇は、片働き世帯に特に税負担増加をもたらすが、2分2乗方式は高額所得者に受益が偏る可能性があるとして否定的な見解を示した。

　この長期答申では、法人税のあり方が専門家への委託研究により検討された点でも興味深い。法人税は、現在においても性格が曖昧な税である。法人税の負担は、さまざまな形で転嫁される可能性があるからである。税法上は、法人税の負担は、企業の利益を減少させて、株主への配当の減少と留保利潤の減少を生むと想定されている。しかし、企業に課された法人税は、製品価格を引き上げることで消費者に転嫁される可能性もあるし、従業員に対して支払われる賃金の減少を招く可能性もある。仮に法人税が消費者に転嫁されるのであれば、法人税は間接税として消費者が負担することになるのである。そこで、税制調査会では、当時専門委員であった木下、古田の2人の財政学者に法人税の転嫁についての研究を委託した。

　木下専門委員は、「関西地区に本社を有する法人約110社を対象に、①企業会計上と税務会計上の費用概念の相異について、②販売価格の決定について、③市場の競争状態と企業活動について、④法人課税と賃金、原材料価格について、⑤設備投資の決定について、⑥資金調達方法について、⑦減価償却期間についての7項目24の設問について、面接により回答を求める」というアンケート調査により法人税の転嫁の実態調査を試みている。その調査の結果として「この調査の集計結果から、法人税が転嫁する可能性があること、法人税の転嫁の可能性及びその程度は市場の需給関係、競争状態、独占度などさまざまな要因によって異なってくること等が認められた」としている。

　また、古田専門委員は、法人税の転嫁に関する先駆的な研究として有名な

4）税制調査会編（1964a）p.8引用。
5）1964年答申において、基礎控除12万円、配偶者控除11万円とされた。

K-Mモデル（Krzyzaniak and Musgrave（1963））を用いて、法人税の転嫁に関する実証分析をおこなった。古田専門委員は、三菱経済研究所「本邦事業成績分析」大蔵省「法人企業統計年報」のデータを利用して、1952年から1962年までの期間における法人税の転嫁度を推計した。具体的には、被説明変数に、企業の粗収益率（税込み利潤の資本ストックに対する比率）が、説明変数として、法人税変数（L_t）、法人税以外の要因（GNPに対する消費比率 C_t、売上高に対する在庫比率 V_t、GNPに対する法人税以外の全税収マイナス政府移転支出の比率 J_t）が採用された。法人の収益に、法人税と法人税以外の要因がどの程度影響を与えているかをみようとしたわけだ。古田専門委員は、「法人税の短期的転嫁は、全産業については256％を上限とし、223％を下限とする転嫁が行われ、製造業については263％を上限とし、235％を下限とする転嫁が行われた」と述べている[6]。

　この古田専門委員の実証分析に対して、税制調査会は、「この計算結果では、わが国の法人企業の前記期間における法人税の転嫁度として、非常に高い計数が算出された。しかしながら、当該期間がわが国経済の激動期であったことから、粗利得の変動をもたらす法人課税以外の要因、たとえば政府の歳出効果、インフレーション等の諸要因の影響を十分排除しえていないという問題もあり、算出された計数自体を基礎として判断するには、なおモデル自体について今後の検討を必要と考える。」としている[7]。

　最終的に、税制調査会の答申では木下専門委員の実態調査、古田専門委員の法人税転嫁に関する実証分析をふまえて、転嫁がおこなわれている可能性は認められるものの、確定的な結論はえられなかったとした。その後、この法人税転嫁の問題は、法人税のあり方を考えるうえで極めて重要な意味を持つにもかかわらず、現在に至るまで税制調査会において再び研究が試みられることはなかった[8]。

6）古田（1964）p.306引用。
7）税制調査会編（1964b）p.109。
8）その後の研究者による法人税の転嫁についての実証分析としては、中井（1988）が存在する。

長期答申においては、地方税の改革についても興味深い検討がなされている。当時の住民税は、地方団体によって異なる税率で課税されていた。これに対して、答申では個人住民税の課税方式の統一が提案された[9]。また、地方税としての個人住民税と国税としての所得税の課税最低限には差があって当然だとされた[10]。これは、ゴミの収集に代表されるように、地方団体の提供するサービスがより直接的に住民に利益をもたらすものであるので、地方税の方が利益説的な課税になじむからである。すなわち、低所得者であってもゴミ収集というサービスに対して最低限の対価を支払うべきだというのである。ただし、地方税には、利益説的な課税が望ましいという考え方を貫くのであれば、所得税とちがって個人住民税については累進税率表を緩和して、フラット化すべきだという見方が成立する。だが、答申において個人住民税の累進税率表の緩和は見送りとなった。

　2003年度の税制改正で導入された事業税の外形標準化は、この長期答申においてもすでに導入が検討されていた[11]。答申では、加算法による付加価値額によることが、事業規模ないし活動量あるいは収益活動を通じて実現される担税力を示すという点からみても、また新たな帳簿作成の負担を納税者に課さない点からも適当であるとしたが、導入には至らなかった。

(2)　財政再建と一般消費税導入構想——一般消費税大綱

　1964年の長期答申以降の注目すべき税制調査会での議論は、**一般消費税**の導入に関するものがまず注目されよう。1960年代の高度成長期をへて、日本経済は、1973年秋に石油ショックを経験することになる。石油ショックの混乱により1974年には戦後初のマイナス成長を記録し、景気後退により法人税収が29％

9）1964年度税制改正において、個人住民税は本文方式への統一され、1965年度から準拠税率制度が標準税率制度に改正された。
10）1965年度に、所得税の課税最低限は夫婦子供2人で47万4,000円、住民税のそれは30万7,000円となった。
11）事業税の外形標準化のアイデアは、わが国の税制の基礎をつくったシャウプ勧告にみることができる。

ダウンした。さらに石油ショックがもたらしたインフレにより所得税負担が急増するのを防ぐために、所得税の2兆円規模の大減税が実施された[12]。この法人税の税収ダウンと所得税減税は、財政収支を急速に悪化させていった。1975年には、それまで財政法4条によって禁止されていた赤字公債を発行するために、1975年度の公債発行の特例に関する法律が制定されている。この年の公債発行額は、約5兆3千億円（うち特例公債は約2兆3千億円）にものぼり、一般会計の歳入に占める公債依存度は25.3％と危機的な状況に至った。このような財政状況の中で提案されたのが「一般消費税」の導入である。

　まず、1978年9月12日に、「一般消費税特別部会報告」が提出され、1978年12月27日に「一般消費税大綱」が発表された。しかし、財政の再建の切り札としてこの一般消費税の導入を唱えた大平内閣のもとでの総選挙において、政府自民党が大敗したことにより、この一般消費税導入構想は挫折することになった。その後、竹下内閣における税制改革によりこの一般消費税を原型とする現行の消費税が導入されることになったのである。以下では、この当時の一般消費税の導入構想を検討していくことにしよう。

　まず、大平内閣の一般消費税導入構想のもととなった「一般消費税特別部会報告」の概要からみていこう。特別部会報告では、新税の基本的性格として多段階の累積排除型一般消費税を採用したいとしていた。累積排除の仕組みとしては、ヨーロッパ諸国でおこなわれているVAT（付加価値税）におけるインボイス方式ではなく、仕入控除方式（アカウント方式）の採用が提案された。税率については、単一税率としながら、食料品についてはゼロ税率ではなく非課税とされた。また、小規模零細事業者も一般消費税において非課税とされた。特別部会報告の段階では、税率水準は明示されず、物価への影響、財政事情を考慮し検討するものとされた。現在の消費税において、業者に益税をもたらすとして批判の多かった、限界控除制度と簡易課税制度もこのときすでに提案されている[13]。また、1997年の消費税率の引き上げに伴い導入された地方消費税も、このときすでに提案されていた。

---

12) この減税は、1974年度分1兆7,830億円、1975年度分1,860億円の規模で実施された。

この「一般消費税特別部会報告」は、翌年の「一般消費税大綱（54年度答申別紙）」によって一層具体化されることになる。特別部会においては、明示されなかった税率水準は、5％の単一税率として発表された。大綱においても、逆進性を緩和する措置として食料品の非課税が提案された。また、小規模零細事業者の非課税の水準としては、年間売上高2,000万円以下に設定された。さらに限界控除方式については年間売上高4,000万円以下、簡易課税方式については年間売上高4,000万円以下の事業者に認めるとした。一般消費税の導入に伴い、物品税は新税に段階的に吸収するものとした。また、新税のうち地方団体へ配分される額の一部を地方消費税とすることも提案された。

　前述したように自民党の総選挙での敗北をうけてこの一般消費税導入構想は挫折し、不公平税制の是正と行財政改革を優先させることになる。実は、現行の消費税における問題点の多くは、この一般消費税構想が挫折したことに起因するという見方もできる。すなわち、新税の導入という政治的な困難を排除するため、税制としての公平性より消費税導入の実現を確かにするために、事業者に対する優遇措置は当時をさらに水増ししたものとなった。たとえば、1989年の消費税導入時点において、小規模零細事業者の非課税の水準は、年間売上高3,000万円以下とされ、限界控除の適用水準は、年間売上高6,000万円以下に、簡易課税制度の選択は年間売上高5億円以下ととても零細業者とはいえない業者にも認められることになった。

(3)　「増税なき財政再建」路線への転換

　一般消費税導入構想挫折をうけて、政府は、増税なき財政再建路線への転換を余儀なくされた。このため、政府税制調査会は、既存税制の枠内での増収を図ることになった。

　まず、税制調査会は、1980年度の税制改正に関する答申において利子所得の総合課税化を図るためグリーン・カード制度の導入を提案した。これは、各種

13）限界控除とは、売上高が一定の水準に達しない中小事業者については、納付税額の一部を軽減する特例措置であり、簡易課税方式は、仕入れの比率を一定とみなして、売上のみで納税額の計算をおこなうものである。

金融機関における預貯金をグリーン・カードを通じて名寄せし、他の所得と合算して総合課税しようという提案であった。このグリーン・カード制度は、1980年3月31日に法案が成立したものの、一度も施行されることなく、1984年12月12日に廃案とされた。グリーン・カード制度が廃案になったのは、政治的な圧力によるものであるが、その背景には当時の所得税の最高税率が75％（1984年からは70％）と極めて高かったことが指摘できよう。

　次に、1981年度税制改正答申においては、約1兆3,900億円超の増税がおこなわれた。増税なき財政再建という基本路線のなかで、その増税は、既存税制の枠内、特に法人税、間接税の増税でおこなわれた。具体的には、所得税の課税最低限を据え置き、所得税減税を見送っている。わが国の所得税制には、自動的なインフレ調整措置が組み込まれていないため、所得税の減税の見送りは実質的な増税を意味する。法人税については、基本税率及び配当軽課税率についてそれぞれ2％の税率引き上げがおこなわれた。間接税の増税は、酒税と物品税の引き上げによるものであった。酒税としては、ビール、ウイスキー、ブランデー等の従量税率が25％程度引き上げられ、清酒の従量税率が15％程度引き上げられた。物品税については、課税対象が拡大されるとともに、乗用車の税率が2.5％引き上げられ、自動二輪の税率が5％引き上げられた。さらに有価証券取引税についても増税がおこなわれた。この税制改正では、国民に増税の印象を植え付けることなく、増税を実施するために、法人税のように税痛感の低い税に依存したものとなった。この時期の答申は、税の理論が政治に押さえ込まれていたという見方もできよう。

(4)　税制の抜本的見直し―中曽根税制改革から竹下税制改革まで
　一般消費税の導入挫折以降、本格的な税制改革を断念してきた税制調査会は、1984年11月27日にアメリカで「*TAX REFORM FOR FAIRNESS, SIMPLICITY, AND ECONOMIC GROWTH*」と題された財務省報告が発表されたことにより、大きな転機を迎える。財務省報告を土台とした税制改革はレーガン大統領の手で実現する。このレーガン大統領のもとでの税制改革は、税制調査会の議論に多大な影響を与えた。

アメリカでの財務省報告発表のほぼ2年後の1986年10月28日に、政府税制調査会は、「税制の抜本的見直しについての答申」を提出した。この答申では、「公平」、「公正」、「簡素」、「選択」、「活力」を基本理念とし、同時に「中立性」と「国際性」にも配慮するものとされた。この抜本的答申の4つの柱は、

・税率表のフラット化による所得税・住民税の減税
・最高税率引き下げによる法人税の減税
・非課税貯蓄制度の廃止
・新型間接税の導入

であった。

まず、所得税については、表3-2、個人住民税については表3-3で示さ

表3-2 所得税の税率表

	改革前(1986年)		タイプⅠ		タイプⅡ		タイプⅢ		タイプⅣ	
税率表	課税所得	限界税率	課税所得	限界税率	課税所得	限界税率	課税所得	限界税率	課税所得	限界税率
	-50 50-120 120-200 200-300 300-400 400-600 600-800 800-1,000 1,000-1,200 1,200-1,500 1,500-2,000 2,000-3,000 3,000-5,000 5,000-8,000 8,000-	10.5% 12 14 17 21 25 30 35 40 45 50 55 60 65 70	-120 120-500 500-700 700-1,000 1,000-1,500 1,500-	12% 15 20 30 40 50	-100 100-500 500-700 700-1,000 1,000-1,500 1,500-	10% 15 20 30 40 50	-120 120-500 500-700 700-1,000 1,000-1,500 1,500-	10% 15 20 30 40 50	-100 100-600 680-800 800-1,100 1,100-1,500 1,500-	5% 15 20 30 40 50
給与所得控除	最低保証57万円 -165 40% 165-330 30 330-600 20 600-1,000 10 1,000- 5		-200 30% 　　　+40万円 200-600 20% 600-1,000 10 1,000- 5		-110 57万円 110-300 30% 300-600 20 600-1,000 10 1,000- 5		最低保証57万円 -165 40% 165-330 30 330-600 20 600-1,000 10 1,000- 5		-670 67万円 670-1,000 10% 1,000- 5	
人的控除	各33万円		各33万円		各33万円		各33万円		各33万円	
配偶者特別控除	-		15万円		15万円		15万円		15万円	

(注) 課税所得の単位は万円。

56

表3-3　住民税の税率表

税率表	改革前		タイプA						タイプB	
			タイプI		タイプII		タイプIII		タイプIV	
	課税所得	限界税率	課税所得	限界税率	課税所得	限界税率	課税所得	限界税率	課税所得	限界税率
	-20	4.5%	-50	5%	-60	5%	-60	5%	-120	4%
	20-45	5	50-110	7	60-120	7	60-130	7	120-300	7
	45-70	6	110-500	10	120-450	10	130-500	10	300-700	10
	70-95	7	500-	15	450-	15	500-	15	700-	15
	95-120	8								
	120-150	9								
	150-220	11								
	220-370	12								
	370-570	13								
	570-950	14								
	950-1,900	15								
	1,900-2,900	16								
	2,900-4,900	17								
	4,900-	18								
人的控除	各26万円		各26万円		各28万円		各28万円		各30万円	
配偶者特別控除	-		12万円		12万円		12万円		12万円	

(注)　課税所得の単位は万円。

れるような4タイプの税率表が提示された。これらの4タイプの税率表はいずれもそれまでの税率表における累進度を大幅に緩和し、税率表のフラット化をはかったものとされた。しかし、所得税の税率表をよく吟味すると、確かに改革前の税率表において存在した55％、60％、65％、70％の限界税率は廃止されるものの、50％以下部分の税率表はあまり変化していない。改革前の時点で限界税率が50％を超える課税所得は2,000万円であった。課税所得が2,000万円を超えるような納税者は、実はほんの一握りの高所得者層であり、この部分をなくしても税収にはほとんど影響がない。経済効率性を重視して、個人が直面する限界税率の思い切った引き下げを図ったレーガン税制改革とくらべて、税調答申の提示した4タイプの税率表は、不満の残るものでもあった。税制調査会の答申が提示した税率表において思い切ったフラット化が行われなかったのは、レーガン税制改革が税収中立の枠組みのなかで限界税率を引き下げるために、課税ベースの拡大を実施したのに対して、税調答申では課税最低限の引き下げなどの課税ベースの拡大が見送られたことによると考えられる。課税ベースの

拡大が見送られた理由は、この抜本的税制改革における最大の目標であった「新型間接税」の導入を円滑に実現するためであったと説明できよう。レーガン税制改革と違って、「新型間接税」の導入を意図していた答申では、間接税の持つ逆進性に対する批判をかわすためには、課税ベースの拡大をあきらめ、むしろ配偶者特別控除の新設にみられるような課税最低限の引き上げを必要としていたのである。

　答申は、グリーン・カード法案の廃案以降、手つかずであった利子所得の課税問題についても原則として課税する改革案を提示した。具体的には、一律分離課税、低率分離課税、少額利子申告不要制度および総合課税の4つの方式が提案された。

　さらに、懸案であった新型間接税については、日本型付加価値税、製造業者売上税、事業者間免税の売上税の3案を併記している。

(5)　専門小委員会報告（1986年）

　このような抜本的税制改革に関する答申は、国民の税負担の変化に直結する所得税・住民税の減税、利子非課税制度の廃止、新型間接税の導入の部分が多くの議論の対象となった。しかし、答申においてはこのような税制改革の骨格部分だけでなく、個別の問題点についても専門小委員会報告の形で詳細な議論がおこなわれていた。このあまり議論の対象とならなかった専門小委員会の報告についても紹介しておこう。

「課税単位に関する専門小委員会報告」（1986年2月25日）

　この報告では、税調答申において何度かとりあげられてきた課税単位についての議論が整理されている。課税単位については、とりわけ当時の高い累進税率表のもとで世帯間の不公平の問題が議論を呼んでいた。この世帯間の税負担の不均衡を是正するために、**2分2乗制度**の導入を支持する意見もあった。しかし、報告では、「合算分割制を採用する場合には、片稼ぎ世帯と共稼ぎ世帯との負担のバランスの見地から専業主婦の帰属所得の取り扱いについて検討する必要がある」とし、2分2乗制度の採用は、「高所得者の負担の軽減割合が

相対的にみて大きくなることから、税負担の累進性を弱める」につながり、さらに「配偶者間での合算制を採用するとした場合には、所得税制は婚姻に対する中立性を失うことになる」という問題点を指摘している。そこで、2分2乗制度の採用については否定しつつも、世帯間の不均衡を是正すべきだという意見を考慮して、「専業主婦の夫の稼得に対する貢献の評価（妻の座あるいは内助の功への評価）という点についていえば、個人単位課税を維持しつつ、専業主婦に着目した夫婦に対する特別控除のような人的控除の枠組みでの工夫をするといった方向で対応するのが適当」とした。このような考え方から、答申では**配偶者特別控除**の新設が提案されたのである。しかし、配偶者特別控除の新設は、報告自身が指摘していた「結婚に対する中立性」を損なうことになった。報告では「「所得分割」を通じた累進回避に対する不公平感への対処という点については、所得課税の税率構造自体の累進度を緩和する方向で対処していくことが適当」とも述べている。すでに指摘したように、課税ベースの拡大を図れなかったことが、世帯間における税負担の不均衡を是正するために、配偶者特別控除の新設という次善の策を生んだのであろう。

「給与所得控除等に関する専門小委員会報告」（1986年3月11日）

　給与所得控除については、税制調査会において繰り返し検討がなされてきた。その理由は、給与所得控除の性格が曖昧にされてきたためでもある。1956年12月の答申にまでさかのぼると、給与所得控除の性格は、イ）経費の概算控除、ロ）資産所得や事業所得との比較での担税力の低さへの調整、ハ）正確に捕捉されやすいことへの調整、ニ）源泉徴収に伴う早期納税の金利分、という4つに分類されていた。1983年11月の中期答申では、給与所得控除の性格として「勤務に伴う費用の概算控除及び給与所得と他の所得との負担の調整」が強調されている。このような曖昧さゆえに、サラリーマンについて税制上必要経費が認められないのは不当であるとした有名な**大島訴訟**がおこされたのである。

　大島訴訟に対する判決として、1974年5月30日の京都地裁判決は、給与所得控除の性格について、イ）必要経費の概算控除、ロ）給与所得が他の所得に比べて担税力が一般に弱いことへの概算的調整、ハ）捕捉率が高いことの調整、

ニ）早期納税することの調整、という4つの内容を総合したものであり、このうち必要経費の概算控除部分がその主要な地位部分を占めているとした。また、1979年11月7日の大阪高裁判決では、「他の所得者との負担の公平を確保するために給与所得控除が設けられているものであるとし、給与所得に特有の極めて政策的な一種の所得控除」とした。そして、1985年3月27日の最高裁判決では、「給与所得控除には必要経費の概算控除の趣旨が含まれている」とし、「給与所得控除は、勤務に伴って支出する費用を概算的に控除することのほか、給与所得と他の所得との負担調整を図ることを主眼として設けられているものとして理解することが妥当」とされた。

　このような大島訴訟での判決を受けて、報告書では、「現行の概算的な給与所得控除を、給与所得者の「勤務費用に係わる概算控除」と「他の所得との負担調整に配慮して設けられる特別の控除」とに分解」したうえで、「給与所得者の「勤務費用に係わる概算控除」について、選択により実額控除を認める」ものとした。この報告書での実額控除の選択制の考え方は、現行の給与所得控除に関して特定支出控除との選択制が採られることにつながったのである。ただし、報告では、給与所得控除のうちの「勤務費用に係わる概算控除」の部分についてのみ実額控除との選択を認める方針であったのが、給与所得控除全額との選択にすり替わったことになる。これは、事実上、給与所得控除の性質を「勤務費用に係わる概算控除」と認定したことになる。

累進構造に関する専門小委員会報告（1986年3月18日）
　前述した答申が提案した4タイプの税率表は、累進構造に関する専門小委員会の議論を経てでてきたものである。委員会報告は、税率表の見直しの視点として、所得格差の縮小という社会構造の変化を指摘するとともに、資産性所得は分離課税され、サラリーマンだけが累進課税されているという現状は公平性の観点からも問題であるとした。さらに、その当時指摘されていた中堅所得者層の税負担累増感を緩和するために、「ブラケットの幅の拡大、税率区分の簡素化（刻み数の削減）を行うとともに、最高・最低税率を含め、税率構造全体として、累進度を相当程度緩和すること」と「大多数の納税者の集まる所得階

層あるいは、ごく一般的なサラリーマンについて現役期間中の年間収入水準をカバーする所得階層に対して適用される限界税率を極力フラット化すること」が必要だとしたのである。

法人課税に関する専門小委員会報告（1986年3月20日）

新型間接税導入の陰に隠れたために、あまり注目されなかったが法人税の税率引き下げも抜本的改革の柱のひとつであった。この税率引き下げにあたって、法人税についても専門委員会で詳細な検討が行われていた。委員会報告では、「法人課税の税率は、基本的には単一の比例税率が適当であること、特に協同組合、公益法人等が営む事業が一般法人の営む事業が競合している場合があること等を考慮すれば、これらの軽減税率制度については、基本税率との格差を縮小する方向で検討することが適当」とされた。さらに、法人税の基本的な仕組みについての言及も見られる。すなわち、「すべての税は最終的に個人によって負担されるものであること、また、法人所得は結局のところ株主に帰属するもので、株主の所得の一部を構成するという考え方に立てば、法人税と所得税の調整は必要である」とされた。この考え方は、基本的に企業は個人株主の集合体であるとする擬制説的な立場で法人税を解釈するものである。この立場にたてば、当然の帰結として個人所得税と法人税の間の二重課税の調整が必要とされる。報告では、「負担調整については個人段階で行い、配当税額控除方式に一本化するか、法人税加算調整方式へ移行するかのいずれかが考えられる」とし、「法人間配当に関して、受取配当益金不算入制度は株主の態様の相違、企業の経営形態の選択に対し法人税制をできるだけ中立的なものとする制度であり、基本的に現行制度を維持することが適当」とされた。

間接税に関する専門小委員会報告（1986年7月18日）

新型間接税の導入については、一般消費税導入の挫折を踏まえて、専門小委員会においてさまざまな見地からの検討が加えられた。委員会報告では、既存の個別間接税の問題点として、①課税範囲が狭い、間接税のウェイトの低下、②課税されるものと課税されないものとの間の負担のアンバランス、③サー

ビスに対する課税の割合が小さい、④国際間取引の阻害要因、の４点を挙げ、これらの問題点を解決する手段として新型間接税の導入が議論されている。つまり、直間比率の是正という税体系全体のバランス論より、むしろ既存の個別間接税との代替に重点をおいていたとも考えられる。委員会において検討されていた新型間接税とは以下のような３類型４方式に分類されていた。

　Ａ－Ⅰ案は、製造業者売上税（非課税リスト・免税購入票併用方式）であった。これは、単段階課税の売上税であり、既存の物品税に最も近い課税方式でもあった。物品税が課税品をすべて列挙する方式で実施されていたのに対して、Ａ－Ⅰ案では、非課税品をリストアップする方式が提案された。これにより、新製品が登場しても非課税品に指定されない限り自動的に課税されることになるのである。また、非課税リスト品は、手続きなしに非課税で販売、購入され、免税購入票は買主が発行するものとされた。免税購入票は、累積課税を排除するためのものである。この製造業者売上税は、単段階課税であるものの、製造業者間で取引される場合も当然想定しなければならない。この製造業者間での取引については、免税購入票を利用しようとしたのである。

　Ａ－Ⅱ案は、製造業者売上税（免税購入票方式）であった。これはＡ－Ⅰ案のように非課税リストは作成しないが、免税購入票を活用することにより、累積課税を排除しようというものであった。免税購入票は買主が発行するものとされた。

　Ｂ案は、事業者間免税の売上税（免税購入票方式）であった。これは、事業者間の売り上げに課税するものであるから、多段階課税の取引高課税の一種である。しかし、取引高税は、流通段階が長くなるにしたがって、税が累積するという致命的な欠陥をもっている。そこで、免税購入票を買主が発行し、その免税購入票を活用することで累積課税を排除しようとしたものであった。

　Ｃ案は、日本型付加価値税（税額控除票方式）であった。これは、現行の消費税と同じ付加価値税の一種であるが、累積課税の排除方式としては、帳簿方式ではなく税額控除票方式を採用していた。すなわち、インボイス方式を採用するヨーロッパ型の付加価値税を参考にした制度であった。また、非課税制度を設ける場合、非課税とされる事業者は、その売上げに対し課税されない反面、

仕入れに係わる税額は控除することができないとされていた。つまり税額票方式のもとでは、非課税業者は税額票を発行できないとされたため、かえって不利になる可能性もあったのである。

年金課税に関する専門小委員会報告（1986年8月5日）

年金課税について、専門委員会の段階で議論されたことはほとんど知られていない。年金課税について、わが国の税制は原則として、拠出時非課税、給付時課税というスタイルを採っている。ただし、給付時の課税については、抜本的税制改革前の時点では給与所得控除が適用されることで、事実上は非課税に近いものとなっていた。

この拠出時の取り扱いについては、「現行の社会保険制度が賦課方式に接近しつつあり、受益者負担的な色彩が希薄化しているところからみて、このような制度への拠出に対しては所得控除を認めることが適当」とした。また、包括的所得税の理論からは当然課税対象となるフリンジ・ベネフィットとしての社会保険料の雇用主負担については、「事業主拠出を被用者の給与所得として課税を行うという考え方があるが、拠出時においては、被用者が未だ具体的な経済的利益を受けているとは認めがたい」とした。

給付時の取り扱いについては、「老後生活における収入源の多様化が今後進展すること等を勘案すれば、老年者に対する税制上の配慮は、一般的な配慮である老年者控除により行う方が望ましい」とし、「年金課税における各種控除の整理を図るため、給与所得控除の検討結果を踏まえつつ、年金に着目した負担調整措置と老年者への税制上の配慮について、整序する方向で検討することが必要」とした。この報告を踏まえて、年金収入に対して給与所得控除の適用は否認されるかわりに、公的年金控除が新設されることになったのである。すなわち、年金については、拠出時、給付時ともに事実上非課税とすることが確認されたのである。

(6) 中曽根税制改革―所得税減税とマル優制度廃止、売上税廃案

以上のような抜本的税制改革に関する答申は、中曽根内閣のもとでの税制改

革案として具体化されることになった。この税制改革では、所得税・住民税の減税と法人税率の引き下げ、少額非課税制度の廃止とそれに伴う利子課税の一律分離課税、そして新型間接税としての「売上税」の導入が提案された。

　法人税率については、改革前の時点では、基本税率が43.3％、配当分に対しては33.3％であったものを一本化し、37.5％とするものとした。この改革により地方税を含めた法人税の実効税率は52.92％から49.98％に低下すると試算していた。また中小企業についても、改革前の基本税率31％、配当分に対する軽減税率25％が一本化され28％にするとされた。この法人税率の一本化は、前述した法人税に関する小委員会報告で必要とされた、個人所得税と法人税の二重課税の調整を断念したことを意味する。必要性が指摘されながら二重課税の調整が断念された理由は、税収確保という意味があったものと考えられる。

　利子課税については、抜本的見直しについての答申で提案された4つの方式の中から、一律分離課税が選択された。その税率は20％に決められた。グリーン・カード制度が挫折した状況のなかで、総合課税の実施は徴税技術的に不可能な選択肢であったことから、一律分離課税が選択されたのは、やむを得ない措置であったと言えよう。

　抜本的税制改革の最大の柱であった新型間接税については、3類型4方式の中から日本型付加価値税、仮称「売上税」の導入が選択された。その税率は、5％とされた。売上税の累積課税排除の方法としては税額票による前段階税額控除方式が採用された。この税額票は、ヨーロッパの付加価値税のように取引ごとに発行するのではなく、一定期間の取引をまとめて発行するものとされた。食料品等は逆進性の緩和のために非課税とされたが、ゼロ税率は採用されなかった[14]。ゼロ税率を実施するためには、取引ごとに税額票を発行する必要があるが、納税事務が繁雑になるという理由で見送られたのである。

　売上税導入は、既存間接税との調整を前提としていた。すなわち、物品税、

---

14) ゼロ税率は、イギリスにおいて採用されているシステムとして有名である。付加価値税において単なる非課税措置は、仕入れ税額控除を不可能にするためにあまり意味がない。付加価値税導入による価格上昇を避けたいのであれば、非課税品目の取引についても税額票を発行し、仕入れ税額控除をおこなう必要がある。

トランプ類税、入場税、通行税、砂糖消費税、電気税、ガス税及び木材引取税は廃止され、酒税およびたばこ消費税については、税負担調整のうえ売上税を併課するものとされた。

しかし、またしても中曽根内閣のもとでの選挙の敗北をへて、1987年5月27日に売上税など税制関連法案は廃案となった。そこで、中曽根内閣は、抜本的税制改革の中から売上税の部分を取り除いた形での税制改革を実施することを余儀なくされた。1987年9月19日に所得税減税、マル優（少額貯蓄非課税制度）廃止の税制改革関連法が参院可決・成立することで中曽根税制改革は不完全な形で終わったのである。

(7) 竹下税制改革―所得税減税と消費税導入

中曽根税制改革においても実現しなかった新型間接税の導入は、1989年4月から実施された竹下税制改革によってついに実現することになった。この竹下税制改革においては、前回の失敗の反省からいくつかの修正がはかられた。

第1に、売上税では、非課税品目が多く、しかも企業の免税点が1億円と高すぎたという反省から、消費税では原則非課税なしで企業の免税点も売上税よりは低めに抑えられた。また、税率についても3％に抑えられることになった。さらに企業の納税コストを低下させるために、伝票を伴わない帳簿型の付加価値税と仕入れを売上の一定比率とみなして売上高に課税する簡易課税が広く認められることとなった。

第2に、中曽根内閣時の改革案は、税収中立のもとで実行しようとしたものであったが、竹下税制改革では、配偶者特別控除と最低税率適用課税所得の大幅な引き上げによって、低所得層にも手厚い配慮をおこない、減税超過型で実施されたのである。

所得税・住民税は、税率表の簡素化と人的控除の引き上げにより約3兆円減税された。所得税・住民税の減税財源を調達するための「消費税」については、「売上税」の税率が高すぎたという反省から、非課税品目を原則的に認めず税率3％の帳簿方式の消費税（付加価値税）が導入された。また、不公平税制の是正のひとつとしては、申告分離の選択を認めつつみなし課税方式による株式

のキャピタル・ゲイン課税が提案された。

この竹下税制改革が実現したことにより、抜本的税制改革はようやく完結するに至った。その改革案の中身には不満の残るところもあったものの、この抜本的税制改革が、シャウプ勧告以来の大改革であったことは間違いない事実である。そしてその改革案がまとめられる過程では、膨大な議論の積み重ねがおこなわれていたのである。この蓄積を無駄にすることなく、残された課題に向き合う必要があるだろう。

(8) 平成不況と村山税制改革―1994年6月答申

バブル崩壊後の平成不況に日本経済が苦しむ中で、1994年6月21日、政府税制調査会は、「税制改革についての答申」を発表した。今回の答申は、1993年11月に発表された中期答申「今後の税制あり方についての答申―『公正で活力ある高齢化社会を目指して』―」を踏まえて税制改革の基本的な考え方と具体的な方向付けを中心に提言したものと位置づけられている。答申では、税制改革の基本的な考え方が提示され、消費税のいわゆる「益税」問題などが議論されていた。

税制改革の基本的な方向については、1993年の中期答申において示された「公正で活力ある高齢化社会を実現するためには、個人所得課税の累進緩和と消費課税の充実を柱に、所得・消費・資産等の間でバランスのとれた税体系を構築し、社会の構成員が広く負担を分かち合うことが重要である」という基本的な考え方を踏まえて、「① 高齢化社会を支える勤労世代に過度に負担が偏らないよう、世代を通じた税負担の平準化を図り、社会全体の構成員が広く負担を分かちあう税制を目指す、② 高齢化社会においても安定的な経済成長を持続させるため、国民一人一人がその活力を十分発揮することのできる税制を目指す、③ 安心して暮らせる高齢化社会を構築するため、社会保障などの公共サービスを適切に提供しうることのできる税収構造を目指す」としている。この答申では、平成不況脱出のために所得税減税が主張されている当時の状況において、減税財源としての消費税率の引き上げの必要性が強調されるものとなっていた。

消費税率の引き上げに際しては、益税の解消の必要性が取りあげられていた。その具体的方向として、「事業者免税点制度」については、「相対的に規模の大きい免税業者には課税業者としての対応を求めていく」としている。消費税における免税点は、零細業者における納税事務負担の軽減と徴税コストの両面から考えて、その存在には十分な合理性が存在すると考えられるものの、わが国の場合、免税点が諸外国に比べて高すぎるところが問題とされたのだ。「簡易課税制度」については、「適用上限について、中小事業者の事務負担に配慮しながら、更に引き下げることが適当である。」とされたが、簡易課税の廃止まで踏み込んだものとはなっていなかった。「限界控除制度」については、「廃止を含め適切な是正をおこなうことが適切である」として廃止の方向が明確に打ち出された。

　次に、消費税の逆進性の緩和の方策のひとつとして考えられる複数税率化については、「単一税率を維持すべきである」と述べられている。また、消費税の納税に関しては、「請求書、納品書、領収書その他の取引の事実を証する書類（インボイス）のいずれかを保存することをその要件に加える」とされた。これは、将来的にインボイス方式への移行を意識したものだ。インボイス方式であれば、ヨーロッパで実施されている複数税率への対応が可能となる。

　この答申で打ち出された所得税の先行減税と、財源調達手段としての消費税率の引き上げは、1996年から1997年にかけて実施された村山税制改革として実施されることとなった。村山税制改革の特徴は、景気対策としての所得税・住民税の減税を優先したため、減税先行型となり、減税財源としての消費税率の引き上げが数年後に実施されたところにある。1994年の所得税の減税は、税率表については据え置いたまま、本来納税すべき所得税の金額から一律20％を差し引くという特別減税の形でおこなわれた。1995・96年については、税率表の改正に伴う制度減税と一律15％の特別減税の組み合わせで、減税が実施された。

(9) 高齢化社会を見据えた答申―2000年7月答申

　2000年7月に政府税制調査会は、「わが国税制の現状と課題―21世紀に向けた国民の参加と選択―」という答申を発表した。この答申は、シャウプ勧告か

ら50年という節目の年に21世紀にふさわしい税体系のあり方を議論したものとなっている[15]。1997年に消費税率が3％から5％に引き上げられた直後であり、21世紀に進行する少子高齢化を踏まえて、今後の税体系をいかに改革していくかについて基本的な考え方を整理したものとなっている。

　これまでの答申が消費税率を引き上げ、所得税減税をおこなうことで直間比率の是正をすべきだという考え方を採用していたのに対して、「いわゆる「直間比率の是正」という考え方については、所得課税の負担が低くなっていること、財政状況が極めて深刻になっていることなどから、これまでのような所得課税の減税を伴う改革は行い得ないと考えられます。」と明確に否定する考え方を示している。所得税については、「個人所得課税が本来持っている機能を十分に果たすことができるよう、その再構築に向けた議論が必要と考えられます。」としており、不況対策として相次ぐ所得税減税が実施された状況を踏まえて、所得税の税収調達能力の回復を視野にいれた言及がなされている。所得税の本来持っている機能は、「個人所得課税は、大きな規模の課税対象を持ち、国民一人一人の負担能力に応じた分担を実現できる税であり、所得再分配機能を持ち、垂直的公平に適う税です。」を指すものだ。また所得税の基本的な考え方としては、「課税ベースとなる所得はできる限り包括的に捉える必要があり、広く公平に税を負担する個人所得課税の理念として、総合累進課税が基本であると考えられます。」としており、包括的所得税を基本理念と考えていることがうかがえる。ただし、利子・配当・株式譲渡など金融資産から生じる所得に関しては、「金融資産からの所得全般について総合課税を行うためには、各種の所得の性質の差異などに留意した上で、資料情報制度の充実、納税者番号制度の導入など、所得捕捉の体制の整備が不可欠であることから、現状においては、利子等について分離課税を維持することが現実的と考えられます。」としており、現実的な選択肢としては、資産所得に関して分離課税をせざるをえないという考え方を示している。

---

15) この答申では、これまでの税制改革の流れ、租税原則の紹介などもおこなわれており、租税論の入門書としても使用できる。

消費税に関しては、「少子・高齢化が更に急速に進展し人口の減少が避けられない21世紀を展望し、経済社会の活力を維持していくためには、公的サービスの費用を広く公平に分担していく必要があるとともに、世代間の公平やライフサイクルを通じた負担の平準化という視点が重要です。」としており、高齢化社会の財源調達手段としての期待感が表明されている。

法人税に関しては、「わが国の法人課税の実効税率は、わが国企業の競争力を確保する観点から、大幅に引き下げられ、その水準は既に国際的な水準になっています。」としており、さらなる税率引き下げの必要性については否定的な見解を示している。法人税率の引き下げではなく、「法人税制としても、企業の経営形態に対する中立性や税負担の公平等の観点から、会社分割に係る税制や連結納税制度の導入といった、抜本的な見直しが必要と考えます。」と連結納税制度など企業形態による税負担の中立性の考え方からの改革の必要性を主張している。

地方税に関しては、「外形標準課税の導入は、地方分権を支える安定的な地方税源の確保、応益課税としての税の性格の明確化、税負担の公平性の確保、経済の活性化・経済構造改革の促進等の重要な意義が認められる地方税のあり方として望ましい方向の改革です。」としており、外形標準課税の導入に前向きな考え方を打ち出している。

⑽ 小泉政権下の答申―2002年11月答申

2002年11月に出された「平成15年度における税制改革についての答申―あるべき税制の構築に向けて―」は、2001年4月26日に発足した小泉政権下で提出された答申である。小泉政権下での税制改革は、従来からの政府税制調査会での議論と経済財政諮問会議の議論の2本建てでおこなわれていた。この政府税制調査会と経済財政諮問会議の間では、租税原則に関する対立が取りざたされた。税制調査会が租税の3原則を遵守する立場を表明したのに対して、経済財政諮問会議は、「公平」を「公正」に、「効率性（中立性）」を「活力」に変えるべきだと提唱した。この対立は、経済財政諮問会議が平成不況からの脱却を目指し、経済活性化に寄与する税制改革を目指したところから生じたものだ。

「公平」から「公正」への変化には、高所得者ほど税負担を負うべきだというこれまでの常識に疑問を投げかけたものと言える。高所得者になるための努力が「公正」に報われるような税制改革をおこなうべきだという考え方がその背景にある。「効率性（中立性）」を「活力」におきかえるべきだとする背景には、とりわけ中立という考え方が、税制は経済活動に対して中立的であるべきだから、経済活性化の手段として税制を活用すべきではないとされてきたことに対抗するために持ち出されてきた考え方だ。不況を脱するためには、経済に「活力」を与えるような税制、投資を促進するような税制が望ましいというわけである。

　答申は、21世紀の税制のあるべき姿として「(1)　個人や企業の自由な選択を妨げず経済活動に中立で歪みのない税制を基本とすること、(2)　経済社会の構造変化に対応しきれず、税負担の歪みや不公平感を生じさせている税制上の諸措置の適正化を図ること、(3)　納税者にとり分かりやすい簡素な税制とすること、(4)　安定的な歳入構造の構築に資すること、(5)　地方分権の推進と地方税の充実確保を図ること。」という視点を提示した。

　このうち(1)については、政府税制調査会が投資促進措置よりも、税制が経済活動に対して中立的であることを重視していたことをうかがわせる。経済財政諮問会議が成長戦略のもとでの自然増収に期待していたのに対して、(4)は政府税制調査会の答申が財源調達を重視する財務省の意向を反映していることによるものだ。

　これらの視点にもとづき、答申は個人所得課税、法人課税、消費税、相続税など広範にわたる各税目について、具体的に以下の項目を列挙している[16]。

① 　個人所得課税については、人的控除の簡素化・集約化を進めていく第一歩として、経済社会の構造変化に対応させるため、配偶者特別控除や特定扶養控除について、廃止を含め、制度をできる限り簡素化する。こうした取組みを通じ、個人所得課税の「空洞化」の状況を是正し、基幹税としての機能回復を図る。

---

16)　政府税制調査会ホームページ http://www.cao.go.jp/zeicho/tosin/141119b.html 引用。

② 法人税については、わが国企業の競争力強化と構造改革を促進する観点から、21世紀をリードする戦略分野の成長を支援する研究開発税制、設備投資税制を集中・重点的に講じる。

③ 消費税については、将来その役割を高めていくための前提として、消費税に対する国民の信頼性、制度の透明性の向上を図る観点から、事業者免税点制度を大幅に縮小し、簡易課税制度については原則廃止とする方向で抜本的な改革を行う。

④ 相続税・贈与税については、高齢者の保有する資産の次世代への移転の円滑化に資する観点から、相続税・贈与税の一体化措置を導入する。これにあわせて、相続税について最高税率の引下げを含む税率構造の見直し及び課税ベースの拡大を図るとともに、贈与税について相続税に準じた見直しを図る。

⑤ 法人事業税については、税負担の公平性の確保、地方分権を支える基幹税の安定化等の観点から、外形標準課税の導入を図る。

⑥ 固定資産税については、連年の地価下落の状況にも留意して、その安定的確保と課税の公平の観点から、負担水準の均衡化・適正化を一層促進する。

⑦ 土地税制については、都市再生等、土地の有効利用の促進に資する観点から、登録免許税・不動産取得税の軽減を図る。

⑧ 金融・証券税制については、金融商品間の中立性を確保するとともに、簡素で分かりやすい税制を構築する。

①は、抜本的税制改革以降、拡大してきた配偶者特別控除、特定扶養控除を廃止することで、課税ベースを拡大し、税収調達能力の回復を図ることを目指したものだ。③の消費税に関しては、2012年現在においても実現していないものの、簡易課税制度の廃止を明言していることに注目したい。これらの消費税の中小企業向け特例措置の縮小は、消費税率の将来的な引き上げ時に予想される反対を和らげるために不可欠な措置と考えられるからだ。免税点の引き下げに関してはこの答申をうけて、2003年度改正（2004年4月施行）において実現することとなる。⑤の外形標準課税については、シャウプ勧告以来の長

年の課題とされてきたものだが、この答申を受けて、2003年度改正において実現することとなった。

(11)　サラリーマン増税—個人所得課税に関する論点整理
　2005年6月21日に、政府税制調査会基礎問題小委員会は、『個人所得課税に関する論点整理』を発表した。この論点整理に関して、税制調査会の石弘光会長は、記者会見で「これから国民が全体としてこの国をどう支えるかという議論からいいますと、サラリーマンが核にならなかったら絶対できないですよ。サラリーマンというのは、就業者の8割を占めています。…中略…サラリーマンの方々にみんなで頑張ってもらうほかないんじゃないですか、というメッセージを送りたいと思います」と述べている[17]。この発言をとらえて、この論点整理は「サラリーマン増税」を意図したものだとマスコミから批判を浴びた。
　しかし、論点整理では、近年の税制改革により所得税の財源調達能力が低下していることを指摘したうえで、「目指すべき個人所得課税の改革のグランドデザインを描いていくに当たっての主な論点を整理するもの」と位置づけられており、具体的なサラリーマン増税を打ち出したわけではない。
　以下では、論点整理の概要を紹介していこう。まず、給与所得控除の見直しが課題として取りあげられている。具体的には、「給与所得控除については、従来より、給与所得者にかかる「勤務費用の概算控除」のほか、被用者特有の事情に配慮した「他の所得との負担調整のための特別控除」という二つの要素を含むものとして整理がなされてきた。このように被用者特有の事情を画一的にとらえて一律の控除を行うという現行の仕組みを見直し、後述の事業所得にかかる必要経費の取扱いの見直しとあわせて、給与所得者の控除や申告のあり方についても、経費が適切に反映されるような柔軟な仕組みを構築していくべきである。」とされている。これは、給与所得控除については、税調答申では概算控除という側面だけでなく、「他の所得との負担調整」の側面があるとしてきたが、この論点整理では「概算控除」としてとらえるべきだという考え方

---

[17]　税制調査会総会（第32回）後の石会長記者会見（財務省ホームページ）より引用。

を打ち出したものと解釈できる。論点整理では、明確な言及はないものの、概算控除として給与所得控除をとらえるならば現行の水準は高すぎることが指摘されており、特定支出控除の適用範囲の拡大について言及しているものの、給与所得控除の水準引き下げによる課税ベースの拡大を意図していたものと考えられる[18]。

事業所得については、「事業所得に係る必要経費についてみれば、その範囲が必ずしも明確ではなく、本来、必要経費に算入できない家事関連経費について混入を防止する制度的担保が存在しない。そうした中、一般の給与所得者にとって、日常生活において目にする事業所得者の行動に納得し難い思いを抱くこともあり、税負担の不公平感が醸成されている。」と指摘したうえで、「実額での必要経費は正しい記帳に基づく場合のみ認めることとし、そうではない場合には一定の「概算控除」のみを認めるとの仕組みを導入することも考えられよう。」としている。これは、**クロヨン**の問題の解消を目指した改革として位置づけられる[19]。

金融所得課税の一体化については、「金融所得課税の一体化についての基本的考え方（2004年6月金融小委員会報告）」を踏まえて、「今後とも、金融所得間での課税方式の均衡化、損益通算の範囲拡大を柱とする金融所得課税の一体化の検討を進め、金融所得課税に係る現行の分離課税制度をより簡素で中立的な仕組みにしていく必要がある。」と指摘している。これは、貯蓄から投資へという政策目標に沿った改革として位置づけられる。

配偶者控除については、抜本的見直しの必要性が強調されている。現行の配偶者控除の問題点として、「夫婦を担税力という面での配慮が必要な関係と一方的に位置付けることには疑問がある。配偶者の存在が納税者本人の担税力を減殺させているとの考え方については、夫婦のあり方や配偶者の家事労働の経済的価値もあること等から、改めて検討する必要がある。」「現行制度の下では、配偶者は、その就労のあり方を決めるにあたって、パートナーの税負担に及ぶ

---

18) 給与所得控除の水準の議論については、本書の第6章を参照されたい。
19) クロヨンとは、業種間の捕捉率格差の語呂合わせである。クロヨンに関しては、石（1981）、林（1995）を参照されたい。

影響を考慮に入れざるを得ない場合があり、配偶者の就労に対する中立性といった面でも矛盾が生じている。」「就業している配偶者であっても、所得が一定額以下であれば自らは基礎控除の適用を受けて課税関係が生じない。その一方で、パートナーが配偶者控除の適用を受けることで、夫婦で二重に控除を享受するという問題が生じている。」と指摘している。これらの問題点から、「夫婦のあり方、財産制度、配偶者の就労に対する中立性確保の要請といった観点を踏まえ、引き続き検討していくべき課題であろう。」としているが、具体的に配偶者控除の廃止などを主張しているわけではない。

　扶養控除については、子育て支援との関係での言及がみられる。たとえば、「政策的に子育てを支援するとの見地からは、税制において、財政的支援という意味合いが強い税額控除という形態を採ることも考えられる。」とされている。これは、より明確に子育て支援という政策を打ち出した2010年より民主党政権のもとで実施された「子ども手当」につながる発想である。また、特定扶養親族（年齢16歳以上23歳未満）の特定扶養控除については、「同控除は、平成元年の消費税導入に伴う所得減税の一環として、働き盛りで収入は比較的多いものの、教育費等の支出がかさみ生活にゆとりのない世代の一層の負担軽減を図る観点から設けられたものである。ただ、その後の累次の税制改正における累進構造の緩和などを通じ、導入当時と比べて相当の負担軽減が進む中、特定の世帯の負担軽減に狙いを絞った同控除の存立趣旨は失われつつある」とし、見直しの必要性を強調している。特定扶養控除についても、2010年より民主党政権が導入した高校無償化に伴い、16歳から18歳の特定扶養控除は廃止されている。

　実効税率の水準については、「実効税率としては平均で３％程度である。わが国の実効税率は諸外国と比べて極めて低い状況にあり、個人所得課税の本来機能の回復の観点からは、後述のように、課税ベースや税率構造の見直しにより、その水準を引き上げていくことが今後の課題となる。」とされており、課税ベースの拡大による増税の必要性が強調されている。

　個人住民税に関しては、税源移譲に伴い、所得税から独立した改革の方向が打ち出されている。これまで個人住民税の所得割は、税率表以外は国税である

所得税とほぼ同じ仕組みで課税されてきた。所得控除については人的控除の水準に差が設けられているだけで、ほぼ同じと考えてよい。論点整理では、「税源移譲に伴い応益的な性格が強まることから、人的控除をはじめ各種の所得控除について、所得税とは独立して、整理合理化を図ることが望ましい。なかでも、生命保険料控除、損害保険料控除など政策誘導的な色彩の強い控除については、地方分権の観点からも、地方税である個人住民税においては速やかに整理すべきである。」としている。

個人住民税の均等割については、「均等割の税率は、これまでの1人当たり国民所得等の伸びを勘案すると低い水準にとどまっており、その税率の引上げを図る必要がある。その際、基礎自治体である市町村を重視することを検討すべき」としており、増税の方向性を打ち出している。

長年の課題とされてきた**納税者番号制度**についても、かなりの分量をさいて記述されている。「プライバシー保護を含めたシステムにおけるセキュリティが十分確保されることが不可欠であろう。」と指摘し、「基礎年金番号を利用する「年金番号方式」については、法律上の根拠を付与し、年金非対象者等も含め広く全国民に自動的に付番する仕組みとするなどの改善が必要である。住民票コードについては、既に法律上の枠組みが存在することから、喫緊の課題として税務行政に活用される番号制度を早急に導入する必要がある場合には、「住民基本台帳方式」を採ることが現実的であろう。」とし、納税者番号として利用するには、「住民票コード」の利用について軍配を挙げている。論点整理は、納税者番号制度の導入だけで、「適正・公平な課税が全面的に実現するという」のは誤解であるとしながらも、納税環境を整備し、不公平感を取り除くことが大切だという想いをにじませたものとなっている。

3.2 わが国の税制改革論議

この節では、わが国の税制改革についての論議をまとめることにしよう。第2章でみたように税制改革の理論には、包括的所得税論、支出税論、最適課税論の3つの考え方がある[20]。包括的所得税の立場から所得税の総合課税をめざした改革を主張している代表的な論者には、宮島教授、石教授などが挙げら

れる。支出税の立場からの改革を主張している論者には橘木教授、野口教授などが挙げられる。最適課税論の立場からの改革を主張している論者には、本間教授、八田教授などが挙げられる。ただし、最適課税論者である本間教授は、所得、消費、資産の課税ベースについてバランスをとった税体系を主張しているのに対して、八田教授は、消費税は不要だとして、所得税への累進課税を主張しているという違いがある[21]。以下では、これらの代表的な議論を整理することで税制改革の論点を浮き彫りにしよう。

(1) 所得税改革

所得税の改革の議論は、包括的所得税の考え方をベースにした議論が多い。包括的所得税の目指す所得税改革の基本的な考え方が**課税ベースの拡大**と**税率表のフラット化**である。1980年代に実施されたアメリカのレーガン税制改革や日本の抜本的税制改革でも基本的にはこの考え方が採用されていた。課税ベースを拡大すれば、累進税率表を緩和するための財源を確保できることになる。抜本的税制改革前の1986年税制では所得税（国税）の最高限界税率は70％にも達していた。税率表の段階数も15段階となっており、小刻みに限界税率が上昇していくことで、名目所得の上昇につれて、より高い税率区分に押し上げられる**ブラケット・クリープ**とよばれる現象が頻発していた。このような状況のなかで1980年代後半から1990年代中頃までの税制改革議論では、課税ベースの拡大と税率表のフラット化については専門家の間でほぼコンセンサスが得られていた。たとえば、宮島（1994）は、「資産所得や社会保障移転所得の課税ベースの拡大によって退職高齢世代に新たな負担を求め、それを財源とした超過累進税率のフラット化や社会保険料拠出率の抑制によって勤労青壮年世代の負担軽減を図る」としている[22]。石（1993）も「あまりに自己増殖した諸控除の統廃合、租税特別措置の整理を行い課税ベースのイロージョン（浸食）を縮

---

20) 近年では、これらに加えて二元的所得税論と呼ばれる考え方も出てきた。二元的所得税論については、本書の第14章で扱う。
21) 本間教授の考え方については、本間・跡田（1989）の序章を参照されたい。
22) 宮島（1994）p.38引用。

小すれば、最高税率を30〜35％程度にして2〜3段階の税率体系で理想的な所得税を再構築しうる」としている[23]。

宮島教授、石教授は、ともに包括的所得税の立場から課税ベースの拡大と税率表のフラット化を主張していたのに対して、最適課税論の立場をとる八田教授の主張は課税ベースの拡大には賛成しているものの、累進税率表についてはむしろ強化を主張している。八田（1994）は、「生産性だけの観点からは、限界税率は99％でもよい」としたうえで[24]、「恒久的な所得税減税は慎む。累進度を高めると同時に課税最低限も下げ、平均所得税率をせめて経済協力開発機構（OECD）の先進国の平均レベルまでに長期的に高める」と述べている[25]。ただし、「高額所得者全体からの税収を引き下げないように、他の改革と組み合わせて最高税率を下げる」とも述べている[26]。八田教授が累進税率表の強化を主張しているのは、最適課税論の考え方では課税による労働供給への影響が小さいならば、限界税率を引き上げてもかまわないと考えられるからだ。最高税率の引き下げには賛成しているが、課税ベース拡大により高所得層に減税にならないようにすべきだと主張していることになる。

所得税の総合課税化については、包括的な所得税の考え方では、理想的には総合課税を目指すことになる。石（1993）は、「総合課税は今後とも望ましい税制のシンボルとして残されるべき」と述べている[27]。さらに、石（1990）では、利子課税については、源泉分離課税と還付制度によって総合課税化を実現し[28]、キャピタルゲインについては、納税者番号制度を導入し総合課税へ移行することを支持している[29]。

これに対して、最適課税論の立場をとる八田教授は、「資産所得は分離課税するほうが望ましい」としたうえで、「原則的には一律分離課税で、低所得者

23）石（1993）p.252引用。
24）八田（1994）p.72引用。
25）八田（1994）p.93引用。
26）八田（1994）p.106引用。
27）石（1993）p.252引用。
28）石（1990）p.178参照。
29）石（1990）p.187参照。

に対しては総合課税によって資産所得税の源泉課税分を還付」としている[30]。最適課税論では、課税に対する各課税ベースの反応をみながら税率を決めることになるために、基本的には総合課税ではなく、所得の種類別に異なる税率を設定する**分類所得税**的な考え方をとることになる。資本所得については、課税により海外へ逃避する可能性や資本蓄積を阻害するために、分配面を無視した代表的な家計が存在するモデルでは理論的には最適資本所得税率はゼロとされている[31]。このことから八田教授は、資本所得の分離課税を主張しているわけだ。

　最適課税論者に加えて、支出税の立場からも資本所得には非課税という考え方がでてくる。支出税の立場では、利子、配当、譲渡所得はいずれも消費されないかぎりにおいて課税されることはないからだ。貝塚（1986）は、「もうひとつの改革の方向は、消費課税への転換である。EC型付加価値税のような間接税が一つの選択肢であるし、直接税としての支出税がもう一つの選択肢である」としたうえで[32]、「かなり先の税体系をこのような消費課税中心の発想法でみるならば、資産所得は非課税となり、利子・配当所得の一律分離課税は、経過的な措置となる」と述べている[33]。野口（1994c）も「課税を支出税の原則に沿ったものとするためには、労働所得からの貯蓄を全額非課税とし、引き出し時に課税する方式に転換することが必要」としている[34]。

　近年では、**二元的所得税論**の立場から、総合課税よりも、資本所得については分離課税のほうが望ましいという考え方が主流的になってきている。二元的所得税については、詳しくは第14章で議論するが、もともとは資本所得を含めて、きわめて高い累進税率表のもとで総合課税をおこなっていた北欧諸国の事情を背景として出てきた考え方だ。言葉の壁の低い、北欧諸国ではとりわけ高い限界税率のもとでの資本所得の逃避が問題視されていた。このため、労働所

---

30) 八田（1994）p.108引用。
31) 資本所得の最適課税については、本書の第14章で取り扱う。
32) 貝塚（1986）p.24引用。
33) 貝塚（1986）p.28引用。
34) 野口（1994c）p.107引用。

得と資本所得に所得を二元化したうえで、労働所得に対しては累進税率表を適用し、資本所得に低い税率を課税するという考え方が現実的な対応策として採用されたわけだ。その基本的な問題意識は、最適課税論における資本所得の非課税の考え方にも共通したものとなっている。日本での代表的な二元的所得税論者である森信教授は、「金融所得と勤労所得とを同一の所得と見て合算し累進税率を課す総合課税は、垂直的公平性の確保という観点からは理想の税制であるものの、米、独、北欧諸国の現実を見ると、金融手段の発達、グローバルな資金移動の下で、理論と実際の隙間をついた租税回避行動や、資本所得への高い限界税率の適用を嫌った資金移動を生じさせ、効率性、公平性に大きな問題を生じさせている」と述べている[35]。

(2) 消費税改革

消費税の改革については、包括的所得税論者も支出税論者も消費税の必要性を唱えている意見が多い。1980年代の抜本的税制改革に関する最大の関心事が**直間比率**是正論からの消費税の導入問題であった。1989年の消費税導入以前の日本の税制では、直接税の比率がきわめて高く、ヨーロッパで実施されていた大型間接税としての付加価値税の導入が検討課題とされていた。包括的所得税論者であった石教授も、「直間比率是正は望ましい方向」としたうえで[36]、「安定財源確保のために消費税のウェートを高め」て[37]、「各世代により広く負担の行き渡る消費税の相対的な割合を増加させるべき」だとしている[38]。包括的所得税論者である石教授が消費税に軍配をあげている大きな理由は、包括的所得税は理論的には理想的であったとしても、高額所得者に有利な各種の所得控除による**課税ベースの浸食**や、業種間の税負担格差としての**クロヨン**などにより現実には所得税が有効に機能していないという認識を持っているためだ[39]。

これに対して、直間比率是正論に異をとなえ、消費税不要論を主張したのが

---

35) 森信（2002）p.43引用。
36) 石（1993）p.233引用。
37) 石（1993）p.234引用。
38) 石（1993）p.255引用。

最適課税論の立場をとる八田教授である。最適課税論では、効率性の観点からは超過負担の小さい課税ベースに対して重課すべきだとされる。八田教授は、課税に対する労働供給の反応は小さいとして、所得税を重課すべきだと考えたわけだ。また、最適課税論の考え方は、効率性だけでなく、公平性も税制評価の判断基準とされているが、消費税への負担は公平性に反するとしている。たとえば、八田（1994）は、「消費税シフトを行うことは、高齢化時代の現役世代の税負担を増大させ、その一方で高齢化社会の退職世代の税負担を軽減する」としている[40]。その理由として、消費税率の引き上げは、退職世代にとっては年金の物価スライドにより相殺されること、住宅価格の上昇がすでに住宅を購入した退職世代よりも現役世代に負担をもたらすことなどを挙げている。この意見は、消費税導入のメリットとされている、「ライフステージでの税負担の平準化」や「世代間の税負担の格差解消効果」に対して懐疑的な見方を示したものだ。八田（1994）は、「高齢化時代に消費税シフトを行うことは、高齢化時代の現役世代の平均的個人の一生を通じての財政負担を減らさない」と述べている[41]。野口（1994c）も消費税シフトによる世代別税負担の変化を計測し、「現在24歳以下の階層は、増減税がちょうど相殺する…中略…最も大きな恩恵を受けるのは、現在45歳〜49歳の世代」であるとし、したがって「2015年頃において年金を受給している世代は、現在45歳以上の世代であり、税負担をする世代はそれより若い世代である。…中略…今回の改革は、前者の世代の負担をより大きく緩和している。これは本来必要とされるものとは逆の変化であろう」と指摘している[42]。

　一方、本間・跡田（1989）、橋本（1998）は、税調答申と同様に消費税体系への移行は、高齢化社会における現役世代の税負担を軽減することにつながるとしている。このような推計結果の違いは、どこから生じたのであろうか。本間・跡田（1989）、橋本（1998）の試算では、税制改革に伴う各世代の税負担

---

39) 課税ベースの浸食については石（1986）を参照されたい。
40) 八田（1994）p.21引用。
41) 八田（1994）p.21引用。
42) 野口（1994c）p.98引用。

を計算する際において、改革前税制が継続する場合と改革後税制が継続した場合の税負担を比較している。この改革前後の税制には、竹下税制改革や村山税制改革の税制を使用している。竹下税制改革は減税超過型、村山税制改革は増税超過型の税制改革であった。この想定は、野口（1994c）とは明らかに異なる。野口（1994c）では、消費税シフト後の税収がシフト前と同額になる、つまり税収中立となる条件のもとでの世代間の税負担の比較をおこなったのである。

結局、八田（1994）や野口（1994c）の批判は、税収中立という条件のもとでは、若者世代については、消費税シフトは生涯の税負担を軽減することにはつながらない、単に、生涯の税負担を平準化するにすぎないというものである。仮に、本間・跡田（1989）、橋本（1998）においても税収中立の制約をおいて計測していたならば、野口と同様の結論が生じていたであろう。確かに公平性の観点からは、ライフサイクルの税負担の平準化はあまり意味がない。しかし、ライフサイクルの平準化が支持されるのは、公平性の観点ではなく、効率性の観点からである。所得税に偏重した税体系のもとでは、高齢社会において若者世代の壮年期に税負担を集中させることになる。このような壮年期における税負担の集中は、勤労意欲を阻害する可能性がある。さらに、経済成長に与える影響も見逃せない。野口（1994c）の推計は、世代会計と呼ばれる手法を用いて、世代間の税負担を計測したものだが、そこではこのような税体系の変更が効率性に与える影響を全く考慮していない。

(3) 法人税改革

法人税の改革については、専門家の間では、所得税や消費税のような意見の対立はあまり見られない。基本的な方向性としては、課税ベースの拡大と税率の引き下げに賛成する意見が多い。

たとえば、法人税の税率引き下げについては、八田（1994）は、「誰が最終的に負担しているのか不明な税はなるべく縮小」すべきだとしたうえで、「株の譲渡益税を導入すればその分法人税を下げることができる」としている[43]。

---

43) 八田（1994）p.117引用。

貝塚（1997）も「法人税はネットに減税して、消費税をその分だけ引き上げたらいい」と主張している[44]。これらの見方は、経済学者の間では、法人税の最終的な負担は、個人となることだけは間違いないという共通認識があるためだ[45]。

　法人税の減税の財源については、八田教授や貝塚教授のように法人税以外に求める考え方とは別に、課税ベースの拡大により、法人税の枠内で求めるべきだという考え方も多い。たとえば、宮島（1992）では、「法定外福利厚生費（フリンジ・ベネフィット）や交際費の一部を個人段階で的確に課税」し、「オーストラリアやニュージーランドのフリンジ・ベネフィット課税のように、企業の支出段階で特別課税制度ないし損金不算入制度を適用するという次善の方法も実際には考慮される」としている[46]。貝塚（1996）も「法人税には、課税ベースで特別措置的なものがいろいろあり、それをある程度整理しなくてはならない」と指摘している[47]。

　理想的な法人税としては、支出税を提唱した税制改革の報告書であるミード報告で提唱されたキャッシュフロー法人税や、ミード報告の現代版として注目をあつめているマーリーズ・レビューで検討されているACE法人税（Allowance for Corporate Equity）などもあるが、これらの議論は学会レベルにとどまっているのが現状と言えよう[48]。

(4) 相続税・贈与税の改革

　相続・贈与税の改革についての議論も、専門家の間では相続税の強化に賛成する意見が多い。たとえば八田（1994）は、「累進的な相続税を強化することが社会の分配の平準化に有効」と述べている[49]。相続税をより理想的なもの

---

44) 貝塚（1997）p.15引用。
45) 法人税の最終的な落ち着き先である帰着の議論については、本書の第11章で取り扱う。
46) 宮島（1992）p.180引用。フリンジ・ベネフィット課税については、本書の第12章を参照されたい。
47) 貝塚（1996）p.2引用。
48) マーリーズ・レビューは、イギリスの財政研究（Institute for Fiscal Studies）のホームページ（http://www.ifs.org.uk/mirrleesReview）からPDF形式で入手できる。

とするために、累積方式の採用を主張する意見もある。たとえば、野口（1994）は、ミード報告で推奨された PAWAT（Progressive Annual Wealth Accession Tax）をとりあげ、「資産を取得した時点で一定の年齢（たとえば85歳）までの annual wealth tax の現在価値相当分を払う。したがって、若い人ほど税率が高くなることになる。この場合、過去において取得した資産の記録を参照して、生涯取得資産に対して累進課税がなされるようにする。そして、資産を贈与あるいは遺贈した時点で、残余期間に相当する税の払い戻しを受けることとする」としている[50]。ミード報告では、支出税の導入を目指していたため、資本所得は消費されない限りにおいて課税されることはないため、相続税の重要性が、包括的所得税体系のもとでよりも、大きくなるわけだ。

---

49) 八田（1994）p.190引用。
50) 野口（1994b）p.120引用。

第 4 章　所得課税制度

　この章では個人所得課税制度の変遷と仕組みを説明する。所得税改革の方向性を探るためには過去の改正の推移と現行制度の仕組みを正確に把握することが欠かせないからだ。利子、配当所得、譲渡所得など資産所得も所得税の一部であるが、第13章で取り扱うこととする。

4.1　個人所得課税制度の変遷

(1)　シャウプ勧告

　日本の税制の変遷を語る際、忘れてはならない重要な改革が**シャウプ勧告**である。シャウプ勧告は、コロンビア大学のシャウプ教授を団長とする税制使節団が連合軍最高指令長官に対して提出した抜本的な税制改革案であり、その内容は1949年9月に公表された。その基本的理念は、「**包括的所得税論**」にもとづく**直接税中心主義**である。戦前のわが国の税制は、所得をその性質に応じていくつかの種類に分けて課税する**分類所得税**と、各種の所得を総合して課税する**総合課税**が併用されていた。一方、「包括的所得税論」の立場からは、給与所得、事業所得、株式・土地等の譲渡所得、利子・配当の資本所得などすべての所得が合算され、総合課税することが望ましいとされる。そこで、勧告では総合課税を徹底し、資産所得を原則課税とするなど課税ベースを拡大する措置が提案された。課税ベースの拡大に伴い、最高税率の85％から55％への大幅な引き下げと税率区分の14段階から8段階への削減によって累進度の緩和が図られた。

　このシャウプ勧告は、1950年度税制改正においてほぼ勧告通りに実施された。しかし、その後の税制改正の歴史は、シャウプ勧告の理念を骨抜きにしていく

ものであった。所得税では、1953年度の税制改正によって、有価証券の譲渡所得課税の廃止、利子所得の分離課税（税率10％）が実施された。これらの資産所得課税の軽減と引き替えに勤労所得への課税が強化された。シャウプ勧告直後の1950年に55％だった最高税率は1953年度改正により65％まで引き上げられ、税率区分は8段階から11段階に増やされたのである。

(2) 高度成長期の税制改革

　1950年代中頃から1970年代中頃にかけて、わが国は高度成長期に入る。この高度成長期の期間に、所得税では税率表の改正や人的控除の引き上げが実施されてきた。これは、高度経済成長に伴う、名目所得、実質所得の急激な上昇により、所得税負担が急増することを防ぐためにおこなわれた措置である。経済成長に伴う名目所得の上昇は、累進税率構造をもつ所得税制のもとで、所得の伸びを上回る税負担の増加をもたらすからだ。この名目所得の上昇に伴い、より高い税率区分が適用される現象は、**ブラケット・クリープ**と呼ばれている。

　高度成長期をへて、日本経済は、1973年秋に第1次石油ショックに直面した。石油ショックが引き起こしたインフレーションは、1974年のいわゆる2兆円減税（1974年度分1兆7,830億円、1975年度分1,860億円）の実施を招くことになった。この減税は、限界税率の適用課税所得区分を従前よりも引き上げることと、人的控除の引き上げ、給与所得控除の拡大によりおこなわれた。さらに、給与所得控除の最高限度額もこの改革により撤廃されることになった。

(3) 抜本的税制改革

　1980年代に入ると、所得税の改正はあまりおこなわれていない。これは、1981年3月に発足した第2次臨時行政調査会による「増税なき財政再建」路線のなかで所得税の減税が見送られてきたためである。その後、レーガン大統領によるアメリカの税制改革など世界の税制改革に触発された形で、1986年10月28日に政府税制調査会による「税制の抜本的見直しについての答申」が提出された。この答申は、所得税の税率表を簡素化しようという世界的な税制改革の潮流に沿って、税率表を簡素化し、最高税率を引き下げようとするものであっ

表4-1　抜本税制改革前後の所得税税率構造の変遷

	税率表			給与所得控除			人的控除	
1984 〜 86年	50万円以下 50万円を超える金額 120　〃 200　〃 300　〃 400　〃 600　〃 800　〃 1,000　〃 1,200　〃 1,500　〃 2,000　〃 3,000　〃 5,000　〃 8,000　〃		10.5% 12 14 17 21 25 30 35 40 45 50 55 60 65 70	給与収入 165万円まで 330　〃 600　〃 1,000　〃 1,000万円超 最低控除額	控除率 40% 30 20 10 5 57万円	基礎控除 配偶者控除 扶養控除		33万円 33万円 33万円
1987 年	150万円以下 150万円を超える金額 200　〃 300　〃 500　〃 600　〃 800　〃 1,000　〃 1,200　〃 1,500　〃 3,000　〃 5,000　〃		10.5% 12 16 20 25 30 35 40 45 50 55 60	同上		基礎控除 配偶者控除 配偶者特別控除 扶養控除		33万円 38万円 11.25万円 33万円
1988 年	300万円以下 300万円を超える金額 600　〃 1,000　〃 2,000　〃 5,000　〃		10% 20 30 40 50 60	同上		基礎控除 配偶者控除 配偶者特別控除 扶養控除		33万円 33万円 16.5万円 33万円
1989 〜 94年	300万円以下 300万円を超える金額 600　〃 1,000　〃 2,000　〃		10% 20 30 40 50	給与収入 165万円まで 330　〃 600　〃 1,000　〃 1,000万円超 最低控除額	控除率 40% 30 20 10 5 65万円	基礎控除 配偶者控除 配偶者特別控除 扶養控除		35万円 35万円 35万円 35万円
1995 〜 98年	330万円以下 900　〃 1,800　〃 3,000　〃 3,000万円超		10% 20 30 40 50	給与収入 180万円まで 360　〃 660　〃 1,000　〃 1,000万円超 最低控除額	控除率 40% 30 20 10 5 65万円	基礎控除 配偶者控除 配偶者特別控除 扶養控除		38万円 38万円 38万円 38万円

た。それに伴う所得税減税の財源を賄うために、新型間接税を導入しようとしていた。**表4-1**は、この政府税制調査会の答申前後の所得税の変遷をまとめたものだ。

　政府税制調査会の抜本的税制改革に関する答申は、中曽根内閣のもとでの税制改革案として具体化された。そこでは、所得税・住民税の減税と法人税率の引き下げ、少額非課税制度の廃止とそれに伴う利子課税の一律分離課税、そして新型間接税としての「売上税」の導入が提案された。所得税・住民税の減税は、税率表の緩和と配偶者特別控除の創設によっておこなうものとされていた。利子所得課税については、マル優（少額貯蓄非課税制度）を廃止し、一律分離課税をおこなうこととされた。

　しかし、中曽根内閣のもとでの選挙での敗北を経て、1987年5月27日に売上税など税制関連法案は廃案となり、1987年9月19日に所得税減税、マル優廃止の税制改革関連法が成立した。この「売上税廃案」のなかで、**表4-1**のように、1987年の所得税の改正は部分的なものにとどめられた。その後、所得税の本格的減税は1988年より実施された。

(4)　平成不況と所得税減税

　1990年代中頃には、平成不況の対策として、所得税の減税がおこなわれた。1994年の所得税の減税は、税率表については据え置いたまま、本来納税すべき所得税の金額から一律20％を差し引くという特別減税の形でおこなわれた。ただし、減税額の上限が国税としての所得税については200万円に設定されていた。1995・96年については、税率表の改正を伴う制度減税と一律15％の特別減税の組み合わせで、減税が実施された。また、特別減税の上限は、所得税が5万円、住民税が2万円とかなり低く抑えられた。

　1995年から実施された税率表の改正を伴う減税の中身は、**表4-1**に示されている。この表をみると、給与所得控除については、その改正が部分的なものであることがわかる。すなわち、給与収入に対する控除率については、据え置き、控除率40％の適用される給与収入がこれまで165万円以下の部分であったのが180万円に、控除率30％の適用される給与収入が165万円超330万円以下の

部分であったのが180万円超360万円以下に、控除率20％の適用される給与収入が330万円超600万円以下の部分であったのが360万円超660万円以下になったのにすぎない。

　人的控除については、基礎・配偶者・配偶者特別・扶養控除が35万円から38万円へ引き上げられることになった。なお、老人控除対象配偶者に係わる配偶者控除については45万円から48万円に、老人扶養親族に係わる扶養控除について45万円から48万円に、特定扶養親族に係わる扶養控除については50万円から53万円に、引き上げられることになった。

　税率表の改正については、表に示されているように所得税、個人住民税ともに限界税率と税率の数については、現行のままとして、限界税率の適用される課税所得の区分が多少引き上げられることになった。すなわち、所得税については、限界税率10％が適用される課税所得区分が300万円から330万円へ、限界税率20％が適用される課税所得区分が600万円から900万円へ、限界税率30％が適用される課税所得区分が1,000万円から1,800万円へ、限界税率40％が適用される課税所得区分が2,000万円から3,000万円へ、限界税率50％が適用されるのが課税所得2,000万円超から3,000万円超の部分へ引き上げられることになった。個人住民税については限界税率5％が適用される課税所得区分が160万円から200万円へ、限界税率10％が適用される課税所得区分が550万円から700万円へ、限界税率15％が適用されるのが課税所得550万円超から700万円超の部分へ引き上げられることになった。このように課税所得区分の引き上げ幅は、課税所得が高いほど大きくなっている。すなわち、村山税制改革による所得税の減税は、課税最低限の引き上げと課税所得区分の変更によっておこなわれたことが指摘できる。

　この村山税制改革は、減税先行期間におけるほんのわずかな景気拡大効果をもたらしたものの、1997年の消費税率の引き上げやアジアの通貨危機など対外的要因の悪化により、完全に景気対策としての効果が打ち消されてしまった。そこで再び、1999年から所得税・住民税の恒久減税が実施された。この減税は、平年度ベースで4.1兆円（国税 3.0兆円、地方税 1.1兆円）の規模でおこなわれた。

税率表については、所得税の最高税率が改正前に課税所得3,000万円超の金額に50％が適用されていたものが、課税所得1,800万円超の金額に37％が適用されるようになった。個人住民税の最高税率は、改正前に課税所得700万円超の金額に15％が適用されていたものが、課税所得700万円超の金額に13％が適用されるようになった。この税率表の改正に加えて、所得税、住民税ともに定率減税も実施された[1]。課税最低限は、特定の年齢の扶養者についての扶養控除額を加算する形でまたしても引き上げられた[2]。

2002年以降日本経済は徐々に回復のきざしを見せてきた。2004年度の実質国内総生産の成長率が2.0％となったことで、2004年11月に出された「平成17年度の税制改正に関する答申」において「定率減税については、平成18年度までに廃止すべきである。その際、経済への影響を考慮すると、平成18年度税制改正において一度に廃止するよりも、段階的に取り組むことが適当であり、平成17年度税制改正においても縮減を図る必要がある。」とされた。これにより定率減税は2008年より半減、2009年には完全に廃止された。

(5) 個人住民税の変遷

次に、個人住民税の変遷を簡潔に振り返ろう。個人住民税は、1963年までは市町村民税に5つの課税方式が存在した。この5つの課税方式は、市町村間に税負担の不均衡を生んだために、1962年から所得を課税標準とする本文方式と但書方式に整理され、1965年には本文方式に統一されている。市町村民税は、1965年以降課税最低限は毎年のように引き上げられたものの、税率表は1974年まで改正されていない。その後、抜本的税制改革にあわせて1989年度より税率

---

1) 所得税については、所得税額から所得税額の20％相当額（25万円を限度）を控除、個人住民税については、個人住民税所得割額から個人住民税所得割額の15％相当額（4万円を限度）を控除するとされた。
2) 特定扶養親族（年齢16歳以上23歳未満の扶養親族）の扶養控除の額が改正前58万円から63万円に引き上げられ、個人住民税の特定扶養親族（年齢16歳以上23歳未満の扶養親族）の扶養控除の額が43万円から45万円に引き上げられた（2000年度分から適用）。なお、1999年分の所得税については、16歳未満の扶養親族の扶養控除額に10万円の加算措置が講じられていたが、2000年度税制改正で加算措置は廃止された。

表が３段階にまで簡素化されることになった。一方、都道府県民税については、1954年の創設当時は所得税額を課税標準とする比例税率で課税されていたが、1962年より所得金額を課税標準とする２段階の累進税率表におきかえられている。

　1994年から1998年の村山税制改革においては、国税としての所得税と同様に特別減税と制度減税の組み合わせで減税が実施された。1994年には、一律20％の特別減税がおこなわれた。ただし、減税額の上限は、20万円だった。1995・96年については、税率表の改正を伴う制度減税と一律15％の特別減税の組み合わせで、減税が実施された。特別減税の上限は、２万円だった。

　1995年から実施された税率表の改正を伴う制度減税として、人的控除が31万円から33万円へ引き上げられることになった。なお、老人控除対象配偶者に係わる配偶者控除については、36万円から38万円に、老人扶養親族に係わる扶養控除については、36万円から38万円に、特定扶養親族に係わる扶養控除については39万円から41万円に引き上げられることになった。

　税率表の改正については、国税と同様に限界税率と税率の数については、改正前と同じとして、限界税率の適用される課税所得の区分が多少引き上げられることになった。すなわち、限界税率５％が適用される課税所得区分が160万円から200万円へ、限界税率10％が適用される課税所得区分が550万円から700万円へ、限界税率15％が適用されるのが課税所得550万円超から700万円超の部分へ引き上げられることになった。

(6)　三位一体改革と税源移譲

　このような改正をへて、2012年現在の所得税制の原型を形成することとなった大きな改革が小泉構造改革の一貫として実施された「三位一体の改革」である。三位一体の改革とは、地方分権をめざした改革として、国庫補助負担金の削減、地方交付税の削減、国から地方への税源移譲をセットでおこなうものである。このうち税源移譲の対象となったのが所得税である。まず、2004年度予算においては１兆円規模の国庫補助負担金の削減が実施され、所得譲与税（4,249億円）と税源移譲予定特例交付金という暫定的な手法での税源移譲がお

こなわれた。2007年度からの税源移譲は、**表4-2**で示したような税率表改正を伴った形で実施されることになった。この税率表の改正では、これまで3段階であった個人住民税の税率表は、10％の一律税率となった。その一方で、所得税の税率表はこれまでよりも累進度が強化されている。つまり税収面では個人住民税が増税、所得税（国税）が減税となり、累進度に関しては個人住民税が低下、所得税が上昇したことになる。この税率表改正は、国と地方の税源移譲を目的としたものであり、納税者の国税と地方税の総額は改革前後でほぼ同一となるように設計された。

表4-2　2007年からの税源移譲にともなう税率表改正

		改革前		改革後	
		課税所得	限界税率	課税所得	限界税率
所得税		330万円以下 900　〃 1,800　〃 1,800万円超	10％ 20 30 37	195万円以下 330　〃 695　〃 900　〃 1,800　〃 1,800万円超	5％ 10 20 23 33 40
個人住民税		200万円以下 700　〃 700万円超	5％ 10 13	一律	10％

4.2　所得課税の仕組み

　個人の所得課税には、国税としての所得税と地方税としての個人住民税の所得割が存在する。国税と地方税では、基本的な仕組みは同じだが、税率表と人的控除の水準などに違いがある。

(1)　所得税（国税）の仕組み

　現行の所得税法における所得は、給与所得、利子所得、配当所得、不動産所得、山林所得、事業所得、退職所得、譲渡所得、一時所得および雑所得の10種

類に分類される。これらの所得のうち山林所得と退職所得は、他の所得と分離して課税される。利子所得は1987年度の税制改正以降、一律分離課税が適用されている。譲渡所得のうち土地・建物といった不動産に関するものは、分離課税の特例が存在する。配当所得については、源泉分離課税制度を選択することができるものの、ほとんどの納税者は上場株式の配当について2012年現在、10％（国税７％、地方税３％）の源泉徴収課税で納税している。その他の所得については、原則としてすべての所得を合算して総合課税されている。

以下では具体的に数値例を用いて所得税の計算方法について解説しよう。単純化のために給与収入のみのケースについて考えると、所得税の計算方法は以下のような手順にまとめられる。

```
ステップ１　給与所得＝給与収入－給与所得控除
ステップ２　課税所得＝給与所得－所得控除
ステップ３　課税所得に累進税率表を適用
ステップ４　税額控除の適用
```

表4-3　給与所得控除（2012年）

給与収入	控除率
180万円までの金額	40%
360　〃	30
660　〃	20
1,000　〃	10
1,000万円超	5
最低控除額　65万円	

ステップ１では、給与収入から**表４-３**にしたがって計算される**給与所得控除**を差し引いて給与所得金額を求めている。給与所得控除は、サラリーマンにとっての概算的な経費控除という性格を持っている。給与所得控除のかわりに、特定支出控除と呼ばれる領収書による実額控除を選択することもできる。

表4-4　主要な所得控除（2012年）

	控除額
基礎控除	38万円
配偶者控除	38万円
扶養控除*	一人につき38万円
社会保険料控除	支払額の全額

＊　子ども手当対象者への扶養控除は、所得税は2011年分から、住民税は2012年分から廃止。

　ステップ2では、給与所得から表4-4で示されているような所得控除を差し引いて課税所得を計算する。所得控除は、家族を扶養するのに必要な金額という性格を持つ人的控除と特定の支出に対して認められるその他の所得控除がある。人的控除には、納税者本人に関する基礎控除、配偶者に対する配偶者控除、子ども手当対象外の扶養家族（高校生・大学生や両親など）に対する扶養控除がある。その他の所得控除には社会保険料控除、医療費控除、生命保険料控除、損害保険料控除、寄付金控除などがある。

表4-5　所得税の税率表（2012年）

課税所得	限界税率
195万円以下	5%
330　〃	10
695　〃	20
900　〃	23
1,800　〃	33
1,800万円超	40

　ステップ3では、課税所得に表4-5に示されている累進税率表を適用することで所得税額を求める。
　ステップ4では、住宅ローンのある人など特定の人は、ステップ3で求めた税額から一定額の税額控除を差し引くことができる。

このような所得税法にもとづいて計算すれば、所得階級別の税負担を調べることができる。所得階級別の税負担は、統計書の数字を利用することもできる。たとえば、『家計調査年報』では、「勤め先収入」「勤労所得税」「その他の税」という項目が所得階級別や年齢階級別に入手できる。ただし、『家計調査年報』に掲載されている「勤労所得税」のデータは、各所得階級、各年齢階級の平均値であり、累進所得税のもとでは低めになっている。また、過去の統計書の数字だけでは、将来の税制改革による影響をシミュレーションすることができない。税法にもとづいて所得税の負担額を計算すれば、税制改革に伴う税負担の変化や再分配効果への影響を推計できることになる。

この計算手順にしたがって、世帯主のみが900万円を稼いでいる夫婦子供2人の世帯について所得税額を計算してみよう。ただし、子供2人は、子ども手当が支給されない高校生としよう。

まず、**表4-3**を用いて給与所得控除の金額を求める。900万円のケースの給与所得控除の金額は、

$$180 \times 40\% + (360 - 180) \times 30\% + (660 - 360) \times 20\% + (900 - 660) \times 10\%$$
$$= 72 + 54 + 60 + 24$$
$$= 210万円$$

となる。なお、**表4-3**における最低控除額の65万円は、この表を利用して求めた金額が65万円以下だった場合でも65万円の給与所得控除を保証するものであり、パートタイマーなど年収が低いときにしか使用しない。したがって、給与所得金額は、

$$900 - 210 = 690万円$$

となる。

表4-6 財務省による社会保険料控除の簡易計算方式

給与収入	割合	加算額
900万円以下	10%	-
1,500万円以下	4%	54万円
1,500万円超	-	114万円

出所：財務省ホームページ http://www.mof.go.jp/jouhou/syuzei/siryou/kozin/kozi14.htm 引用。

　この給与所得金額からは、所得控除を差し引く。所得控除は、サラリーマンの場合、基礎控除、配偶者控除、扶養控除、社会保険料控除などが適用される。さらに、医療費控除、生命保険料などの控除も適用できるケースがある。配偶者控除は、配偶者の給与収入が課税最低限以下の場合には全額適用される。扶養控除は、扶養人員の数と年齢に依存する。子ども手当が支給される15歳以下の子どもには扶養控除は適用されない。社会保険料控除の金額は、1年間に支払った社会保険料の金額が全額控除対象となるが、わが国の社会保障制度のもとでは、各種社会保険制度ごとに保険料率が異なり、さらにサラリーマンについては、年収に応じて社会保険料が異なっている。税負担を計算する際には、**表4-6**で示した財務省が課税最低限の計算の際に利用している簡易計算方式を利用するのが便利である。この簡易計算方式は、実際の社会保険料の金額と比べると多少の誤差はあるものの、多くの研究論文でも利用されている。仮に1,000万円の給与収入の場合には、社会保険料は、1,000万円に4％を乗じて、54万円を加えた金額となり、1,500万円超の場合には、114万円となる。給与収入が900万円のケースには、

$$900 \times 10\% = 90万円$$

となる。
　したがって、給与所得から所得控除を差し引いた課税所得は、

$$
\begin{array}{lcccccccc}
\text{給与所得} & & \text{基礎控除} & & \text{配偶者控除} & & \text{扶養控除} & & \text{社会保険料控除} \\
690 & - & (38 & + & 38 & + & 38\times 2 & + & 90\quad) \\
=690 & & -242 \\
=448\text{万円}
\end{array}
$$

となる[3]。

この課税所得に表4-5の累進税率表を適用することで所得税額を求めることができる。この表は、課税所得に対する限界税率を示したものとなっている。たとえば課税所得が1,800万円の場合には、1,800万円×33%ではなく、195万円以下の部分には限界税率5%が、195万円を超えて330万円までの部分には10%が、330万円を超えて695万円までの部分には20%が、695万円を超えて900万円までの部分には23%が、900万円を超えて1,800万円までの部分には33%の税率が限界的（追加的）に適用される。

したがって、課税所得が448万円のケースにおいて、所得税額は、

$$
195\times 5\% + (330-195)\times 10\% + (448-330)\times 20\%
$$
$$
=9.75+13.5+23.6
$$
$$
=46.85\text{万円}
$$

となる。したがって、給与収入900万円のサラリーマンの所得税負担率は、

$$
46.85 / 900 = 5.20555\cdots\%
$$

となる。この計算をみるとわかるように給与収入900万円のサラリーマンには、限界税率は20%が適用されているものの、税負担率（平均税率）でみると約5.2%の負担にすぎないことがわかる。

(2) 個人住民税（所得割）の仕組み

個人住民税の所得割の仕組みは、所得税（国税）とほぼ同じ仕組みとなって

---

3) 医療費控除、生命保険料控除などのその他の所得控除は使用しないものとした。

いる。ただし、課税最低限を国税よりも低くするために、基礎控除、配偶者控除、扶養控除などの各人的控除の金額が所得税よりもそれぞれ 5 万円だけ低く、33万円に設定されている。税率については、道府県が 4 %、市町村が 6 %の合計10%の均一税率となっている。

第 5 章　所得課税の理論

　この章では所得課税の理論について整理する。抜本的税制改革以降にすすめられてきた税制のフラット化は、課税と労働供給の関係を意識したものだ。一方で、近年の格差拡大のなかで、累進税率表の強化が検討されている。課税と労働供給の関係については、標準的なミクロ経済学では、無差別曲線による分析がおこなわれてきた。累進税率表の強化については、最適な累進税率表の構造はいかなるものかを探る最適所得税論の研究対象となってきた。この章では、課税による労働供給の変化についての無差別曲線を用いた分析と最近の最適所得税論のエッセンスを紹介しよう。

5.1　課税による労働供給の変化

　経済学的には、課税による労働供給の変化は、各家計の予算制約のもとでの効用最大化行動の帰結として説明できる。各家計の効用（財・サービスの消費から得られる満足度）は、余暇と消費に依存すると考えられる。各家計は、余暇時間が多いほど、消費量が多いほど効用（満足度）が高くなる。しかし、時間当たり賃金率が一定ならば、余暇時間を増やせば労働時間が減少し、労働時間×時間当たり賃金率で測定される所得水準が低下してしまう。所得水準が低下すれば、消費可能な数量も減少してしまう。

　この予算制約のもとでの効用最大化を描いたものが図 5-1 である。この図において縦軸には所得、横軸には余暇時間がとられている。横軸上の原点 O では、余暇時間がゼロとなり、利用可能な時間すべてを労働に費やすことになる。このときの所得水準は、縦軸上の A 点で示される。逆に利用可能な時間すべてを余暇に振り向けると所得水準はゼロとなり、余暇時間は横軸上の B

点で示されることになる。家計の予算制約は、直線 AB で示されることになる。各家計は、この予算制約と効用関数から導き出される無差別曲線との接点 E で効用を最大化することになる。接点 E を垂直におろした点 C で余暇時間が（利用可能な時間マイナス余暇時間と定義できる労働時間も）決定されることになる。この図の予算制約は、税・社会保障制度によって変化することになる。仮に t% の比例所得税が課税されたならば、家計の予算制約線は、$A'B$ のように傾きを変化させることになる。このとき、課税後の予算制約のもとであらたな効用最大化の点 E' が選択されることになる。図では、課税により労働供給が減少するケースについて描かれている。

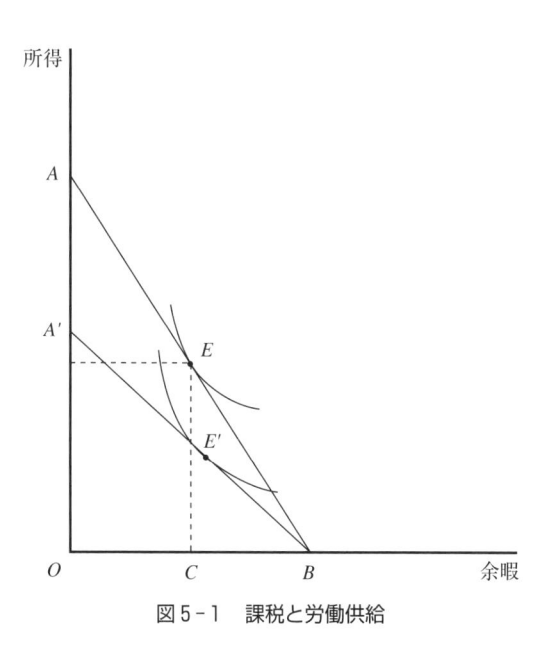

図5-1　課税と労働供給

しかし、理論的には課税により労働供給は必ずしも減少しないことが知られている。なぜならば、課税による家計の予算制約線の傾きの変化は、所得効果と代替効果の2つの相反する効果を持つからである[1]。所得効果は、課税がもたらす実質所得の変化だけの効果を抽出したものである。比例所得税は、賃金

率を低下させ、実質所得を減少させることになる。実質所得が減少した場合、家計は、生活水準を維持するために労働供給を増加させることになる。代替効果は、余暇と消費の相対価格の変化の影響だけを抽出したものである。課税は余暇の相対価格を低下させることになる。比例所得税は、労働供給を増加させるほど、より重い税負担を家計に課すことになる。あまり税率を高くすると、税負担の増加を嫌って労働供給を減少させる可能性があるわけだ。

このように、所得効果と代替効果は、労働供給の場合、相殺する方向で働くことになる。課税により労働供給が減少するか否かは、所得効果と代替効果の大きさに依存することになり、理論的にはどちらになるかが判定できない。

そこで、課税と労働供給の関係について調べた既存の実証研究の結果についてみていくことにしよう。これまで、男子の正規雇用についての実証分析は、あまりおこなわれていない[2]。男子の正規雇用の場合には、雇用形態から考えて労働時間の調整が難しいからだ。正規雇用の場合には、残業時間については、調整を行う可能性があるものの、その残業は自らの意志でおこなうものというよりも、会社の業務命令においておこなっているケースが多いと考えられるからだ。したがって、これまでの経済学者による課税と労働供給の分析の多くが自らの意志で労働時間を選択していると考えられるパートタイマーについておこなわれている。

このようなパートタイマーについては、大石（2003）などの先行研究において、税・社会保障制度が労働供給に対してマイナスの影響を与えているという結果が示されている。その理由は、税・社会保障制度の存在が個人の予算制約を不連続、屈曲させることで、あきらかに労働供給に対してマイナスの影響を与えるからだ。

---

1) 予算制約の傾きの変化がもたらす所得効果と代替効果の詳しい説明については、標準的なミクロ経済学のテキストを参照されたい。
2) 課税と労働供給についてのわが国の実証分析の結果を概観した研究としては、林（2003）が詳しい。

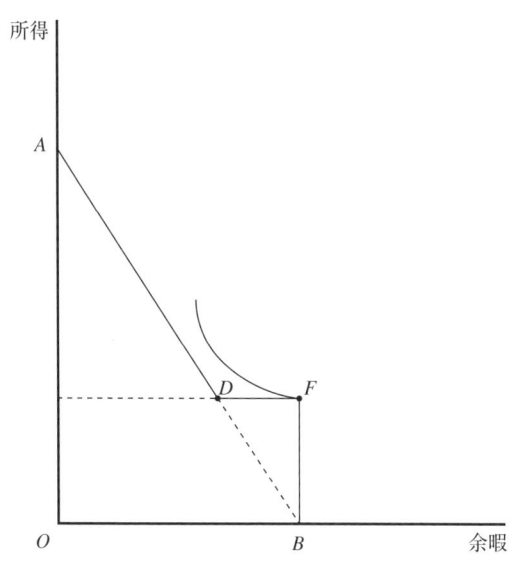

図5-2　社会保障給付による予算制約の屈曲

　図5-2は、社会保障給付が個人の予算制約を屈曲させるケースを描いたものである。社会保障給付は、労働時間とは関係なく給付されるため、利用可能な時間をすべて余暇に振りむけた場合に、F点の高さだけの所得水準を保証することになる。次にこの社会保障給付の対象となる個人が労働した場合に、個人が稼いだ所得分だけ社会保障給付が削減されるとしよう。その場合、個人の予算制約は、図の$ADFB$のように屈曲することになる。このような屈曲した予算制約のもとでは、個人の効用最大化はF点での端点解となるケースが考えられる。社会保障給付の水準が高ければ高いほど端点解となる可能性が高い。社会保障給付の存在は個人の労働意欲を阻害し、社会保障給付に依存する個人を創り出す可能性があるわけだ。このように個人の予算制約が屈曲するケースは、現行の所得税制度にも存在している。その典型的な例が、既存の研究であきらかにされているパートタイマーに対する税制である。

図5-3　配偶者特別控除の仕組み

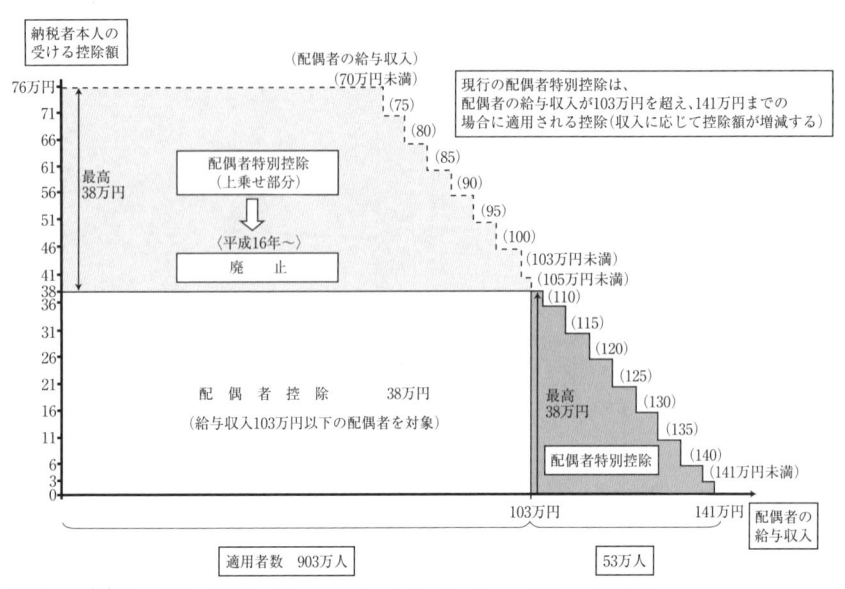

出所：財務省ホームページ http://www.mof.go.jp/jouhou/syuzei/siryou/046.htm。

　現行の所得税制は、個人単位での課税を基本としているが、世帯属性によって税負担が変わってくる。妻が専業主婦の場合には、夫の所得税の計算の際に配偶者控除が利用できる。配偶者控除は、基本的には配偶者を扶養していることによる担税力が減少することへの調整のために設定されている。そのため、共稼ぎ世帯には、配偶者控除の利用は認められていない。問題は、パート主婦の場合に配偶者控除を、どの程度までのパート収入を稼ぐ金額まで認めるかである。配偶者控除は、1987年度の税制改正で配偶者特別控除が新設されたと同時に大きく変わった。1987年度改正以前には、パート収入が100万円を超えると同時に配偶者控除は全額削減されていた。しかし、これはパート収入が100万円を超えると、パート主婦が労働時間を調整するという問題を引き起こしていた。パート収入が100万円を1万円超えると、夫に認められる配偶者控除が全額削減され、世帯全体での手取り収入が減少してしまうからだ。そこで、図5-3で描かれているような配偶者特別控除を徐々に削減するという消失控除

制度が導入されたのである。消失控除制度のもとでは、妻の収入が5万円増加すると夫に認められる配偶者控除ないし、配偶者特別控除が5万円だけ減少することになる。夫と妻を合わせた世帯全体での収入が確実に増加していく仕組みとなっている。

ところが、1987年度改正で導入された配偶者特別控除は、夫の所得金額が1,000万円以下の場合にしか認められていなかった。このため、専業主婦世帯において夫の所得金額が1,000万円を超過した場合には、38万円の配偶者特別控除が全額削減されて、手取り所得が減少するという事態を生じていた。夫の労働供給については、課税による労働供給の調整がしにくいということもあってあまり問題視されてこなかったが、あきらかに税引き前収入の増加が手取り所得の減少を生じるという事例であった。なお、この問題は、2003年度税制改正において、配偶者特別控除の上乗せ部分が廃止されたことで一応の解決をみた[3]。

これらの税・社会保障制度と労働供給の関係を整理すると、所得税の増減税などによる実質賃金率の変化は、それほど労働供給を変化させるわけではない。しかし、実効的な限界税率が100%を超えるような制度設計は避けなければならないことがわかった。要するに労働供給の増加が手取り所得の増加をもたらす仕組みが必要だということだ。

5.2 最適所得税論

政府が利用可能な税体系として所得税を想定し、所得税の望ましい累進度を検討したものが最適所得税論である。最適所得税論は、ノーベル経済学賞を受賞したMirrlees（1971）の研究を出発点とするものだ。Mirrleesが示した暫定的な結論は、最適な税率構造がほぼ線形になるということと、最適平均税率が予想外に低いため所得税は再分配の手段としてほとんど役立たないというも

---

[3] 専業主婦世帯の内助の功として、配偶者控除を上乗せ支給する配偶者特別控除は廃止された。ただし、パート主婦が103万円を超えて働くケースには、配偶者控除がゼロとなるかわりに配偶者特別控除が消失控除の仕組みのもとで利用できることとなった。

のであった。この結果は、累進構造を支持する所得再分配の目標と、所得稼得意欲に関係する資源配分の目標の間には、深刻なトレードオフが存在することを予想させるものであった。Mirrleesは、一般的な仮定のもとでは具体的な税率表の形状を提示できなかったために、家計の行動を規定する効用関数をコブダグラス型に想定し、最適な税率構造を求めた結果として、最適な税率構造は均一税率と課税最低限(ないし人頭補助金)から構成される線形所得税となるという結論を導き出した。

(1) 最適線形所得税

このフラットレート・タックスが最適な税率構造であるという結論は、それまでの所得再分配のためには累進税率表が必要であるという常識を覆す斬新な結果であった。このMirrleesの結論を踏まえた形でその後の最適所得税の議論は、Stern (1976) をはじめとして、所得税の税率構造については線形に限定したうえで、最適な限界税率と人頭補助金の組み合わせを探る研究に移っていった。

線形所得税は、限界税率が一定で、課税最低限をもつタイプの所得税である。このタイプの租税関数は、税額を T、所得を Y、限界税率を t、課税最低限を D とおくと、

$$T = t(Y - D)$$
$$= tY - tD$$

となる。ここで $-tD$ は、一人当たり同額の補助金である人頭補助金であり、これを G とおくと、

$$T = tY - G$$

と書くこともできる。これを図示したものが図5-4である[4]。この線形所得

---

4) これは、課税最低限以下の者には税額が還付される負の所得税となっている。詳しくは本書の第6章を参照されたい。

税は、比例税とは違い累進性の定義を満たしている。累進性の定義としては、Musgrave and Thin（1948）の4つの定義が有名である。その定義は、

---

① 平均税率が課税前の所得の増加につれて上昇する。（平均税率累進性）
② 課税前所得の変化率に対する税負担額の変化率の比率が1以上。（税負担累進性）
③ 課税前所得の変化率に対する税引き後所得の変化率が1以下。（残余所得累進性）
④ 限界税率が課税前所得の増加につれて上昇する。（限界税率累進性）

とされる。線形所得税は限界税率累進性を除く基準を満たしている。

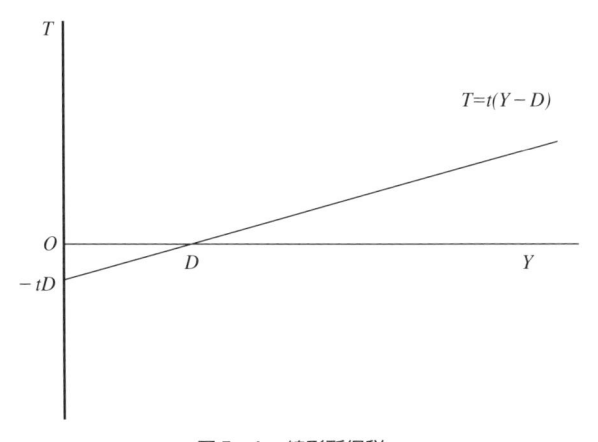

図5-4　線形所得税

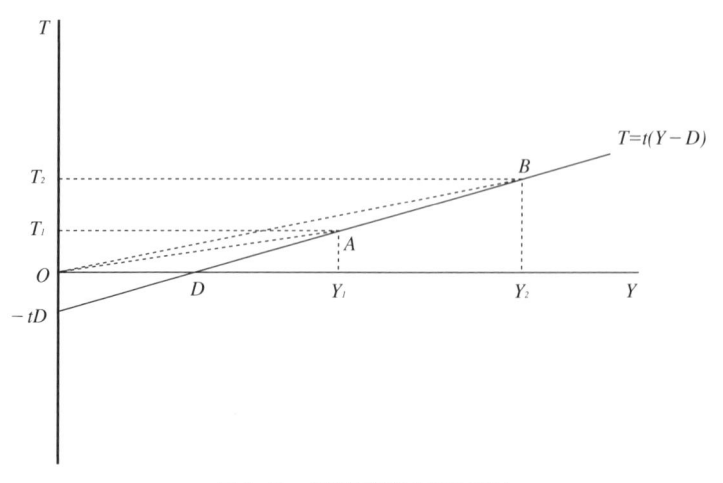

図5-5 線形所得税と平均税率

　図5-5は、線形所得税における平均税率を図示したものだ。所得がY_1のときの税額はT_1、Y_2のときの税額はT_2に対応している。平均税率は、税額を所得で割ることで求められる。図ではOA, OBの傾きに等しくなる。図からわかるように、この傾きは所得が上昇するにつれて、増加することがわかる。したがって、線形所得税は平均税率累進性を満たしていることになる。
　次に、税負担累進性が成立することは、以下のようにして示せる。税負担累進性は、限界税率を平均税率で割ったものと定義される。図5-5において限界税率tは、租税関数の傾きである。この図をみると、平均税率＜限界税率の関係が成立している。したがって、限界税率／平均税率は、分母の方が小さくなり、1以上となる。
　最後に残余所得累進性は、

$$\frac{1-限界税率}{1-平均税率}$$

と定義される。平均税率＜限界税率が成立するなら、この式の値は1以下となる。

最適線形所得税は、政府が一定の税収を調達する際に、社会的厚生を最大化するためには、限界税率と人頭補助金の金額をどのように設定すればよいのかを求めるものだ。この最適線形所得税の命題を図で説明しよう。

図5-6　等税収曲線と社会的無差別曲線

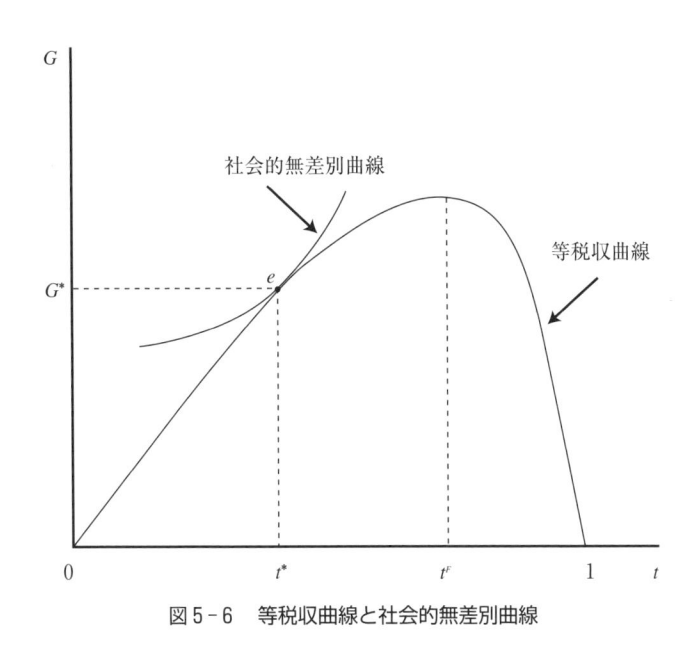

図5-6は等税収曲線と社会的無差別曲線を描いたものである[5]。等税収曲線とは、政府がある一定の税収額を調達する必要があるとき、その税収制約を満たすような限界税率と人頭補助金の組み合わせとして描かれることになる。限界税率が上昇するにつれて政府の税収が増加するため、その税収を人口で割った一人当たり同額の人頭補助金の金額も増加していく。しかし、限界税率を上げていくにしたがって徐々に労働意欲が阻害され、労働供給量が減少するた

---

5) 最適線形所得税の理論分析では、この図のように社会的無差別曲線が制約条件つき最大化問題を満たすような都合のよい形をしている保証がないことが知られている。詳しくは橋本（1986）を参照されたい。

め、人頭補助金の増加割合は逓減していく。この図では限界税率が t^F の水準まで到達すると、人頭補助金は徐々に減少していくものと想定した。限界税率が1、つまり100％の限界税率が適用された場合には、誰も労働を供給しなくなるため、再分配に使える税収もなくなり、人頭補助金もゼロとなってしまう。

図では、等税収曲線と社会的無差別曲線の接点 e から最適な限界税率 t^* と人頭補助金 G^* が得られることがわかる。この最適な限界税率がどの水準に決まるかは社会的無差別曲線の形状に依存する。また、最適税率の範囲は、限界税率が0と t^F の間の領域で決まることになる。

(2) 最適非線形所得税

Mirrleesの研究以降、最適所得税の議論は最適線形所得税に移っていったものの、一方では累進税率表の形そのものを探る最適非線形所得税の議論も精力的に続けられてきた。最適非線形所得税の命題は、家計の稼得能力に上限と下限が存在すると仮定した場合と、上限と下限が存在しないと仮定した場合で大きく異なっている。

まず能力がゼロから無限大までの家計が連続的に存在しているという仮定のもとでは、所得の上昇につれて最高限界税率は、ほぼ100％になるというきわめて累進度の高い税率構造が望ましいとされる[6]。

これに対して、Sadka（1976）、Cooter（1978）、Seade（1982）らは、能力に上限と下限が存在する場合には、能力の上限と下限において最適限界税率はゼロになるという命題を導出した。上限と下限において最適限界税率がゼロとなるということは、租税関数は、最低所得者と最高所得者について図5-7のようなS字型の税率表となる[7]。このタイプの税率表は、累退税とも呼ばれるものだ。このS字型の税率表のもとでも平均税率累進性を満たしていることは容易に確認できよう。

6）詳しくは Kaneko（1982）を参照されたい。
7）このS字型の税率表について、Tuomala（1984）は、具体的な数値を計算している。

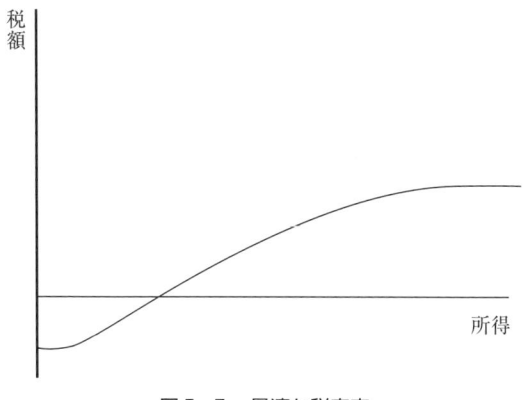

図5-7 最適な税率表

　このS字型の税率表は、線形所得税以上に我々の常識に反する答えとなっている。なぜ能力の上限において、最適限界税率がゼロとなるかを直感的に説明しておこう[8]。能力が上限において、税制改革前にプラスの限界税率で課税されているとしよう。たとえば、この能力が上限の者の税制改革前の所得が1億円であったとしよう。政府が1億円以上の所得に対しては、限界税率がゼロとなるような税制改革を実施した場合、能力の上限の者は労働供給を増加させて、1億円以上の所得を稼ぐことになるだろう。政府にとっては、1億円以上の限界税率をゼロにしただけであり、税制改革前と同額の税を能力の上限のものから徴収することになる。税収自体は変化させることなく、最高所得者の効用水準を引き上げることで、社会的厚生が増大するというわけだ。

(3) 新しい最適所得税論

　最適非線形所得税の理論分析での結論は、能力に上限と下限を設定するか否かで、正反対の極端なものとなっていた。これに対して、Diamond（1998）は、能力分布をより現実的なものに想定することで、最適な税率表はS字型にはならないという主張をおこなっている。これらの一連の最適所得税の研究は、

8）厳密な証明については、たとえば本間・橋本（1985）を参照されたい。

これまでの最適非線形所得税と区別する形で「新しい最適所得税論」と呼ばれている[9]。この新しい最適所得税論では、最高限界税率は、課税による労働供給の変化、社会的価値判断によって決定される。Saez（2001）は、「アメリカの実証研究のおいてあきらかにされた労働供給の弾力性などを参考にすると、アメリカの最高限界税率は50％以下にすべきではなく、80％程度とすべきかもしれない」と述べている[10]。この新しい最適所得税論は、能力の仮定によって両極端の結論が導きだされてきた従来の最適非線形所得税論よりも、政策提言に利用しやすいものとなってきている。今後の研究の発展が望まれるところであろう。

9）新しい最適所得税論については國枝（2007）が詳しい。
10）Saez（2001）p.226引用。

第 6 章 所得税改革の課題

　抜本的税制改革以降、所得税では税率表のフラット化をめざした改革がおこなわれてきた。しかし、近年の格差拡大が注目を集めるなかで、再び累進税率表の強化が検討されている。この章では、この累進税率表の見直しを中心に所得税改革の課題を整理していこう。

6.1　累進税率表の見直し

　今本当に所得税の累進税率表の見直しが必要なのだろうか。所得税の累進税率表のあり方については、Mirrlees（1971）を始祖とする最適所得税論の研究対象とされてきた。最適所得税の結論は、社会全体の公平性への価値判断に依存して変わってくる。いかなる価値判断を採用するかについては、投票行動を通じた政治過程に委ねられることになる。その場合には、諸外国との比較、累進度の時系列的な動きをみて、総合的に判断されることが望ましい。所得税の累進度の推移をみることは、最適な所得税の**累進度**を考えるうえでも重要な判断材料を提供することにつながる。

(1)　累進度の測定方法について

　図6-1は、累進度測定方法の分類をおこなったものだ。累進度の指標は、**ローカルな累進度指標**と**グローバルな累進度指標**に大別できる[1]。

　ローカルな累進度指標としては、Musgrave and Thin（1948）が定義した平

---

1) ローカルな累進度指標を山下（1993）は小域的尺度（local index）、構造的累進度と、横田（1987）は局所的累進度と呼んでいる。グローバルな累進尺度を山下（1993）は大域尺度（global index）、分配的指標、分配的累進度、要約指標と呼んでいる。

均税率累進性、**税負担累進性**、**残余所得累進性**の各指標が利用されている[2]。ローカルな累進指標は、所得階層間の平均税率の違いや、税負担の増加割合と所得の増加割合の違いなどに着目した指標であり、低所得層、中堅所得層、高所得層のそれぞれについて所得税がどの程度の累進度を持っているかをみることができる。

一方、グローバルな累進度指標は、ある年の所得税負担構造全体の累進度を測定するものであり、異時点間の再分配効果の違いを比較することができる。グローバルな累進度指標としては、**再分配係数**、**スーツ指標**、**カクワニ指標**などが存在する。

```
ローカルな累進度指標 ─┬─ 平均税率累進性
                     ├─ 税負担累進性
                     └─ 残余所得累進性

グローバルな累進度指標 ─┬─ 再分配係数
                       ├─ スーツ指標
                       └─ カクワニ指標
```

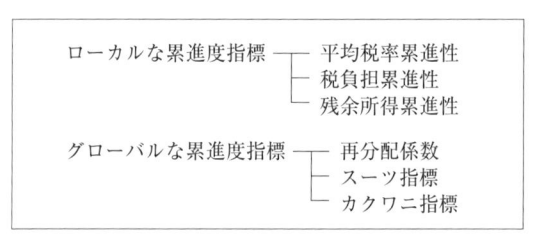

図6-1　累進度測定方法の分類

再分配係数は、不平等をはかる指標として最も有名な**ジニ係数**を利用したものだ[3]。ジニ係数は、横軸に人数の累積百分布比、縦軸に所得の累積百分比を採ったときの所得分布を描いた**ローレンツ曲線**と、完全に所得が平等となる45度の均等分布線で囲まれた部分の面積となる。具体的には、N人の所得分布X $(X_1, X_2, \cdots, X_N)$が与えられたとき、

$$\text{ジニ係数} = \frac{1}{2N^2 \overline{X}} \sum_{i=1}^{N} \sum_{j=1}^{N} |X_i - X_j| \quad \text{ただし } \overline{X} = \frac{\sum_{n=1}^{N} X_n}{N} \quad (6-1)$$

---

2) ローカルな累進尺度については、横田（1987）、藤田（1992）の解説を参照されたい。
3) 再分配係数は、平準化係数（equalization coefficient）とも呼ばれている。詳しくは山下（1993）を参照されたい。

と定義される。このジニ係数の課税前後の変化率を求めたものが再分配係数である。すなわち、

　　再分配係数＝（課税前のジニ係数－課税後のジニ係数）／課税前ジニ係数

となる。不平等度の指標には、ジニ係数以外にも**タイル尺度**、アトキンソン係数などが存在する[4]。しかし、豊田（1987）は、ジニ係数は、「再分配効果と税の累進度とが直接に結びつく。少なくとも再分配効果の計測に関する限り、ジニ係数は他の不平等係数より優れている」と指摘している[5]。再分配係数は、不平等の変化率をみたものであるが、林（1986）は、「分配状況と所得税制の双方に変化がある場合の異時点間の累進度の比較には、課税前と課税後の不平等度の絶対的な変化をみる指標が最も適切である。」であると述べている[6]。

　スーツ指標は、税負担の集中度で累進度を評価しようとするものだ。Suits（1977）は、ローレンツ曲線を算出するときに利用されているグラフとよく似た発想のグラフを使用している。スーツ指標では、ジニ係数と違い、横軸には所得の累積百分比が採られ、縦軸には税負担の累積百分比が採られる。ローレンツ曲線に相当する曲線と45度線の間の面積がスーツ指標の値となる。仮にその曲線が45度線と完全に一致するならば、比例税となり、スーツ指標の値はゼロを示す。累進税であるならば、その曲線は45度線よりも下方に位置することになる[7]。

　カクワニ指標は、スーツ指標と同様に、税負担の集中度で累進度を測定するものだ[8]。カクワニ指標は、

4）アトキンソン係数、ジニ係数の両者で再分配効果を計測した研究には林（1986）が存在する。タイル尺度を用いて、再分配効果を計測したものには、橋本・上村（1997b）が存在する。
5）豊田（1987）p.170引用。
6）林（1986）p.125引用。
7）スーツ指標については、Suits（1977）、藤田（1992）を参照されたい。
8）カクワニ指標については、Kakwani（1977a）、横田（1987）、伊多波（1983）、吉田（1983）を参照されたい。

$$\text{カクワニ指標} = C - \text{課税前ジニ係数} \qquad (6-2)$$

と定義される。ここで、C は税負担の集中度を表す係数である。これは、ローレンツ曲線を導出するときの縦軸の所得の累積百分比のかわりに、税額の累積百分比におきかえ、ジニ係数に相当する部分の面積を税負担の集中度として示すものだ。カクワニ指標は、比例税の場合にはゼロとなり、累進度が高いほどプラスの大きな値を示すことになる。

再分配係数、スーツ指標、カクワニ指標は、いずれも税率表の構造だけでなく、所得分配状況によって、異なる累進度の値を示すことになる。仮に、名目所得が上昇し、最高税率が適用される人員が増加した場合には、税率表は不変でも累進度は上昇するわけだ。

上記以外の累進性を測る尺度に関する研究には、**租税関数**の弾力性を利用したものが存在する[9]。租税関数の弾力性を推計する研究において、よく使われる関数は、

$$T = \alpha Y^{\beta} \qquad (6-3)$$

である。ここで T は税額、Y は所得、α、β は租税関数のパラメータである。β の値が 1 のときは、この関数は原点を通る傾き α の直線となる。このときは、税額は所得に対して比例的に増加するので、比例税を想定していることとなる。租税関数を推計する際には、(6-3) 式の両辺を対数変換した、

$$lnT = ln\alpha + \beta\, lnY \qquad (6-4)$$

が使用されている。この式の β が租税関数の所得弾力性となる[10]。

9) 租税関数を推計した累進度の場合には、法定税率表にもとづき、税法にしたがい仮想的な数値例で租税関数を推計する方法と、税務統計や『家計調査年報』などを用いて、実際に支払われた税額と所得の関係から租税関数を推計する方法がある。前者では税率表そのものの効果を、後者では所得分配の変化の効果を総合した効果をみることができる。
10) このタイプの租税関数を利用した研究には早見 (1987)、下野・布施 (1998) が存在する。

第6章 所得税改革の課題

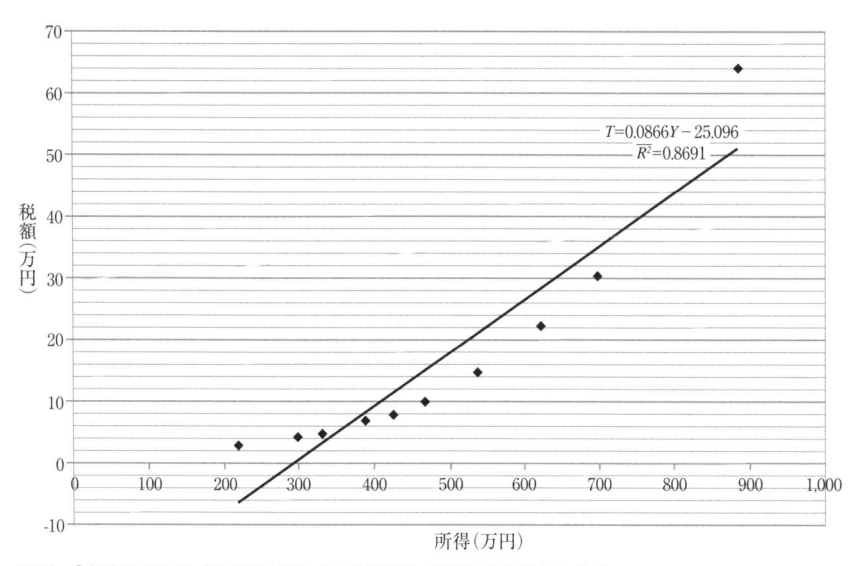

$T=0.0866Y-25.096$
$R^2=0.8691$

出所：『家計調査年報〈家計収支編〉（平成19年）』総務省統計局より作成。
図6-2 所得と税額の散布図と線形所得税関数

　このタイプの租税関数は、原点をかならず通る関数となっている。しかし、現実の所得税制は、課税最低限を持つため、租税関数は原点を通らず、横軸とはプラスの値で接することになる。

　図6-2は、2007年の『家計調査年報〈家計収支編〉』の第3表年間収入五分位・十分位階級別1世帯当たり1か月の収入と支出（総世帯のうち勤労者世帯）の年間収入階級別の「世帯主収入」を所得とし、「勤労所得税」を税額としたときの散布図を描いたものである。ここで、所得、税額とも年額、万円単位に変換している。この図では、所得と税額の関係は、所得が上昇するにつれて加速度的に税額が上昇していることがわかる。また、この図では、租税関数は横軸に対してプラスの値で交わる可能性が高いことも示している。

　この課税最低限を持つ租税関数の特徴を最も単純に示した関数としては、線形所得税関数が存在する。すなわち、

$$T = t(Y - D)$$
$$= tY - tD \tag{6-5}$$

となる。ここで、tは限界税率、Dは課税最低限となる。線形所得税関数は、一定の限界税率を持つフラット税であるが、課税最低限を持つために、累進税としての性質は備えている[11]。

図6-2には、線形所得税関数を最小自乗法で求めた式と回帰直線も散布図と重ね合わせて描かれている。異なる年次の租税関数における累進度を測るのであれば、この租税関数の係数を比較することが最も簡単な方法となる。

しかし、線形所得税関数は、課税所得の上昇につれて、適用される限界税率が上昇するという超過累進税率表を的確に表現したものとはいえない。むしろ、(6-4) 式のタイプの租税関数は、租税関数が原点を通過することを除けば、超過累進税率表をより的確に表現できることになる。図6-2で示したデータについて、(6-4) 式のタイプの租税関数を適用すると、

$$lnT = -11.0733 + 2.20656 lnY \qquad \overline{R^2} = 0.964695 \tag{6-6}$$
$$(-12.8770) \quad (15.7137)$$

となる。ただし、括弧内の数値はt値であり、$\overline{R^2}$は自由度修正済み決定係数である。この (6-6) 式の推計結果と散布図を重ね合わせたものが図6-3である。図をみると、線形の租税関数より超過累進税率表を反映した関数となっていることがわかる。

課税最低限が存在するタイプの租税関数であり、かつ超過累進税率表の構造を反映した関数として、最もシンプルな関数は、定数項を持つ2次関数である[12]。そこで、図6-2のデータに定数項と所得の2乗を説明変数として最小

---

11) 累進税の定義としての平均税率累進性は、線形所得税関数においても、所得が上昇するにつれて平均税率が上昇することで容易に確認できる。

12) 定数項を持つ2次関数の租税関数を推計し、累進度を測定したものとしては橋本・呉 (2008b) が存在する。ただし、橋本・呉 (2008b) は、2次関数の傾きで求めた累進度を反映した係数を税収関数の説明変数として利用しているのであり、累進度を議論するために使用しているわけではない。

第6章 所得税改革の課題

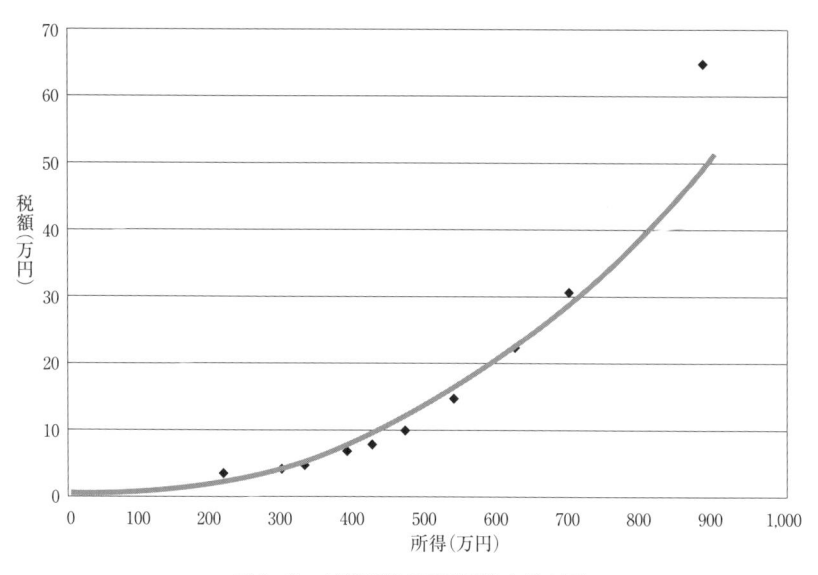

図6-3 対数関数の租税関数と散布図

自乗法を適用したものが次の式である。

$$T = -5.39769 + 0.0000820222 Y^2 \qquad \overline{R^2} = 0.960279 \qquad (6-7)$$
$$(-2.79980) \qquad (14.7844)$$

　この式の自由度修正済み決定係数は0.960279となっており、(6-6) 式の租税関数と比べても遜色のない適合度を示している。

　この推計式と図6-2の散布図を重ね合わせたものが図6-4である。図6-4をみると、定数項を考慮することで租税関数が横軸に対してプラスの領域で交わっており、課税最低限が存在することを表現できていることがわかる。所得の2乗だけでなく、所得の2乗と所得の双方を説明変数とする関数形も租税関数としては利用されている。ただし、その場合には推計するパラメータの数が増えることになり、結果の解釈も複雑化する[13]。

---

13) 本稿で紹介した以外の租税関数については、伊多波 (1983) が取り扱っている。

117

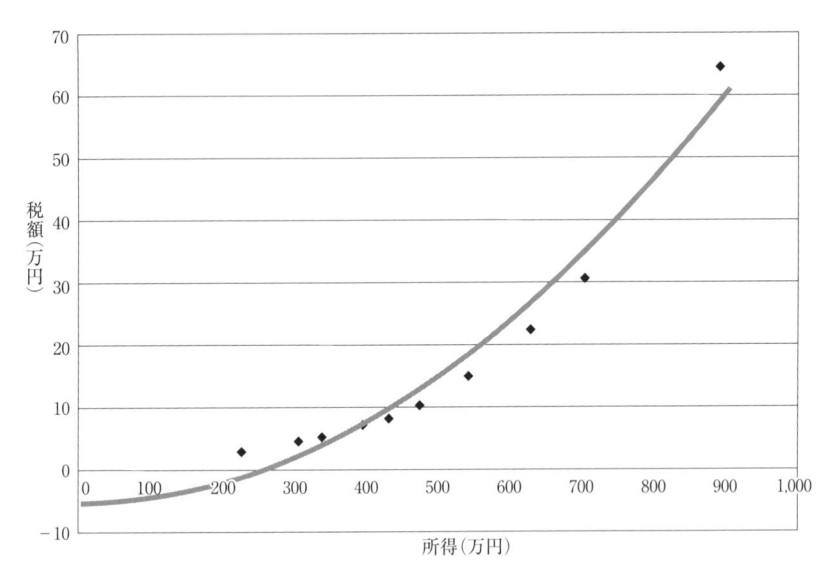

図6-4　2次関数の租税関数と散布図

　このように、所得税の累進度を測定する方法には、さまざまな方法が考案されている。それぞれの指標には、一長一短があり、どの指標を用いるのがベストなのかを決めることは難しい[14]。ある特定の年の租税構造について、所得階層ごとに細かく議論するならば、ローカルな累進度指標としての、Musgrave and Thin（1948）が定義した平均税率累進性、税負担累進性、残余所得累進性の各指標が、所得分布の変化を含んだ再分配効果の推移をとらえるならば、グローバルな累進度指標のなかで、再分配効果の計測にも使用されている再分配係数を用いるのがベターな選択であろう。

(2) 累進度の推移

　以下では、1985年から2006年までの累進税率表自体が持つ累進度の推移と、税務統計を利用した累進度の推移を比較してみよう。両者を比較することで、

---

14) さまざまな累進度尺度の長短を解説した研究には、横田（1987）が存在する。

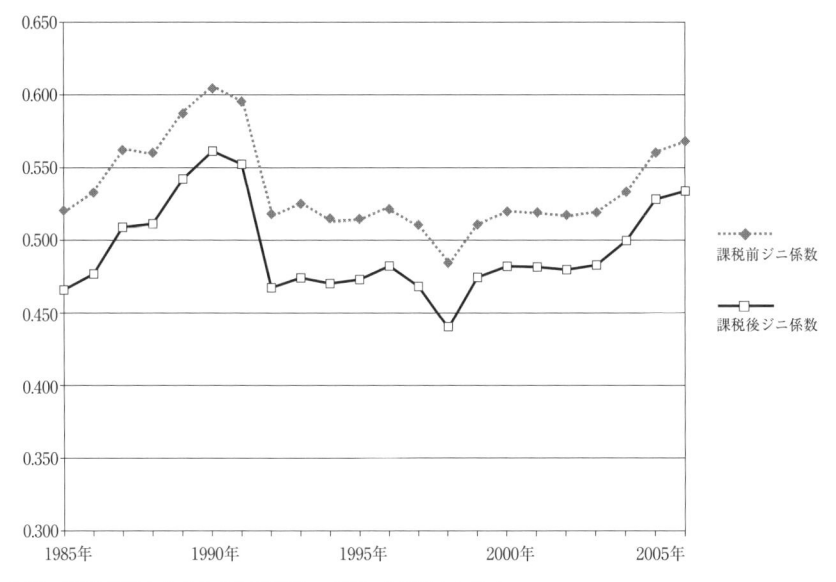

図6-5 申告所得税全体の課税前、課税後ジニ係数の推移

出所：『税務統計からみた申告所得税の実態』各年版より作成。

税法改正による影響と所得分布の変化による影響を分離することができる。累進税率表自体の累進度尺度については、所得分布が均等であった場合の所得と税額の関係を各年の税法にしたがって求め、(6-7) 式のタイプの租税関数を推計し、その係数を累進度尺度として利用した[15]。所得税の負担額は、世帯人員に依存して所得控除額が変化するため、世帯構成については、すべての所得階層について夫婦子供2人の標準世帯であると仮定した[16]。

それでは、まず申告所得者全体の累進度の推移から見ていこう。図6-5は、申告所得税全体の課税前、課税後ジニ係数の推移を描いたものである。課税前ジニ係数と課税後ジニ係数の乖離幅が、税制による再分配効果の大きさを示すことになる。課税前ジニ係数は、1985年から1990年にかけては、上昇傾向が見

---

[15] 計算の詳細は、橋本・呉（2008b）を参照されたい。
[16] 所得控除による税負担への影響を排除し、税率表の効果のみに着目するなら、すべての所得階層が単身者世帯のケースについて推計する方法も考えられる。

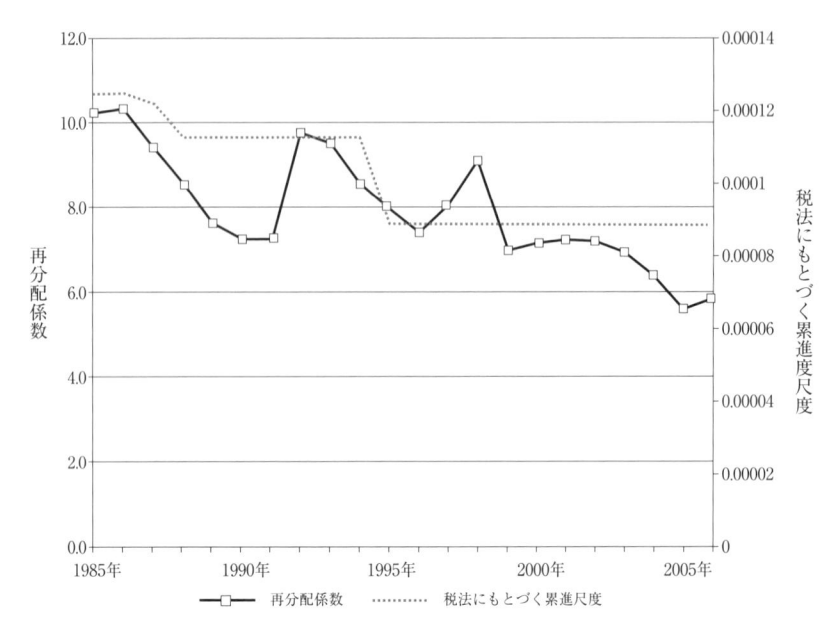

出所:『税務統計からみた申告所得税の実態』各年版より作成。
図6-6　再分配係数と税法にもとづく累進度の推移

られる。これは、バブル期の景気拡大に伴い、課税前の所得格差が拡大してきたことを示している。1991年から2002年にかけては、一転して、ジニ係数の低下傾向が見られる。これは、バブル崩壊後の平成不況の期間に、高所得層の所得低下により、所得格差が縮小したことで説明できる。2003年から2006年までの期間については、再び課税前ジニ係数の上昇傾向が見られる。このジニ係数の上昇傾向が、小泉政権下での所得格差拡大として、マスコミ等で批判されていたわけだ。このジニ係数での不平等化も基本的には2003年以降の景気拡大の影響を受けていると考えられる[17]。

図6-6は、申告所得者全体について、再分配係数と税法にもとづく累進度の推移を描いたものだ。税法にもとづく累進度尺度は、1986年から1989年にか

---

17) 近年の不平等化の原因としては、高齢化や核家族化なども原因として考えられている。詳しくは、大竹（2005）を参照されたい。

けておこなわれた累進税率表の緩和に伴い低下している。その後は1995年度改正に伴い低下しているが、1999年度改正は累進度に影響を与えていない。1999年度改正は、最高税率を50％から40％に引き下げたものだが、50％の最高税率が適用されていた課税所得の区分は、3,000万円超であり、適用されていた納税者は、ごく少数に限られており、申告所得者全体の累進度にほとんど影響を与えなかったことになる。この税率表のフラット化への改正が、再分配効果を低下させたか否かは、税法による累進度尺度の動きと再分配係数の動きを比較対照することで検証できる。1986年から1989年への累進税率表の緩和は、再分配係数の低下をもたらしており、フラット化が再分配効果を低下させたといえる。しかし、1989年から1991年にかけての再分配係数の低下は、税率表のフラット化がその原因とは言えない。1995年度改正については、累進税率表の緩和が再分配係数を低下させていることがわかる。1995年度改正では、限界税率の刻み、水準については固定されているが、課税所得の区分が大幅に引き上げられている。特に、30％が適用される課税所得の区分が1,000万円から1,800万円へ、40％が適用される課税所得の区分が2,000万円から3,000万円へ引き上げられている。1996年以降については、税法にもとづく累進度は横ばいであるのに対して、再分配係数は低下している。したがって、この間の再分配効果の低下もフラット化の影響とは言えないことになる。

　それでは、バブル期と2003年以降の景気拡大期間に見られる再分配効果の低下は、いかなる原因で説明できるのであろうか。景気拡大期間には、名目所得が上昇し、より高い税率区分に押し上げられる**ブラケット・クリープ**が発生する。ブラケット・クリープは、適用される限界税率の上昇により累進度強化の方向に働くはずである。しかし、図6-6の再分配係数は逆に低下している。これは、景気拡大期間における給与所得の累進度強化の効果よりも、利子、配当、譲渡所得などの資産性所得の拡大による再分配効果の低下が上回ることを示唆するものだ。利子所得は、抜本的税制改革以降、原則として20％の一律分離課税が適用されている。配当所得、株式の譲渡所得に関しては、株式投資促進のため10％の申告分離課税となってきた[18]。景気拡大期間の株価の上昇は、これらの分離課税の対象となる資産性所得を高所得層に集中的に増大させ、実

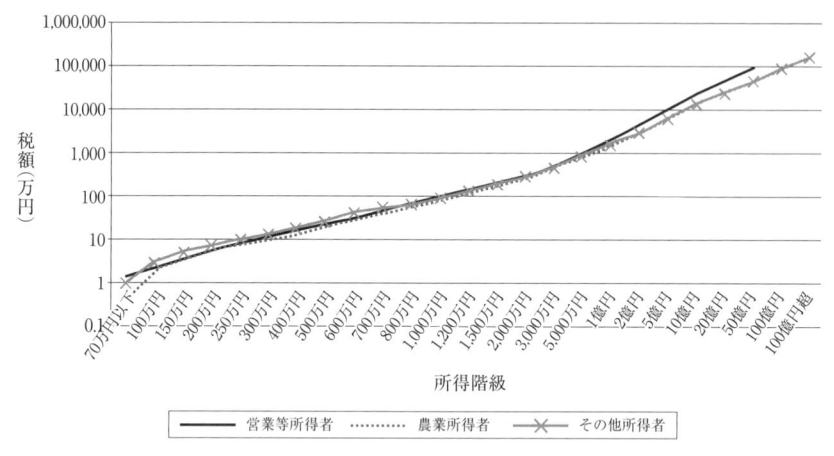

図6-7 所得者別所得階級別税負担

備考:縦軸は対数目盛である。
出所:『税務統計から見た申告所得税の実態(平成18年)』より作成。

効的な累進度を低下させることになるわけだ。

次に、所得者別の累進度の比較をおこなう。分析対象とした年は、1985年、1989年、2006年である。1985年は、抜本税制改革前の税率表のもとでの累進度、1989年は抜本税制改革後の税率表のもとでの累進度、2006年は、推計時点での直近の累進度を測定することができる。

図6-7は、2006年の所得者別所得階級別の税負担を描いたものである。所得者別では、その他所得者、営業等所得者の方が農業所得者よりも高い所得を得ている人が多い。所得階級1億円超の税負担を見ると、営業等所得者の税負担の方がその他所得者の税負担よりも高くなっている。これは、その他所得者の方が、総合課税の対象となる所得が少ないことによるものだと考えられる。逆に、所得階級200万円以下のところでは、その他所得者の税負担額の方が農業所得者、営業等所得者よりも高くなる傾向が見られる。低所得層では逆に総合課税の対象となる所得が多い方が税負担が軽くなるからである。

18) 本則では20%の申告分離課税であるが、特例として10%の優遇税率が2012年現在でも適用されている。詳しくは、本書の第13章を参照されたい。

122

表6-1 所得者別の再分配効果

	営業等所得者			農業所得者			その他事業所得者			その他所得者		
	課税前ジニ係数	課税後ジニ係数	再分配係数	課税前ジニ係数	課税後ジニ係数	再分配係数	課税前ジニ係数	課税後ジニ係数	再分配係数	課税前ジニ係数	課税後ジニ係数	再分配係数
1985年	0.334	0.309	7.4	0.290	0.280	3.7	0.641	0.553	13.7	0.520	0.472	9.2
1989年	0.369	0.341	7.7	0.316	0.304	3.8	0.618	0.547	11.4	0.607	0.566	6.7
2006年	0.503	0.465	7.7	0.361	0.351	2.9				0.577	0.545	5.6

出所：『税務統計から見た申告所得税の実態』各年版より作成。

　このような所得者別の税負担の違いを再分配効果の違いとして見ているのが、表6-1である。表6-1には、所得者別に、課税前、課税後ジニ係数、再分配係数の値が示されている。1985年時点では、その他事業所得者の再分配係数が最も高くなっていることがわかる。このその他事業所得者には、弁護士、医師などの高所得層の営業等所得者が含まれている。これらのその他事業所得者の所得は、総合課税の対象となるため、高い再分配効果を持っていたわけだ。その他事業所得者という分類区分は、1989年までは利用可能である。1985年と1989年のその他事業所得者の再分配係数を比較すると、1989年の方が低くなっていることがわかる。これは、累進税率表緩和による効果で説明できる。

　2006年のデータでは、所得者の区分は、営業等所得者、農業所得者、その他所得者の3区分となっている。区分が変更されたため、1985年、1989年との比較ができないため、所得者別の比較のみをおこなうことにしよう。再分配効果が最も高いのは、営業等所得者となっている。営業等所得者の再分配効果が高いのは、事業所得が総合課税の対象となり、図6-7でわかるように、農業所得者よりも高所得層に納税者が存在するからだ。農業所得者の再分配係数が低いのは、課税前、課税後ジニ係数の水準が低いことからわかるように、所得格差が小さく、累進税率表の効果が小さくなるためである。営業等所得者とその他所得者の比較では、再分配効果は営業等所得者の方が大きくなっている。課税前、課税後のジニ係数の水準自体は、その他所得者の方が大きく、その他所得者間の所得格差は大きい。所得格差が大きいにもかかわらず、その他所得者

については、累進税率表の持つ再分配効果が発揮されていない。これは、その他所得者の方が、総合課税の対象となる所得の割合が小さいためと考えられる。

(3) 再分配効果の分解

以下では、再分配尺度として、タイル尺度を利用した分析を行う。タイル尺度は、分析対象の所得分布をいくつかのグループに分割することで、グループ別およびグループ間の不平等度が、全体の不平等度にどのように影響しているかという、寄与度分解が容易であるという点で優れている。

まず、タイル尺度 T は、総所得を1に基準化したシェアの所得分布 $s = (s_1, \cdots, s_n)$ に対して、

$$T = \sum_{i=1}^{n} s_i \ln n s_i \qquad (6-8)$$

と定義される。ただし、全データの合計である総所得で家計 i の所得を除算したものが s_i であり、s_i は第 i 家計の所得のシェアとする。タイル尺度は、0 ならば完全平等、1 ならば完全不平等を意味する。

このタイル尺度は、全体の所得分布をいくつかのグループに分解し、それぞれのグループ内のタイル尺度とそれぞれの寄与度から、全体の所得分布についてのタイル尺度が説明できることが知られている。寄与度とは、ある変数の変動に対して、各要因がどれだけ影響しているかを表すものである。

そこで、このタイル尺度を利用して、村山税制改革による再分配効果を計測した橋本・上村（1997b）を例として、タイル尺度による再分配効果の計測方法について説明しよう。橋本・上村（1997b）は、所得階層を低所得階層、中（下）所得階層、中（上）所得階層、高所得階層の4つのグループに分解している。したがって、全体のタイル尺度は、低所得階層に属する世帯の所得が総所得に占める比率を W_L、中（下）所得階層および中（上）所得階層に属する世帯の所得が総所得に占める比率をそれぞれ W_{LM} と W_{UM}、高所得階層に属する世帯の所得が総所得に占める比率を W_H とし、低所得階層内部のタイル尺度を $T(L)$、中（下）所得階層および中（上）所得階層内部のタイル尺度をそれぞれ $T(LM)$ と $T(UM)$、高所得階層内部のタイル尺度を $T(H)$、各グループ間

のタイル尺度（グループ間寄与度）を $T(L, LM, UM, H)$ とおくと、

$$T = W_L T(L) + W_{LM} T(LM) + W_{UM} T(UM) + W_H T(H) + T(L, LM, UM, H) \quad (6-9)$$

と表されることになる。ただし、グループ間のタイル尺度は、低所得階層、中（下）所得階層、中（上）所得階層、高所得階層のそれぞれについて、平均所得と世帯数分布を求めることで計算される。また、低所得階層、中（下）所得階層、中（上）所得階層、高所得階層のタイル尺度が全体のタイル尺度に及ぼす寄与度は、各グループのタイル尺度にそれぞれのウェイト W をかけたものに等しくなる。

表6-2は、橋本・上村（1997b）に掲載されているタイル尺度の寄与度分解である。この表では、ケース2：給与収入マイナス改革前所得税負担額と、ケース3：給与収入マイナス改革後所得税負担額について、所得階層を低所得階層、中（下）所得階層、中（上）所得階層、高所得階層に分割したうえで、タイル尺度の寄与度分解が行われている。表をみると、各所得階層ごとにタイ

表6-2 タイル尺度の所得階層への寄与度分解とその変化率

	世帯数	改革前（ケース2）			改革後（ケース3）			タイル尺度変化率（％）
		タイル尺度	ウェイト	寄与度	タイル尺度	ウェイト	寄与度	
低所得階層	321	0.0141	0.2339	0.0033	0.0142	0.2329	0.0033	0.6980
中(下)所得階層	402	0.0040	0.4127	0.0016	0.0041	0.4120	0.0017	2.7117
中(上)所得階層	192	0.0040	0.2590	0.0010	0.0040	0.2596	0.0010	0.0582
高所得階層	50	0.0077	0.0944	0.0007	0.0081	0.0954	0.0008	4.5739
所得階層合計	965		1	0.0067		1	0.0068	
グループ間		0.0387		0.0387	0.0398		0.0398	2.8794
合計		0.0454		0.0454	0.0466		0.0466	2.6657

備考1：低所得階層500万円未満、中（下）所得階層500～700万円、中（上）所得階層700～1,000万円、高所得階層1,000万円超
備考2：タイル尺度変化率（％）＝100×（改革後タイル尺度−改革前タイル尺度）／改革前タイル尺度
出所：橋本・上村（1997b）p.12引用。

ル尺度にそれぞれのウェイトを乗じると寄与度が計算できること、全体のタイル尺度が寄与度に分解できることが示されている。

6.2 課税最低限の見直しについて

課税最低限の水準については、抜本的税制改革以降の改革論議のなかで、日本の所得税の課税最低限の水準は諸外国に比べると高すぎるとされてきた。表6-3は、財務省による課税最低限の国際比較の推移をまとめたものである。実は、2007年時点で夫婦子供2人の世帯の課税最低限を日本円に換算して比較すると、日本の325万円は、アメリカ（401.3万円）、イギリス（423.4万円）、ドイツ（558.2万円）、フランス（460.0万円）のいずれの水準よりも低くなっていることがわかる。

ただし、その原因は、近年において円安・デフレが進行したのに対して、諸外国ではデフレ脱却に成功し、物価上昇に伴い課税最低限が引き上げられてきたことによるものである。図6-8は、名目値と実質値の双方で、日米の課税最低限の推移を比較したものである。名目値での比較では2007年現在の課税最

表6-3 課税最低限の推移

(単位：万円)

		2000年	2001年	2002年	2003年	2004年	2005年	2006年	2007年
独身	日本	110.7	114.4	114.4	114.4	114.4	114.4	114.4	114.4
	アメリカ	80.6	80.4	93.9	94.3	91.4	89.3	95.4	102.3
	イギリス	78.0	69.7	78.9	85.8	168.7	180.1	188.7	210.3
	ドイツ	116.9	99.0	111.9	123.3	141.8	133.9	135.9	149.1
	フランス	134.4	126.4	147.2	167.4	194.9	205.2	212.0	241.9
夫婦子供2人	日本	368.4	384.2	384.2	325.0	325.0	325.0	325.0	325.0
	アメリカ	245.0	243.3	315.3	316.4	369.1	357.5	378.5	401.3
	イギリス	113.5	69.7	137.8	150.0	326.8	359.3	376.7	423.4
	ドイツ	384.9	327.8	383.3	422.3	491.8	500.7	508.1	558.2
	フランス	294.3	262.0	298.1	338.5	386.9	402.9	410.7	460.0
	1ドル	112円	108円	122円	121円	115円	109円	113円	117円
	1ポンド	180円	159円	174円	186円	189円	198円	201円	220円
	1ユーロ	–	–	108円	119円	132円	135円	137円	149円
	1マルク	77円	49円						
	1フラン	18円	15円						

出所：『財政金融統計月報（租税特集）』各年版。

第6章 所得税改革の課題

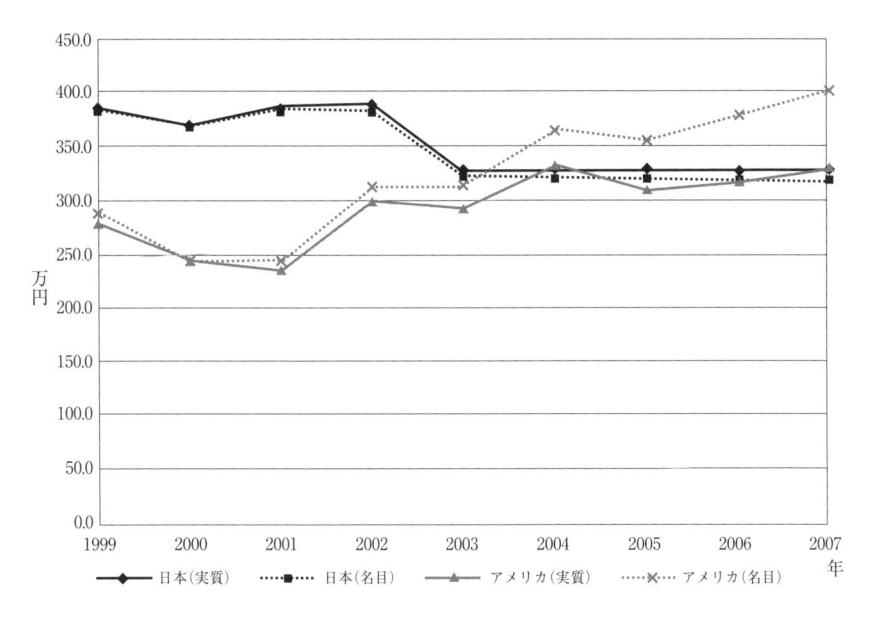

```
450.0
400.0
350.0
300.0
250.0
200.0
150.0
100.0
 50.0
  0.0
     1999  2000  2001  2002  2003  2004  2005  2006  2007
     ─◆─日本(実質)  ─■─日本(名目)  ─▲─アメリカ(実質)  ┄×┄アメリカ(名目)
```
万円／年

図6-8　課税最低限の日米比較（2000年価格で実質化）

低限はアメリカの方が高くなっているものの、2000年価格で実質化して比較してみると、日本とアメリカの課税最低限の水準は、ほぼ同じ水準となっていることがわかる。

　課税最低限の水準は、物価の変動にあわせて絶えず見直していく必要がある。インフレ時に課税最低限を据え置くことは、実質的な増税につながるからだ。そこで、課税最低限を構成する基礎的な要素である基礎控除について、抜本的税制改革以降の物価の変動に対応した水準で推移してきたか否かを確認したものが表6-4である。1985年時点の基礎控除の金額は33万円であったが、1989年に35万円に、1995年に38万円に引き上げられている。これに対して、消費者物価指数（CPI）の上昇率に応じて基礎控除の水準を決定していた場合には、1985年時点での基礎控除33万円は、どこまで引き上げるべきであったかをみたものが物価調整の必要額の数字である。たとえば1995年の38万円への引き上げは、物価調整の必要額が37.7万円であったことから、ほぼ妥当なものであった

表6-4 基礎控除の水準の推移

	基礎控除 （万円）	物価調整の 必要額（万円）	CPI
1985年	33	33.0	88.1
1986年	33	33.2	88.6
1987年	33	33.2	88.7
1988年	33	33.4	89.3
1989年	35	34.2	91.3
1990年	35	35.2	94.1
1991年	35	36.4	97.3
1992年	35	37.0	98.9
1993年	35	37.5	100.2
1994年	35	37.8	100.8
1995年	38	37.7	100.7
1996年	38	37.8	100.8
1997年	38	38.5	102.7
1998年	38	38.7	103.3
1999年	38	38.6	103.0
2000年	38	38.3	102.2
2001年	38	38.0	101.5
2002年	38	37.7	100.6
2003年	38	37.6	100.3
2004年	38	37.6	100.3
2005年	38	37.5	100.0
2006年	38	37.6	100.3

ことがわかる。この表からは、1985年から2006年までの基礎控除の引き上げは、ほぼ物価調整の範囲内におさまるものであったことがわかる。

　課税最低限の水準が妥当なものかどうかを判断するためには、諸外国との比較だけでなく、所与の課税最低限の水準での納税者比率にも注目すべきだ。日本の給与所得の納税者比率は、1986年が89.4％であったものが2005年には、85.7％まで低下している。これらの状況を考えると、所得税の税率構造の見直しにあたっては、課税最低限の水準については現状維持が望ましいと考えられる。

6.3　給与所得控除の改革

次に、財務省の定義において、サラリーマンについての課税最低限を構成する**給与所得控除**の水準についても検討しよう。

表6-5　給与所得にかかる経費

所得階級	勤め先収入	経費	比率
第Ⅰ階級	309.7万円	22.7万円	8.9%
第Ⅱ階級	438.1万円	33.5万円	7.6%
第Ⅲ階級	540.8万円	40.3万円	7.5%
第Ⅳ階級	684.1万円	48.2万円	7.0%
第Ⅴ階級	997.3万円	60.0万円	6.0%

出所：『家計調査年報』2006年より推計。

　この給与所得控除の性格は、第3章で説明したように、給与所得に対する概算経費として解釈すべきである[19]。給与所得控除をサラリーマンの概算必要経費とした場合の問題点は、その水準が高すぎることにある[20]。

　表6-5は、『家計調査年報』の勤労者世帯のデータを用いて、年間収入階級別の経費率を求めたものである[21]。経費項目としては、背広服、郵便料、男子ワイシャツ、電話通信料（固定・移動）、教養的月謝、ネクタイ、パソコン、理髪料、男子靴下、新聞、腕時計、男子靴、交際費（贈与金を含む）とした。これは現行税法のもとで特定支出控除として認められている範囲を大幅に超えるものとなっている。したがってここでの経費の概念は、財務省が認めて

---

19) 2011年の税制改正大綱では、給与所得控除を経費の概算控除と他の所得との負担調整に分割する考え方への回帰が見られた。詳しくは、橋本・鈴木（2011a）を参照されたい。

20) 林宏昭（1996）は、家計調査による経費の推計では、給与収入に対する経費の割合は7％〜8％程度に対して、給与所得控除は25〜30％、給与所得控除を概算で決定する際の比率は10％程度が妥当だとしている。

21) 経費に含まれる項目は、林（2002a）「所得税の課税単位と課税最低限」『どう臨む、財政危機下の税制改革』清文社，第5章，p.120の表5-3の備考を参考にした。

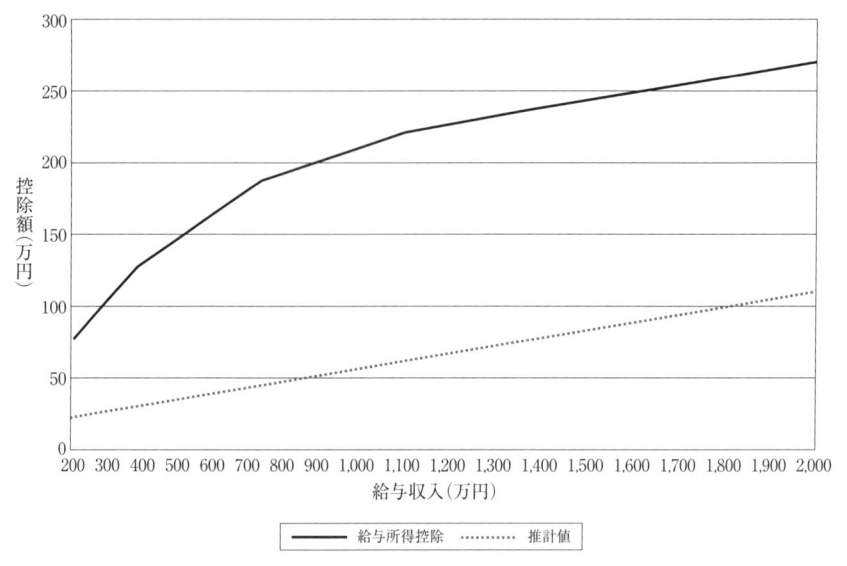

図6-9　給与収入階級別の給与所得控除額とサラリーマンの必要経費

いるものよりもかなり広いことに注意されたい。この表によると、経費率は約6％～9％にすぎない。

収入階級別に得られた経費については、最小自乗法により最低控除額と経費関数の傾きを求めた。推計結果は以下の通りとなった。括弧内の数値はt値である。

$$経費 = 0.047766（勤め先収入） + 13.56121 \quad \overline{R^2} = 0.985$$
$$(7.103) \quad\quad\quad\quad (15.991)$$

図6-9は、各収入階級別の収入と経費率の関係に近似線をあてはめたサラリーマンの必要経費の推計値と、現行税法のもとでの給与所得控除の水準を比較したものである。図からは、現行の水準が高すぎることが読み取れる。給与所得控除については、定額控除と比例部分に簡素化したうえで水準を引き下げるべきだろう[22]。この水準の引き下げは、かならずしも増税を意味しない。

22）このような主張は、宮島（1986）、藤田（1992）においてもおこなわれている。

現行税制のもとで、この給与所得控除を上回る納税者は特定支出控除という実額控除の選択が可能であるので、実際の必要経費が概算経費を上回る個人については、申告すればよい。給与所得控除の引き下げは、特定支出控除選択による確定申告を促進することにもつながる。ただし、給与所得控除の引き下げにあたっては、事業所得に関する必要経費算定の厳格化も必要である。事業所得の必要経費については、自家用車のガソリン代を事業所得の必要経費に含めるなど、経費の水増しの実態がサラリーマンとの間の不公平感を生んでいるからである。

6.4　その他の所得控除の見直し

次に所得控除の見直しの方向性について議論しよう。表6-6は、申告所得税におけるその他の所得控除の一人あたり控除額、所得控除総額に占めるシェアを示したものである。所得控除総額に占めるシェアは、**社会保険料控除**が76.2%とそのほとんどを占めている。医療費控除の8.6%、**生命保険料控除**の7.2%がそれに続いている。生命保険料控除は、所得控除総額に占めるシェアが比較的高いものの、一人あたりの控除額は4.8万円と低い。これは、上限が5万円と低く設定されているためであり、それにもかかわらずシェアが高いのは、生命保険料の加入が国民全体に普及しているためである。

表6-6　申告所得税におけるその他の所得控除（平成17年）

	金額(百万円)	人員（人）	一人あたり控除額(万円)	シェア
雑損控除	4,832	11,952	40.4	0.1%
医療費控除	376,450	1,884,080	20.0	8.6%
社会保険料控除	3,337,780	7,770,155	43.0	76.2%
小規模企業共済等掛金控除	239,048	530,649	45.0	5.5%
生命保険料控除（一般）	317,607	6,629,487	4.8	7.2%
生命保険料控除（個人年金）	43,837	909,587	4.8	1.0%
損害保険料控除	36,138	5,131,854	0.7	0.8%
寄付金控除	26,889	156,346	17.2	0.6%

出所：『税務統計からみた申告所得税の実態』より作成。

このような現状からは、以下のようなことが指摘できる。課税ベース拡大を目指すなら社会保険料控除のあり方を議論することが最も重要である。わが国の年金税制は、拠出時非課税、運用時非課税、給付時課税を原則としているが、給付時においても、公的年金控除が適用されるため、十分な年金課税がおこなわれていない[23]。今後、社会保険料は、段階的に引き上げられていくことが決まっている。保険料の引き上げは、所得税収の減少を招く。包括的所得税の考え方のように、拠出時課税、運用時課税、給付時非課税という方法もある。つまり、社会保険料控除を廃止し、年金給付を非課税とする考え方もある。これらの基本的な考え方を整理したうえで、社会保険料のあり方を議論すべきだろう。

　課税ベース拡大の観点から社会保険料控除について、所得控除に占めるシェアが高い生命保険料控除については、一般の生命保険料と個人年金に関する部分を分けて議論すべきだ。一般の生命保険料控除は、国民への生命保険の普及を目指して政策的に設定された所得控除である。2006年時点の生命保険の普及率は87.5％にも達している[24]。生命保険料控除については、政策目的を達成したことから廃止が望ましい。一方、個人年金の保険料控除については、公的年金への信頼がゆらぐなかで、公的年金を補完する個人年金の重要性も考えると、むしろ限度額の引き上げを検討する余地があるだろう。ただし、個人年金の保険料控除については、社会保険料控除の課税方式と整合的な形で設定する必要があることに留意する必要がある。

6.5　給付付き税額控除

格差是正が取り沙汰されるなか、**給付付き税額控除**の導入に関する検討が進

---

[23] 公的年金控除については、2001年度改正において引き上げられたものの、2008年税制において、定額控除で50万円、定率控除で年金収入に対して360万円までの金額で25％、720万円までの金額で15％、720万円を超える金額で5％、最低控除額が70万円（65歳以上は120万円の控除）が利用できる。

[24] 『生命保険に関する全国実態調査平成18年度版（財団法人生命保険文化センター）』による。

められている。給付付き税額控除とは、**フリードマン**が提唱した**負の所得税**をその原型とし、所得税の課税に際して、所得税の納税額が税額控除を下回る納税者に対しては給付をおこなうものだ[25]。給付付き税額控除制度について政府税制調査会は、「課税最低限以下の者に対する公的給付の必要性について、社会保障政策の観点から、既存の給付や各種の低所得者対策との関係を踏まえて整理が行われる必要がある。また、資産保有状況等と関係なくある年の所得水準に基づいて給付することが適切か、財源をいかに確保するか、さらには、給付に当たって適正な支給の方策、とりわけ正確な所得の捕捉方法をどう担保するか、といった論点がある。」とし、諸外国の事例も参考にしながら検討を続けていくとしている[26]。給付付き税額控除については、民主党はさらに積極的に導入を提唱している。2008年12月24日に発表された民主党税制抜本改革アクションプログラムは、「所得再分配機能を高めていくためには所得控除を税額控除に替えるだけでなく、給付付き税額控除の導入を進める。」とし、給付付きの税額控除の具体案としては、「低所得者に対する生活支援」「消費税の逆進性緩和」「就労促進」の3つの政策目的に沿った制度の導入を提言している。「低所得者に対する生活支援」は、課税最低限以下で、生活保護の対象とならない低所得者に、基礎控除を給付付き税額控除におきかえるものだ。「消費税の逆進性緩和」は、年間の基礎的な消費支出に関する消費税負担を税額控除の対象とし、税額控除が負担額を上回る場合には給付をおこなうものだ。「就労促進」は、社会保障給付を受ける場合に、収入が増加しても手取りが増加するように、「給付付き税額控除」を活用するというものだ。ただし、まずは、給付額は社会保険料の負担額の範囲内とするともされている[27]。2008年12月12日に発表された自民党の税制改正大綱は、「最高税率や給与所得控除の上限の調整などで高所得者の税負担を引き上げる。給付付き税額控除の検討を含む総合的取り組みの中で中低所得者世帯の負担軽減を検討。」としており、

---

25) 負の所得税の詳しい説明は、橋本（2006）を参照されたい。
26) 政府税制調査会（2007）「抜本的な税制改革に向けた基本的考え方」p.15引用。
27) つまり、当面は、給付額は社会保険料と相殺する範囲にとどめ、還付はおこなわないということだ。

民主党と同様に給付付き税額控除の導入を検討対象として取りあげている。2008年12月24日に閣議決定された『持続可能な社会保障構築とその安定財源確保に向けた「中期プログラム」』は、「最高税率や給与所得控除の上限の調整等により高所得者の税負担を引き上げるとともに、給付付き税額控除の検討を含む歳出面も合わせた総合的取組の中で子育て等に配慮して中低所得者世帯の負担の軽減を検討する。」としている。

給付付き税額控除には、森信（2008a）に従えば、①**勤労税額控除**、②児童税額控除、③社会保険料負担軽減税額控除、④消費税逆進性対策税額控除の4類型が存在している。ここでは、所得税と社会保障給付制度を統合した制度としての勤労税額控除についてみていこう。

(1) 負の所得税のメカニズム

勤労税額控除は、基本的にはフリードマンが提唱した負の所得税のメカニズムを取り入れた制度として解釈できる。そこで、まず負の所得税のメカニズムを説明しよう。

図6-10の上の図には所得と所得税額の関係が、下の図には課税前所得と課税後所得の関係が描かれている。負の所得税システムのもとでは、社会保障給付システムと所得税は統合され、すべての世帯に対してタックス・クレジットが支給される。このタックス・クレジットは、課税最低限を上回る世帯に対しては、税額控除として機能し、課税最低限以下の世帯に対しては、（定額）補助金として機能する。

いま、限界税率をt、所得をY、タックス・クレジットをGとおくと負の所得税のもとでの税額Tは、

$$T = tY - G$$

で計算されることになる。このような税制のもとでは、図のように所得と税額の関係が、切片Gと傾きtで示される1次関数となる。この図のDは課税最低限である。課税最低限以下の納税者に対しては補助金が交付されることがわかる。所得がゼロの場合の補助金額はGとなり、所得が上昇するにつれて補

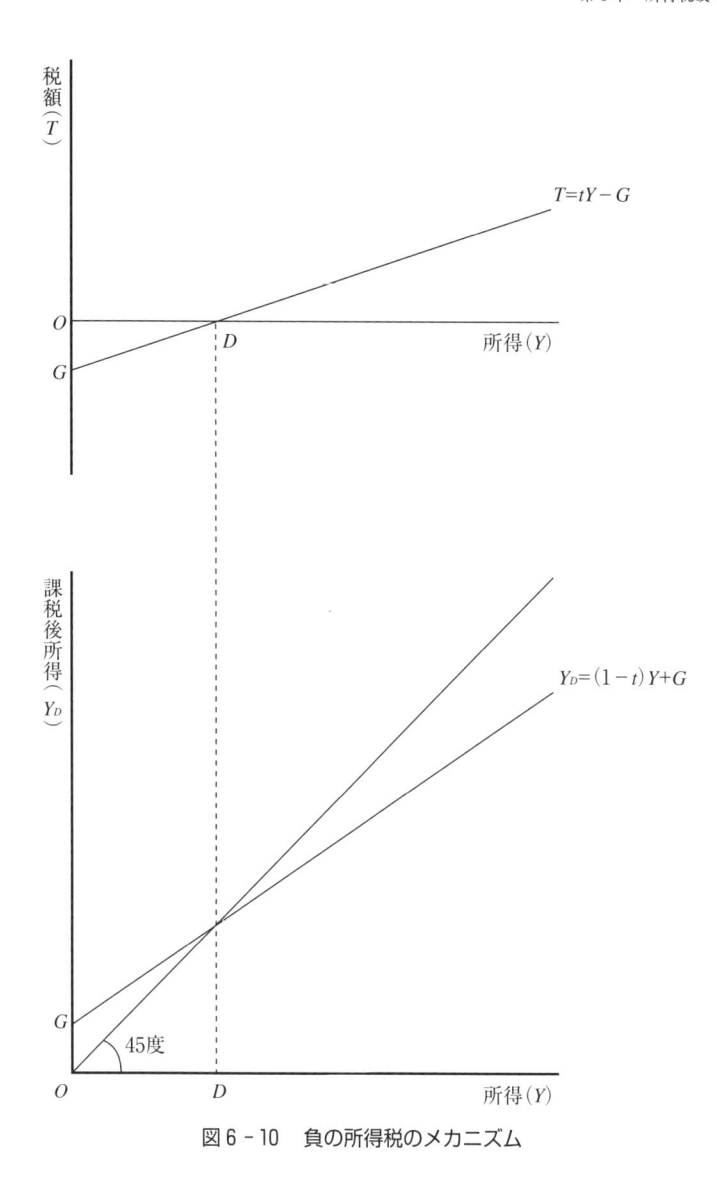

図6-10 負の所得税のメカニズム

助金額は一定の比率で減少していくことになる。

このようにして求められる所得と税額ないし補助金の関係を用いて、課税前の所得と課税後の所得の関係を示したものが図6-10の下の図である。税制

がない場合には、課税前の所得と課税後の所得は完全に一致することになる。そのような状況は、図の45度線で示されている。負の所得税が実施された場合には、課税最低限の水準より上では課税後所得が減少し、課税最低限の水準より下では課税後所得が上昇していることがわかる。課税後所得 Y_D は、課税前所得 Y から税額 T を差し引いたものであるので、

$$Y_D = Y - T$$
$$= Y - (tY - G)$$
$$= (1-t)Y + G$$

となる。

この負の所得税の最大の利点は、課税最低限以下の補助金を受け取っている人達の労働意欲を阻害しないところにある。図6-10に示されているように補助金額が一定の比率で徐々に減らされるので、課税前所得の上昇につれて課税後所得が必ず上昇するからである。

(2) 勤労税額控除

勤労税額控除の海外での代表的な導入事例としては、イギリスのWTC（Working Tax Credit）、アメリカのEITC（Earned Income Tax Credit）、韓国のEITCが挙げられる[28]。民主党のアクションプログラムでもイギリスの事例についての言及がなされている。そこで、以下ではイギリスの給付付き税額控除制度の概要とその評価についてまとめよう。

イギリスのWTCは、2003年にWFTC（Working Families' Tax Credit）をおきかえることで導入された。WFTCは、子供を持つ世帯について、育児支援と親の就労促進を目的としてはじまったものであるが、WTCは、子供なしの低所得世帯、障害者にもWFTCを拡大したものと位置付けられる。

表6-7はWTCの概要を示したものである[29]。WTCは週16時間以上の就

---

28) イギリス、アメリカ、韓国の導入事例については、森信（2008c）が詳しい。
29) イギリスでは、子供を持つ世帯には、CTC（Child Tax Credit）も存在する。詳しくは、木原・柵山（2006）を参照されたい。

表 6-7 WTC の概要（2008年）

主な内訳	控除額／年（£）
基礎控除額	1,800
家族を有する者に対する追加額	1,770
週30時間超の労働をする者に対する追加額	735
障害を持つ者への追加額	2,405
重度な障害を持つ者への追加額	1,020
50歳以上で再就職し、週16から29時間の労働をする者への追加額	1,235
50歳以上で再就職し、週30時間以上の労働をする者への追加額	1,840
適格養育費を支出した場合の控除額（Children element） ※ 使用額の80%（上限あり、右欄は上限額。）	子1人　175（週） 子2人以上300（週）

出所：イギリス大蔵省 http://www.hmrc.gov.uk/rates/taxcredits.htm より作成。

労が義務付けられている。また就労時間が週30時間以上になった場合は給付額が加算される。年間所得が6,420ポンドを超過すると、超過額の39%が削減される。

表6-8はイギリスの給付付き税額控除の経済効果について実証分析をおこなった研究結果をまとめたものである。給付付き税額控除が持つ雇用促進効果については、それほど大きくないという研究が存在する。Brewer（2007）は、1999年から2002年の1人親世帯の雇用は3.7%ポイントしか増加しておらず、当初期待されたほどの雇用促進効果は見られなかったとしている。Mulherin and Pisani（2008）も、給付付き税額控除の雇用促進効果は小さいとしている。一方、子育て支援策としては、ある程度有効だという研究がある。Brewer, Ratcliffe and Smith（2009）は、1999年から2003年にかけて子供への政府支出は50%増加しており、WFTCによって低教育層において15%出産が増加（45,000人、イギリスの年間出生者670,000人）としている。これらのイギリスでの実証研究からは、給付付き税額控除制度は、雇用促進策としてよりも、むしろ格差是正策、子育て支援策として有効な政策であることが示唆される。

表6-8 イギリスにおける給付付き税額控除に関する実証研究

	主要な結果
Brewer（2007）	雇用促進効果は期待以下。WFTCによって1人親世帯の雇用が5.1%ポイント増加すると見込まれていたが、実際は1999年から2002年にかけて3.7%ポイント増加。この政策によって22,000人の雇用が促進された程度。
Mulherin and Pisani（2008）	WTCは雇用へ小さい正の効果を持つ（WTC資格者の労働を2.4%ポイント引き上げた）。
Brewer, Ratcliffe and Smith（2009）	99年から03年にかけて子供への政府支出は50%増加した。WFTCによって低教育層において15%出産が増加（45,000人、イギリスの年間出生者670,000人）。

6.6 扶養控除の廃止と子ども手当の導入

2009年の民主党への政権交代の結果、子ども手当が2010年から支給され、その財源として、所得税の扶養控除のうち子ども手当の支給対象年齢部分が廃止されている。子ども手当は、社会保障給付の一種であるが給付付き税額控除の一種としても解釈できる。ただし、従来の税額控除は、所得税額を税額控除の金額が上回る場合に還付がなかったのに対して、子ども手当は所得税を納税していない場合でも受け取ることができるという特徴を持っている。扶養控除と子ども手当の違いは、この還付があるか否かだけではない。扶養控除は**所得控除**であり、子ども手当は**税額控除**である。所得控除は、課税所得を算出する際に適用されるもの、税額控除は累進税率表を適用したのちの税額から控除されるものという違いがある。累進税率表のもとでは、所得控除は適用限界税率が上昇する高所得者ほど節税効果が大きくなる。一方、税額控除では、累進税率表のもとでも、節税効果が所得に依存することなく常に一定となる。

次に、租税理論からみた扶養控除には、所得控除と税額控除のどちらが望ましいかに関する議論を紹介しよう。所得控除は課税最低限を構成する基礎控除、配偶者控除、扶養控除など人的控除に用いられてきた。これは、最低生活に必要な部分については課税対象からはずすという発想から実施されている措置である。一方、税額控除は、住宅取得控除に見られるように特定の政策目的で設置された控除に用いられてきた。ただし、寄付金控除のように特定の政策目的

で設置されているものであるにもかかわらず、所得控除方式が採られているものもある。寄付金控除に所得控除方式が採用されているのは、高所得層への節税効果が大きい所得控除方式を採用したほうが、寄付金促進の効果が大きいからだと考えられよう。

　ところが、近年、扶養割増控除や、年少者控除等が相次いで創設されたことが、人的控除の性格を複雑化してきた[30]。藤田（1992）も人的控除の内容は複雑であり、評価基準を設けて再検討するべきであると提言しており、所得控除と税額控除の選択に関しては、「その控除に期待される役割に応じておこなわれるべきである。」としている[31]。基本的な人的控除以外については、税額控除化すべきという意見は藤田（1992）以外にも見られる[32]。たとえば、林（2002a）は「基本的な人的控除以外は廃止して、福祉的な控除については所得条件を設定した上で税額控除化」すべきとしている[33]。

　扶養控除に関するいまひとつの論点は、税制面での扶養控除と社会保障面での児童手当という制度間での再分配政策の重複に関するものである。わが国では、子育て支援策の一環として児童手当の拡充が図られてきた。扶養控除を子育て支援策として位置づけるならば、所得控除という形での間接的な補助金（タックス・エクスペンディチャー）という形でなく、児童手当という直接的な補助金で行うべきだというものである。社会保障制度と税制の統合に関して森信（2002）は児童手当と扶養控除などは、税制による所得再分配と社会保障による再分配政策が重複しており、整理する必要があるとし、「配偶者控除や配偶者特別控除が廃止される場合には、扶養児童を持つ一定所得以下の世帯に対して、子供の数に応じて勤労税額控除を与えることが考えられる」としてい

---

30) ただし、年少者控除は2000年度改正において児童手当の拡充と引き替えに廃止された。
31) 藤田（1992）p.65引用。
32) 基礎的な人的控除についても税額控除化を主張する論者には八田（1994）が挙げられる。八田（1994）は人的控除を逆進的な補助と位置づけ、課税最低限を構成している所得控除の一部を廃止して、税額控除化するべきであるとしている。こうすることで、低所得者に対してはこれまで通りの税負担で高所得者に対しては増税を図ることができ、マクロでの増収を達成できるとしている。
33) 林（2002a）p.137引用。

る[34]。藤田（1992）も「児童に関する扶養控除は、社会保障面の児童手当と統合すべき」としている[35]。

したがって、扶養控除については、子育て支援策としての側面からは税額控除方式が、課税最低限の構成要素としての性格からは所得控除方式が望ましいと整理できよう。

6.7 課税単位について

表6-9は、**課税単位**の捉え方についての国際比較をおこなったものだ。**個人単位**（稼得者単位）での課税を行っている国としては、わが国以外にもイギリスが存在する。一方、**世帯単位**の課税を行っている国としては、ドイツ、アメリカ、フランスが存在する。ドイツは夫婦の所得を合算して、合計所得に対して累進税率表を適用し、算出された税額を均等に分割するという2分2乗を採用している。アメリカでは、独身者と夫婦での共同申告の場合で、異なる税率表が用意されている。世帯単位の課税の考え方も最も徹底しているのがフランスである。フランスでは、世帯の構成員すべての所得を合算し、累進税率表を適用し、算出された税額を構成員で分割するというn分n乗課税がおこなわれている。

このように、諸外国の制度をみても、世帯単位の課税と個人単位の課税が混在している。これらの課税方式のうちどれが望ましい制度と言えるのであろうか。そこで、個人単位の課税方式と世帯単位の課税方式を公平性と中立性の観点から整理した大田（1994）の議論を紹介しよう。表6-10は、課税方式の比較優劣を、主として、世帯間の公平性、個人間の公平性、結婚に対する中立性、就労に対する中立性の観点から整理したものである。

ここで公平性の基準Ⅰは、所得だけを担税力の指標にしたときであり、公平の基準Ⅱは、担税力の指標として消費面にも着目したケースとされている。また、公平の基準において片働き＞共働きとされているのは、片働き世帯は、専

---

34) 森信（2002）p.18引用。
35) 藤田（1992）p.83引用。

表6-9　課税単位の類型

類　型			考え方
個人単位			稼得者個人を課税単位とし、稼得者ごとに税率表を適用する。 （実施国……日本、イギリス）
夫婦単位又は世帯単位	合算分割課税	均等分割法 （2分2乗課税）	夫婦を課税単位として、夫婦の所得を合算し均等分割（2分2乗）課税を行う。この場合、独身者と夫婦に対して同一の税率表を適用する単一税率表制度と、異なる税率表を適用する複数税率表制度とがある。 （実施国……ドイツ（単一税率表）、アメリカ（複数税率表））
		不均等分割法 （n分n乗課税）	夫婦及び子供（家族）を課税単位とし、世帯員の所得を合算し、不均等分割（n分n乗）課税を行う。 （実施国……フランス（家族除数制度））
	合算非分割課税		夫婦を課税単位として、夫婦の所得を合算し、非分割課税を行う。妻の勤労所得について分割課税の選択が認められる。

(注) 1. イギリスは、1990年4月6日以降、合算非分割課税から個人単位の課税に移行した。
　　 2. アメリカ、ドイツでは、夫婦単位と個人単位との選択制をおこなっている。
　　 3. 諸外国における民法上の私有財産制度について
　　　 (1)アメリカ：連邦としては統一的な財産制は存在せず、財産制は各州の定めるところに委ねており、一般的にアングロサクソン系の州は夫婦別産制、ラテン系の州は夫婦共有財産制。
　　　 (2)イギリス：1882年の妻財産法（Married Woman's Property Act 1882）により、夫婦別産制を採用。
　　　 (3)ドイツ：原則別産制。財産管理は独立に行えるが、財産全体の処分には他方の同意が必要。
　　　 (4)フランス：財産に関する特段の契約なく婚姻するときは法定共通制（夫婦双方の共通財産と夫または妻の特有財産が並存する）。
出所：政府税制調査会提出資料。

表6-10　課税方式の比較

		個人単位	合算非分割	2分2乗	n分n乗
公平I	世帯間の公平性	×	○	○	○（世帯員が多いと有利）
	個人間の公平性	○	×（既婚者に不利）	×（単身者に不利）	×（単身者に不利）
	片働き＞共働き	○	×	×	×
公平II	単身者＝片働き	○	×	×	×
	被扶養者への配慮	×	×	×	○
中立	結婚への中立性	○	×（結婚へのペナルティ）	×（結婚へのギフト）	×（結婚へのギフト）
	就労への中立性	○	×	×	×

出所：大田弘子（1994）p.197引用。

業主婦の帰属所得を考慮すれば、共働き世帯よりも経済力が高くなるので、より重い税負担を課すべきだという見方を反映した基準である。被扶養者への配慮という基準は、合算すべき対象として、夫婦だけでなく被扶養者についても考慮しているかどうかを問うものとなっている。

この表でわかるように、世帯単位の課税と個人単位の課税を比較すると、公平性のなかで世帯間の公平性を重視する立場からは、世帯単位の課税が支持され、結婚に対する中立性、就労に対する中立性を重視するならば個人単位の課税が支持されることになる。

しかし、累進税率表のもとでは、結婚・就労に対する中立性を重視し、個人単位の課税をおこなう限りでは、世帯間の不公平が問題となる。この問題に対する最も簡単な解決策は、個人課税を基本とし、税率表のフラット化をおこなうことである。高齢化社会において、若年労働者の比率の減少をカバーするには、女性の社会進出が欠かせない。配偶者控除を廃止し、個人単位課税を貫徹することで、結婚・就労に対する中立性を回復することが可能となる。その一方で、個人単位課税のもとでの世帯間の税負担格差は、税率表のフラット化によって大幅に縮小されるであろう。

第 7 章　消費税課税制度

　日本の消費課税制度には、国税としての**消費税**、酒税、たばこ税、揮発油税、自動車重量税などと地方税としての**地方消費税**、地方たばこ税、自動車取得税、自動車税などが存在する。これらの消費課税のうち、消費税は、高齢化社会における財源調達手段として期待の大きな税目である。たばこ税（国税）、地方たばこ税（地方税）は、比較的増税への抵抗感が少ない税目として、何度も増税がおこなわれてきた税目である。揮発油税、自動車重量税、自動車所得税、自動車税は、自動車関連の税目であり、その多くが道路整備のための特定財源として活用されてきたものである。この章では、消費課税制度のなかで最も税収比率の高い消費税制度についてみていく。

7.1　消費課税制度の現状

　表7-1は、2011年度予算額における国税収入に占める消費課税（国税）の内訳を示したものだ。国税収入に占める消費課税全体の比率は39.5％に達している。消費課税の中では、最も税収構成比が高くなっているのが消費税の23.6％である。消費税以外の個別間接税は、合計でみても15.9％と消費税よりも低くなっている。個別間接税の中で税収の比率が高い税目としては、揮発油税等の6.8％、酒税3.1％、たばこ税等の2.2％、自動車重量税の1.7％が挙げられる。

　表7-2は、**直間比率**の推移をまとめたものである。この表では、国税と地方税の合計についての直間比率と国税、地方税それぞれの直間比率の推移をみることができる。国税については、1980年代後半には直接税の比率が70％台となっており、直接税中心の税体系となっていたことがわかる。1989年の消費税導入時点では、まだ直間比率は74.2％となっており、依然として直接税の比率

表7-1 消費課税の内訳（国税）

税目等	課税対象	平成23年度予算額	構成比
国税収入計	—	億円 432,309	% 100
消費課税計	—	170,679	39.5
消費税	資産の譲渡等	101,990	23.6
個別間接税計	—	68,689	15.9
酒税	酒類	13,480	3.1
たばこ税等	製造たばこ	9,422	2.2
揮発油税等	揮発油等	29,398	6.8
自動車重量税	検査自動車等	7,218	1.7
航空機燃料税	航空機燃料	591	0.1
電源開発促進税	一般電気事業者の販売電気	3,460	0.8
石油石炭税	原油等	5,120	1.2

備考：1. 上記の予算額には、一般会計分（409,270億円）の他、特別会計分を含む。
　　　2. 上記以外に「消費課税」に含まれるものとして、関税、とん税等があり、これら（税収8,353億円）を加えた場合の国税収入に占める消費課税の割合は41.4％となる。
出所：財務省ホームページ http://www.mof.go.jp/jouhou/syuzei/siryou/100.htm 引用。

が高くなっている。1997年に消費税率が引き上げられたことにより、国税の直接税の比率は63.4％まで低下している。その後は、消費税率は変わっていないものの平成不況下での所得税減税を反映して直接税の比率は徐々に低下している。一方、地方税については、一貫して直接税の比率は80％台を維持しており、直接税中心の税体系となっていることがわかる。国税＋地方税の直間比率は、国税における直接税比率の低下を反映して、徐々に直接税の比率が低下してきており、2010年時点には、直接税が67.7％、地方税が32.3％となっている。

表7-2 直間比率の推移（%）

	国税		地方税		国税＋地方税	
	直接税	間接税	直接税	間接税	直接税	間接税
1985年	72.8	27.2	85.6	14.4	77.6	22.4
1986年	73.1	26.9	85.4	14.6	77.6	22.4
1987年	73.3	26.7	85.9	14.1	77.9	22.1
1988年	73.2	26.8	86.5	13.5	78.1	21.9
1989年	74.2	25.8	89.4	10.6	79.6	20.4
1990年	73.7	26.3	89.9	10.1	79.3	20.7
1991年	73.3	26.7	90.2	9.8	79.3	20.7
1992年	70.7	29.3	89.9	10.1	77.9	22.1
1993年	69.4	30.6	89.7	10.3	76.9	23.1
1994年	66.6	33.4	88.1	11.9	74.7	25.3
1995年	66.1	33.9	88.0	12.0	74.4	25.6
1996年	65.3	34.7	88.2	11.8	74.2	25.8
1997年	63.4	36.6	86.9	13.1	72.6	27.4
1998年	59.3	40.7	82.6	17.4	68.9	31.1
1999年	57.2	42.8	82.4	17.6	67.7	32.3
2000年	61.3	38.7	83.0	17.0	70.0	30.0
2001年	59.5	40.5	83.4	16.6	69.4	30.6
2002年	56.3	43.7	82.8	17.2	67.4	32.6
2003年	56.1	43.9	82.6	17.4	67.2	32.8
2004年	58.2	41.8	82.4	17.6	68.1	31.9
2005年	60.3	39.7	83.3	16.7	69.5	30.5
2006年	61.9	38.1	83.8	16.2	70.7	29.3
2007年	61.4	38.6	85.7	14.3	71.9	28.1
2008年	57.7	42.3	86.3	13.7	71.0	29.0
2009年	51.9	48.1	85.3	14.7	67.6	32.4
2010年	53.5	46.5	84.7	15.3	67.7	32.3

備考：国税には特別会計分及び日本専売公社納付金を含み、平成20年度までは決算額、21年度は補正（第2号）後予算額、22年度は予算額によった。地方税は平成20年度までは決算額、21年度は実績見込額、22年度は見込額によった。
出所：財務省『財政金融統計月報』各年版より作成。

7.2　消費課税制度の変遷と仕組み

以下では消費税の税制改正の変遷と仕組みをみていこう。消費税制度の変遷をみることは、消費税の持つ課題を浮き彫りにすることにもつながる。

(1)　消費税制度の変遷

表7-3は、消費税導入以降の変遷をまとめたものだ。消費税は、1989年4月に税率3％で導入された。これは、竹下内閣による抜本的税制改革の一環として、所得税・個人住民税の減税との組み合わせで実施された。この消費税の導入は、中曽根内閣のめざした売上税導入を柱とする抜本的税制改革が挫折したことを教訓として、消費税導入への反対を弱める形でおこなわれた。

中曽根内閣での**売上税**は、税率を5％とするかわり、逆進性を緩和するために、食料品などを含め多くの非課税品目を設定していた。しかし、非課税品目については、イギリスで実施されているような**ゼロ税率**とは違い、非課税品目であっても仕入れに含まれる税額を控除できないという問題点を抱えていた。また売上税導入と所得税・住民税の減税という税制改革全体のパッケージとしては、税収中立型を採用していたため、所得階層間の税負担は低所得層において改革前よりも増大してしまうという点が批判を浴びたのだ[1]。

竹下内閣での消費税導入に際しては、これらの批判を考慮して、所得税・個人住民税の減税規模は、消費税率の増税規模を上回る減税超過型の税制改革であった。この減税超過型の税制改革をおこなうことで、所得階層別の税負担は税制改革前後でほぼすべての所得階層で減税となるように設計されたのである。さらに多くの非課税品目を設定したことが、かえって混乱を招いたという反省から、原則としてすべての財・サービスに課税することになった[2]。そのかわ

---

1) 所得階層間の税負担の変化については、数多くのシミュレーション分析がおこなわれていた。本間 (1986)、橋本 (1989)、林・橋本 (1987)、橋本 (1998) などを参照されたい。
2) 消費税においても、土地の取引など消費税になじまない取引や、社会保障診療などの社会保障、教育の一部などは非課税とされている。

表7-3 消費税改正の沿革

	消費税率等の概要	消費税における地方分の概要	国と地方の配分
1989年度改正	消費税を税率3％で導入。 免税点の適用上限3,000万円。 簡易課税制度の適用上限5億円、みなし仕入率（90％，80％の2区分）。 限界控除制度の適用上限6,000万円。 消費税の非課税範囲。 （課税対象にならないもの：土地の譲渡及び貸付け、有価証券、支払手段等の譲渡、貸付金等の利子、保険料等、郵便切手類、印紙等の譲渡、行政手数料等、国際郵便為替等、外国為替取引 社会政策的な配慮に基づくもの：医療保険各法等の医療、社会福祉事業法に規定する第一種社会福祉事業等、一定の学校の授業料、入学検定料）	消費譲与税創設（消費税収の5分の1、人口と従業員数で配分）。 交付税財源に消費税を追加→交付税率24％（税制改革（所得税、法人税減税、既存間接税の整理）にともなう減収補填のため）。	国　　　　60.8％ 地方　　　39.2％ 交付税経由　19.2％ 地方譲与税　20％
1991年度改正	簡易課税制度の適用上限を4億円に引き下げ、みなし仕入率を細分化（90％，80％，70％，60％の4区分）。 限界控除制度の適用上限を5,000万円に引き下げ。 消費税の非課税範囲拡大。 （第二種社会福祉事業及び社会福祉事業に類する事業、入学金、施設設備費、学籍証明等手数料、助産、埋葬料、火葬料、身体障害者用物品の譲渡、貸付け等、教科用図書の譲渡、住宅の貸付け）	同上	同上
1994年度改正 1997年度4月実施	消費税の税率を5％（国4％、地方1％）。 消費税の1％部分を地方消費税とし、消費譲与税は廃止。 資本金1,000万円以上の新設法人の免税点制度不適用（設立当初2年のみ）。 簡易課税制度適用上限を2億円に引き下げ、みなし仕入率を細分化（90％，80％，70％，60％，50％の5区分）。 限界控除制度廃止。	消費譲与税廃止、地方消費税創設（消費税収の25％、消費基準で配分）。 交付税率引き上げ24％→29.5％へ（消費税率引き上げと所得税・住民税減税への対応）。	国　　　　56.4％ 地方　　　43.6％ 交付税経由　23.6％ 地方消費税　20％
2003年度改正	免税点の上限を1,000万円に引き下げ簡易課税制度の適用上限を5,000万円に引き下げ。		

り、税率については売上税で想定していた5％から3％に引き下げることで低所得層の税負担の増大を抑制したのである。消費税の導入時には、事業者による反対を弱めるために、中小零細企業に対する特例措置として、「**免税点制度**」「**簡易課税制度**」「**限界控除制度**」が設定された。

　消費税には、表7-3に示したように、導入当初から地方分の税収が含まれていた。導入当初の地方分は、地方譲与税として創設された。これは消費税税収の5分の1を譲与税として地方に配分するものだ。配分基準は、人口と従業員数が採用されていた。この**消費譲与税**以外に、交付税財源に消費税が加えられ、消費税収の24％が交付税率として設定された。これにより消費税収の国と地方の配分は、国が60.8％、地方が39.2％とされた。

　消費税導入時に設定された、「免税点制度」「簡易課税制度」「限界控除制度」の3点セットは、消費者の支払った消費税の一部が国庫に納められず、事業者の利益となるいわゆる「**益税**」を生むという問題点が指摘されてきた。このような消費税の抱える問題点を縮小するために、1991年度改正では、簡易課税制度の適用上限を5億円から4億円に引き下げ、限界控除制度の適用上限を6,000万円から5,000万円に引き下げる措置がとられた。また消費税の非課税範囲の拡大もおこなわれた。

　その後の大きな改正は、1994年の村山内閣による税制改革である。村山税制改革は、景気対策としての所得税・個人住民税の先行減税と財源調達手段としての消費税率の引き上げをセットとしたものだった。消費税率の引き上げは、1997年4月から実施された。消費税率は、5％に引き上げられ、そのうち4％が国税に、1％相当分は消費譲与税にかわって導入された地方消費税分とされた。なお、地方消費税は、税法上は消費税収の25％とされており、将来的に消費税率を引き上げる際には自動的に地方の配分が増加する仕組みとなっている。地方消費税は、消費譲与税とちがい、消費基準で再配分することとされた。さらに、交付税財源となる消費税収の割合である交付税率も24％から29.5％へと引き上げられた。　消費税率の引き上げは、益税の規模を拡大することにもつながる。そこで、簡易課税制度の適用上限は2億円に引き下げられ、**みなし仕入率**は、業種毎の実態をふまえて、5区分に細分化された[3]。さらに、限界控

除制度は、廃止されることとなった。

　2003年度の改正では、中小事業者に対する特例措置がさらに縮小されることとなった。免税点の適用上限は、1,000万円まで引き下げられ、簡易課税制度の適用上限も5,000万円まで引き下げられた。

(2)　消費税の仕組み

　以下では、消費税の詳しい仕組みについて説明しよう。消費税は、図7-1に示しているように課税ベースの広い間接税の諸類型の中では、ヨーロッパ諸国と同様に**付加価値税**に分類される。日本の消費税もヨーロッパの付加価値税もともに、流通の各段階で課税される**多段階課税**に分類される。多段階課税には、付加価値税以外にも取引高税がある。取引高税は、単純に各段階の売上に税金をかけていくものである。しかし、**取引高税**は、**租税の累積**を生じてしまうという致命的な欠陥を持っている。たとえば、ある業者が税金が存在しない場合に1,000円で仕入れた商品を2,000円で販売しているとしよう。取引税が10％だとすると、この業者の仕入額は、税金分だけ膨らんで1,100円（＝1,000円×（1＋10％））となる。この事業者が課税前と同じ利益を確保しようとすると2,100円（＝1,000円×（1＋10％）＋1,000円）という税抜きの値札をつける必要がある。この2,100円には取引高税10％が課税されるため、税込みでは、2,310円（＝｛(1,000円×（1＋10％）＋1,000円｝×（1＋10％)))となる。この計算式では、（1＋10％）の税金にさらに（1＋10％）の税金が掛け合わされるわけだ。これが租税の累積である。

　一方、付加価値税は、このような租税の累積を防ぐために各流通段階での納税額の計算について、仕入に含まれている税額を差し引いて納税額を計算するものだ。租税の累積排除を帳簿上でおこなう方式が、日本で実施している**仕入控除方式（アカウント方式：帳簿方式）**であり、累積排除をインボイスと呼ばれる伝票を利用しておこなうものがヨーロッパで実施している**前段階税額控除**

3）実際の仕入よりも、みなし仕入率が高い場合には簡易課税制度を選択したほうが納税額が少なくなる。

```
・多段階課税 ─┬─ 付加価値税 ─┬─ 前段階税額控除方式（インボイス方式、伝票方式）
              │              └─ 仕入控除方式（アカウント方式、帳簿方式）
              └─ 取引高税
・単段階課税 ─┬─ 小売売上税
              ├─ 卸売売上税
              └─ 製造業者売上税
```

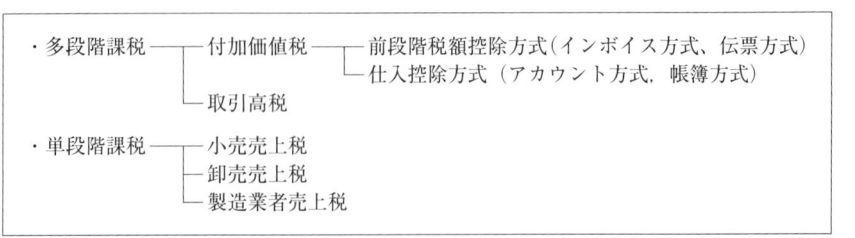

図7-1　課税ベースの広い間接税の諸類型

方式（インボイス方式：伝票方式）である。

　なお、課税ベースの広い間接税としては、多段階課税以外にも製造、卸、小売の流通のいずれかの段階でのみ課税する**単段階課税**もある。それぞれ製造業者売上税、卸売売上税、**小売売上税**と呼ばれている。小売売上税は、アメリカで州税として採用されている。実は地方税としては、付加価値税よりも、小売売上税のほうが優れている。地方税としての消費税は、その地域に住んでいる住民の負担とその地域で発生する税収が一致することが望ましい。だが、付加価値税では、商品の流通が複数の地域にまたがっておこなわれた場合に、その地域での税収額と消費者の負担額が異なってしまう。またアメリカのように、地域によって税率が異なる場合には、複雑な**国境税調整**の手続きが必要となってしまう。日本の地方消費税では、このような地方税として付加価値税を用いる場合の問題点を克服するために、前述したように国が一旦徴収し、各地域に消費基準に応じて再配分しているわけだ。

　日本で実施している消費税の具体的な仕組みは、図7-2で説明しよう。図には、消費税導入前後の取引状況が示されている。ある商品が記号Ａで表される製造業者から、中間のＢおよびＣの事業者を経由して消費者の手にわたるものとしよう。

　まず、Ａは自らの売上8,000円に税率5％をかけて、8,400円でＢに販売する。Ａの納税額は、売上に上乗せした売上税額400円から仕入に含まれている税額200円を差し引いた200円となる。Ｂは消費税導入前の売上価格10,000円に対して消費税として500円を上乗せする。Ｂの納税額は、売上に上乗せした売上税額500円から、仕入の際に前段階で支払われた税額（8,000円×5％＝400円）

を差し引いて、100円を納付する。この納税額は、Ｂの粗利益2,000円に税率5％をかけた金額に等しくなる。Ｃの納税額も同様にして計算される。各段階での売上に対する税の価格転嫁が完全におこなわれる限り、最終的に消費者の支払う価格は、消費税導入前の12,000円から税率5％分だけ上昇し、12,600円となる。

つまり各流通段階での事業者の納税額は、

納税額＝税込み売上額×5／105－税込み仕入額×5／105

という計算式にもとづいて帳簿上でおこなわれることになる。

この各段階での納税額の算定の仕組みは、EU型の付加価値税でもほぼ同じである。ただし、売上税額と仕入税額は帳簿上で計算するのではなく、取引に付随したインボイス（税額票）を用いておこなわれる。各事業者は、自分が発行するインボイスに記載した売上額から、自分が仕入れ先から受け取ったインボイスに記載されている仕入税額を差し引くことで納税額を求めることになる。インボイス方式では、商品毎に伝票をやりとりするという煩わしさはあるものの、計算自体は簡単であり、複数税率にも容易に対応できる。複数税率の場合でも、納税額の計算は、インボイスに記載している売上税額マイナス仕入税額で求めればよいからだ。また、インボイス方式の税務行政上のメリットとしては、売り手と買い手の双方がインボイスを発行するので、相互のインボイスをチェックすることで、各事業者の粗利益を税務当局が容易にチェックできることも挙げられる。

インボイス方式と帳簿方式では、中間段階において免税事業者が流通過程に存在する場合に大きな違いをもたらす。図7‐3は、帳簿方式のもとですべてが課税事業者の場合と卸売業が免税の場合の消費税の数値例を示したものだ。両者が扱っている商品が同一だと仮定すると、免税事業者であるＢは、課税事業者と同様の価格設定をおこなう可能性が高い。そこでこの数値例では、免税事業者であるＢも、課税事業者と同様に、消費税導入前の売上価格10,000円を5％だけ値上げするものと想定した。この場合だと免税事業者であるＢの粗利益は、2,100円となり、100円だけ増加することになる。この100円が「**益**

(単位：円)

消費税導入前の取引状況	A	B	C	小売価格
売上価格	8,000 —	10,000 —	12,000 ————	12,000
仕入価格	4,000	└ 8,000	└ 10,000	
粗利益	4,000	2,000	2,000	

消費税導入後の取引状況	A	B	C	小売価格
税込売上価格	8,400 —	10,500 —	12,600 ————	12,600
（売上税額）	400	500	600	税負担　600
税込仕入価格	4,200	└ 8,400	└ 10,500	
（仕入税額）	200	400	500	
納税額	200	100	100	税　収　600
粗利益	4,000	2,000	2,000	

図7-2　消費税の仕組み

(単位：円)

すべてが課税事業者のケース	A	B	C	小売価格
税込売上価格	8,400 —	10,500 —	12,600 ————	12,600
（売上税額）	400	500	600	税負担　600
税込仕入価格	4,200	└ 8,400	└ 10,500	
（仕入税額）	200	400	500	
納税額	200	100	100	税　収　600
粗利益	4,000	2,000	2,000	

Bが免税事業者のケース	A	B（免税事業者）	C	小売価格
税込売上価格	8,400 —	10,500 —	12,600 ————	12,600
（売上税額）	400		600	税負担　600
税込仕入価格	4,200	└ 8,400	└ 10,500	
（仕入税額）	200		500	
納税額	200	0	100	税　収　500
粗利益	4,000	2,100	2,000	

図7-3　帳簿方式のもとですべてが課税事業者の場合と卸売業者が免税の場合の消費税の数値例

(単位：円)

```
すべてが課税事業者のケース
                    A         B         C        小売価格
税込売上価格      8,400 ── 10,500 ── 12,600 ── 12,600
（売上税額）        400       500       600    税負担    00
税込仕入価格      4,200 ── 8,400 ── 10,500
（仕入税額）        200       400       500
納税額             200       100       100    税　収   600
粗利益           4,000     2,000     2,000

Bが免税事業者のケース
                    A     B（免税事業者）  C        小売価格
税込売上価格      8,400 ── 10,400 ── 12,600 ── 12,600
（売上税額）        400                 600    税負担   600
税込仕入価格      4,200 ── 8,400 ── 10,400
（仕入税額）        200                  0
納税額             200         0       600    税　収 1,000
粗利益           4,000     2,000     1,600
```

図7-4　インボイス方式のもとですべてが課税事業者の場合と卸売業者が免税の場合の付加価値税の数値例

税」となる。なお、免税事業者Bは消費税が導入された場合には、導入前と同じ10,000円という価格設定をおこなう可能性は低い。なぜなら、免税事業者であっても仕入価格が消費税分だけ上昇するものの、消費税における免税事業者には仕入税額の還付が認められていないからだ。したがって、免税事業者であってもある程度の値上げをしないと、仕入に含まれている消費税分だけ利益が減少してしまうことになる。

一方、インボイス方式のもとで、すべてが課税事業者の場合と卸売業者が免税の場合の付加価値税の数値例を示したものが図7-4である。インボイス方式のもとでの免税事業者は、インボイスを発行することができない。したがって小売業者Cは、Bよりインボイスを受け取ることができないので、Bが免税事業者であることが判別可能となる。Bは免税事業者であるため、付加価値税を納税する必要はないものの、仕入価格が付加価値税分だけ上昇するために、売上に仕入に含まれる税額を上乗せしなければ粗利益が減少してしまう。そこ

で8,400円に付加価値税導入前と同じ粗利益2,000円を加えて10,400円でＣに販売するものとした。すべての課税事業者のケースでのＢの販売価格より100円安い。次にＣは、この商品をすべてが課税事業者のケースでの販売価格と同じ12,600円という価格に設定するものとした。すべてが課税事業者の場合だと、同じ商品が12,600円で売られているために、同じ価格に設定せざるをえない。このときＣの納税額は、売上12,600円に実効税率5／105を乗じた600円となる。免税事業者との取引では、インボイスを受け取れないために仕入税額は控除できない。このため、粗利益は1,600円となり、400円だけ減少してしまう。消費者の支払う税負担は600円になるのに対して、国庫に納められる税収は1,000円となっており、消費者が支払った分以上の税収が発生している。現実には、小売業者Ｃは、このような選択をおこなうよりも、免税事業者との取引そのものを打ち切り、課税事業者からの仕入を選択する可能性が高い。つまり、インボイス方式のもとでの中間段階での免税事業者は、取引から排除されるわけだ。

　次に、簡易課税制度について説明しておこう。簡易課税制度とは、各事業者の帳簿上の売上だけで税額を計算するものであり、もともとはインボイス方式を採用しているヨーロッパ諸国で、インボイスによる集計の手間を省くために考案されたものである。

　図7-5は、簡易課税が適用される場合の納税額の計算方法をまとめたものだ。通常は売上高に税率をかけた額から仕入税額を控除して納税額を計算するのだが、この制度のもとでは仕入税額を売上税額の一定比率であるとみなすことになる。この図ではこのみなし仕入率が80％と想定している。図のケースでは、最終的に納税額は、売上高×1％に等しくなっている。この簡易課税制度のもとでは、現実のマージン率が税法で想定されている比率よりも高い場合には、「益税」が発生する。事業者には、簡易課税制度と本来の納税方式の選択が許されているために、簡易課税制度を選択するのは「益税」が発生するケースだと考えられる。

```
税額＝売上高×税率－みなし仕入税額
　　＝売上高×税率－売上高×税率×80％
　　＝(売上高－売上高×80％)×5％
　　＝売上高×20％×5％
　　＝売上高×1％
```

図7-5　簡易課税制度の仕組み

第 8 章　消費課税の理論

　この章では、消費課税の理論について紹介する。消費税は、しばしば効率性の点から優れていると主張されている。しかし、消費税も効率性を阻害しないわけではない。基礎的な課税の理論を整理しておくことは、改革の議論に役立つことになる。

8.1　課税の効率性

(1) 超過負担

　課税の効率性をはかる指標としては、**超過負担**（excess burden）が存在する[1]。課税の影響が他の市場に及ばない部分均衡を仮定したうえで、個別消費税が特定の財に課税される場合について、超過負担を説明したものが図8-1である。

　この図の AB は、需要曲線であり、CD は課税前の供給曲線である。需要曲線と課税前の供給曲線の交点 E で、市場均衡が成立している。このとき、AEP_0 の面積は、**消費者余剰**となる。消費者余剰とは、消費者が支払ってもよいと考える価格と実際に支払う価格の差である。CEP_0 の面積は**生産者余剰**となる。生産者余剰とは、生産者が売ってもよいと考える価格と実際に受け取る価格の差である。消費者余剰と生産者余剰の合計は、**総余剰**と呼ばれている。

　いま、**従量税**が課税されると、供給曲線は $C'D'$ に平行に移動することになる。課税後の市場均衡は、需要曲線と課税後の供給曲線 $C'D'$ の交点 F で与えられる。従量税が課税されると消費者余剰は、AFP_1 に減少する。生産者余剰

1）死重損失（deadweight loss）とも呼ばれている。

図8-1 課税の超過負担

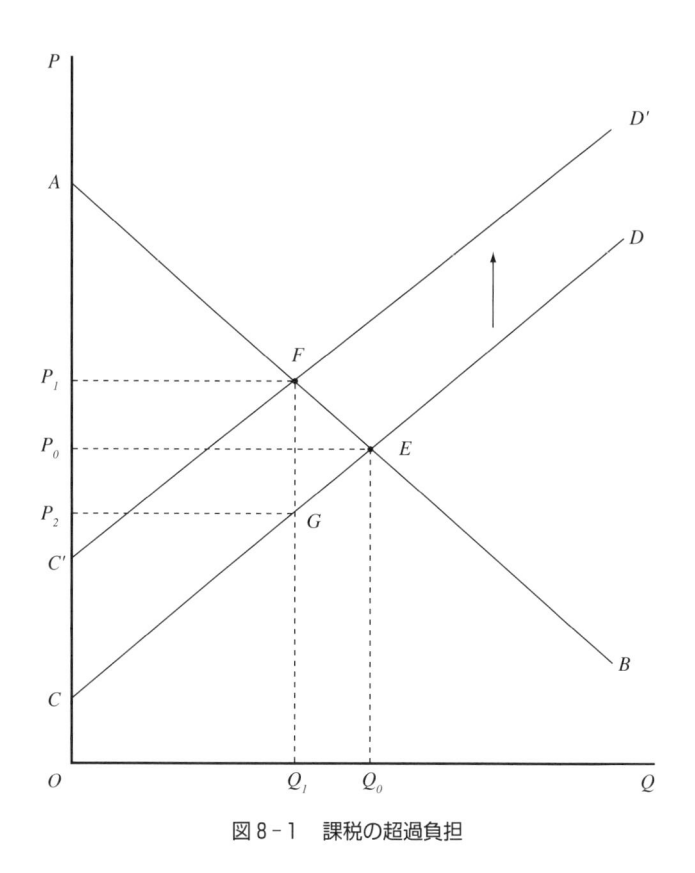

も、CGP_2 に減少する。このような減少のうち、P_1FGP_2 の部分は政府の税収に等しい。EFG の部分は、消費者余剰、生産者余剰、税収のいずれにも属さない部分であり、超過負担と呼ばれている[2]。

この超過負担の大きさは、需要曲線と供給曲線の傾きに依存して決まること

---

2) 超過負担を計測する場合の需要曲線は、通常の需要曲線でなく、補償された需要曲線を使うことが望ましい。補償された需要曲線は、通常の需要曲線と異なり、価格と所得が変化しても同じ効用水準が得られるような所得補償をおこなった場合の需要曲線である。補償された需要曲線と通常の需要曲線の違いの詳細については、標準的なミクロ経済学のテキストを参照されたい。

になる。仮に需要曲線が完全に垂直、すなわち非弾力的なものであれば、課税により供給曲線が上方にシフトした場合、超過負担は全く生じないことになる。したがって、必需品のように課税により価格が上昇しても購入をやめるわけにはいかない財（需要の価格弾力性が低い財）に課税したほうが、超過負担は小さくなり、奢侈品のように課税により価格が上昇すると購入を差し控えることができる財（需要の価格弾力性が高い財）に課税したほうが超過負担は大きくなる。

(2) 一般消費税と個別消費税

わが国の消費税は、原則としてすべての財・サービスに対して、均一税率で課税している。効率性の観点からは、均一課税のほうが望ましいのであろうか[3]。簡単な無差別曲線を用いた分析では、個別消費税と一般消費税を比較した場合、一般消費税のほうが資源配分に対して中立的であり、超過負担を生じないという結果が得られる。

図8-2は、X財とY財の2財のみが存在するとき、X財のみに個別消費税を課税するケースと、X財とY財の双方に一般消費税を課税するケースを比較したものだ。まず、課税前の予算制約線は、ABで示され、消費者の効用はg点で最大化されているものとしよう。いま、X財のみに個別消費税が課税された場合には、予算制約線はACのように回転することになる。課税後の予算制約ACと無差別曲線との接点はeとなり、効用水準は低下する。次に個別消費税と同額の税収を得られるような一般消費税課税後の予算制約線を考える。これは、e点を通り、課税前の予算制約ABに平行な予算線EFとして描かれることになる[4]。この一般消費税課税後の予算制約線と無差別曲線との接点はfとなり、個別消費税課税後の効用水準よりも、より高い効用水準を示す無差別曲線上に位置することがわかる。この図では、一般消費税は、予算制約線を平

---

3) 効率性の観点から均一税率が望ましくなる条件については、井堀（2003）が理論的な説明をおこなっている。

4) これは、標準的なミクロ経済学のテキストにおいて、所得効果と代替効果の分離について説明するときに使われる図とは少し異なる。

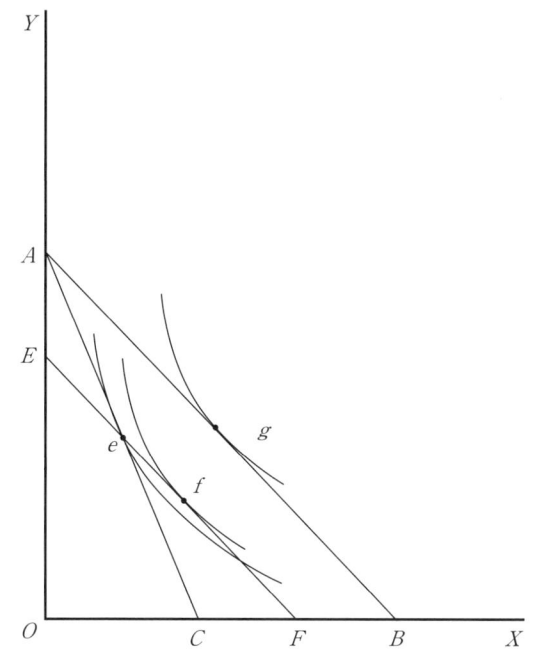

図 8-2　無差別曲線を用いた一般消費税と個別消費税の比較

行移動させる「**所得効果**」のみを生じており、超過負担を発生させないことになるわけだ。

このような単純なケースにおいては、一般消費税は超過負担を発生させないことになるが、この結論は限定的なものであることに注意しなければならない。実は、所得税、消費税などの通常の財・サービスへの課税は、需要の価格弾力性がゼロという特殊な状況を除けば、かならず何らかの資源配分上の歪み、超過負担をもたらすことになる。超過負担をもたらさない税としては、**ランプサム・タックス**しか存在しない。ランプサム・タックスとは、政府が各家計の能力をすべて把握できる状況において、その能力に応じて定額の税を課すものであり、ひずみを生じる通常の課税方式との比較に使用するための仮想的な税と考えてよい[5]。図 8-2 では、一般消費税が定額税と同様に所得効果のみを発生させているが、これは社会に X 財と Y 財の 2 財のみしか存在せず、その両

方の財に均等に課税すると仮定したためである。現実には、一般消費税は余暇に課税していないという意味で、すべての財に課税しておらず、超過負担を発生させることになる。

　複数の財が存在する場合に、超過負担を最小化するような課税ルールとしては、有名な**ラムゼー・ルール**が存在する。ラムゼー・ルールは、1927年のラムゼーの最適間接税に関する論文において提唱されたものである。ラムゼーは、代表的家計の存在を仮定することで、所得分配の問題を捨象し、一定の政府の税収を調達するために、各財の間接税の税率をどのように設定すれば、社会的厚生が最大化されるかを分析した。ラムゼーの導出したルールは、**逆弾力性命題**とも呼ばれるものであり、需要の価格弾力性が小さな財に重課し、需要の価格弾力性が大きな財に軽課することで、超過負担を最小化できるというものだ。このルールは、図8-1の超過負担の大きさが需要曲線の傾きに依存していることで容易に確認できよう。

　ラムゼーは、単純化のために、代表的家計という仮定をおいていたが、その後の最適間接税の論文では、複数家計が存在する場合のルールが導出されている。たとえば本間（1982）では、「最適人頭税体系が実現可能ならば、消費税体系は分配特性の高い財貨の補整的需要の変化率を低くするように個別税率を決定して、可能な限り所得分配上の公正さを保つように運用しなければならない」としている[6]。この命題は、分配特性の高い財、すなわち低所得者の需要が相対的に大きな財については低い税率で課税すべきだということを示唆するものであり、EUで実施されている複数税率の考え方を支持するものとなっている。

5）個人の能力に応じたランプサム・タックスを課税することは現実には不可能だが、一人当たり同額の人頭税ならば技術的には可能だ。人頭税はランプサム・タックスの一類型であり、所得効果のみを発生するため、超過負担は生じない。個人住民税の均等割は、人頭税の一種として解釈できる。

6）本間（1982）p.292引用。

8.2 ライフサイクル・モデル

(1) 労働所得税と消費税の等値性

　ここまでは、ある一時点での消費課税の理論をみてきた。消費税の税率引き上げに際しては、一時点だけでなく、ライフサイクルの観点からの消費税の優位性を主張する意見が多い。たとえば、政府税制調査会の答申の中にも、「財貨・サービスの消費に幅広く等しく負担を求める性格から、勤労世代など特定の者への負担が集中せず、その簡素な仕組みともあいまって貯蓄や投資を含む経済活動に与える歪みが小さいという特徴を有する。」という記述がみられる[7]。

　一方で、単純な**ライフサイクル・モデル**においては、労働所得税（賃金税）と消費税の間には等値性が成立することが知られている。労働所得税は、利子所得・配当所得など資産所得を非課税として、賃金だけに課税するものと定義される。サラリーマンが加入する公的医療保険・公的年金の社会保険料も経済学的には、労働所得税に分類される。簡単な2期間のライフサイクル・モデルを使って、**労働所得税と消費税の等値性**を説明しよう。

　ライフサイクル・モデルは、消費者は生涯の予算制約のもとで、生涯の効用を最大化するように行動すると想定するものだ。すなわち、消費者は生涯を通じてどのくらいの所得を稼ぐかを考えたうえで、いつどのくらいの消費をするかを決定することになる。生涯の予算制約は、消費者が毎期毎期、どのくらいの所得を稼ぐだけでなく、物価水準や利子率（割引率）にも依存する。

　まず、物価について考えてみよう。ある消費者がりんごを購入したいとする。今年は豊作で1個100円で、来年は凶作で1個200円になると仮定しよう。同じ100円でも来年はりんごを半分しか購入できない。つまり生涯の予算制約を考えるときの所得は、実質所得で考えなければならない。ただし、ほとんどのライフサイクル・モデルでは、単純化のために、物価水準については期間を通じて一定であると想定されている。以下でも単純化のため物価水準は一定として

---

7) 政府税制調査会『抜本的な税制改革に向けた基本的考え方』平成19年11月 p.21引用。

無視しよう。

次に、利子率について考えてみよう。利子率は、**割引率**として、将来の価値を**現在価値**に直すために使用する。現在価値とは、割引率を用いて将来の価値を現在の価値に割り戻したものを意味する。たとえば、今年の100円と来年の100円は、現在価値ではかると同じ価値とはならない。仮に利子率が年利10％の世界では、今年の100円は銀行に預けると110円（＝100円プラス100円×10％）となる。この110円は100円に対して**将来価値**となる。逆に、1年後の将来価値の110円から現在価値を求めるには、110円の将来価値を（1＋割引率）で割り算して求める。もし2年後の将来価値を現在価値に戻すなら（1＋割引率）の2乗で割り算すればよい。したがって、n年後の将来価値を現在価値に戻すには、

$$現在価値 = \frac{将来価値}{(1+割引率)^n}$$

で求めることになる。

さて、この現在価値という概念を念頭において、ライフサイクル・モデルとして、簡単な2期間モデルを想定しよう。第1期は、勤労期間で、第2期は退職後の期間とする。第1期には、所得を獲得して、その一部を消費し、残りを第2期の消費のために貯蓄する。第2期は退職後のため、第1期の貯蓄とその貯蓄から生じた利子所得を消費する。この人は、死ぬまでに貯蓄はすべて消費してしまうと仮定する。

まず、所得をY、第1期の消費をC_1、貯蓄をSとおくと、第1期の予算制約は、

$$Y - C_1 = S \tag{8-1}$$

となる。(8-1)式は、所得から消費を引いた残りが貯蓄になるということを式で示しているだけだ。

次に、第2期の消費をC_2、利子率をrとすると、第2期の予算制約は、

$$C_2 = (1+r)S \qquad (8-2)$$

となる。この式は、第1期の貯蓄に利子がついて、第2期には元本 S と利子 rS の合計額を消費することが可能だと示している。

さて、この2つの式は S を通じて、1本の式にまとめることができる。(8-2) 式の右辺の S に (8-1) 式の左辺を代入すると、

$$C_2 = (1+r)(Y - C_1)$$

となる。両辺を $(1+r)$ で割り算すると、

$$C_2/(1+r) = Y - C_1$$

となる。右辺の C_1 を左辺に移項すると、

$$C_1 + C_2/(1+r) = Y \qquad (8-3)$$

となる。この式は、生涯の予算制約式と呼ばれている。左辺は現在価値でみた第1期の消費と第2期の消費を合計したものだ。右辺は第1期に稼ぐ所得である。第2期には所得が発生しないので、右辺は生涯の所得を意味する。つまり生涯所得と生涯消費が現在価値でみたときに等しくなっていることを示す。

(2) 労働所得税と消費税の比較

この生涯の予算制約式に、消費税と労働所得税を導入してみよう。消費税の税率を τ、労働所得税の税率を t とする。労働所得税は単純化のため比例税とする。消費税課税後の生涯の予算制約式は、

$$(1+\tau)C_1 + (1+\tau)C_2/(1+r) = Y \qquad (8-4)$$

となる。次に、労働所得税課税後の予算制約式は、

$$C_1 + C_2/(1+r) = (1-t)Y \qquad (8-5)$$

となる。この2つの生涯の予算制約式は、消費税と労働所得税の税率の関係を

適切に設定することで全く同じものとなる。(8-4) 式の両辺を $(1+\tau)$ で除すると、

$$C_1 + C_2/(1+r) = 1/(1+\tau)Y \qquad (8-6)$$

となる。ここで $(1-t) = 1/(1+\tau)$ が成立する場合には、(8-6) 式と (8-5) 式は完全に一致することになる。これは労働所得税と消費税の等値性と呼ばれる性質である。生涯の予算制約式のもとで生涯の効用を最大化するというライフサイクル・モデルのもとでは、同一の予算制約式のもとでは、個人の最適化行動の結果も完全に一致することになる。ただし、現実の世界では、この労働所得税と消費税の等値性は成立しないものと考えられる。

　第1に、一般均衡分析では必ずしも労働所得税と消費税の等値性は成立しない。たとえば、井堀 (1984) は、「青年期の所得だけにかかる労働所得税と、青年期、老年期両方にかかる消費税では、貯蓄に与える影響が異なり、したがって、要素価格に及ぼす効果にも差が生じる。経済全体の均衡を考える一般的均衡分析では消費税と労働所得税は等値ではなく、それぞれの最適値は一意的に定まる」と指摘している[8]。

　第2に、移行期を考慮した**世代重複モデル**を想定すると、労働所得税と消費税の影響は世代によって全く異なる。世代重複モデルとは、ライフサイクル・モデルが重複しているモデルである。現実の世界では、人生が約80年とすると、0歳から80歳までの81世代が共存していることになる。つまり世代重複モデルは、ライフサイクル・モデルをより現実に近づけたものとなる。ある時点で、所得税から労働所得税へ切り替わるという税制改革を想定した場合、すでに労働所得税のもとで課税されてきた世代は、消費税への移行に伴い、若年期での労働所得税と老年期での消費税の双方を負担するのに対して、これから労働市場に参入する世代は、労働所得税を負担せず、消費税のみを負担することになる。したがって、移行期を考慮した世代重複モデルでは、労働所得税と消費税の等値性は成立しない。

8）井堀 (1984) p.90引用。

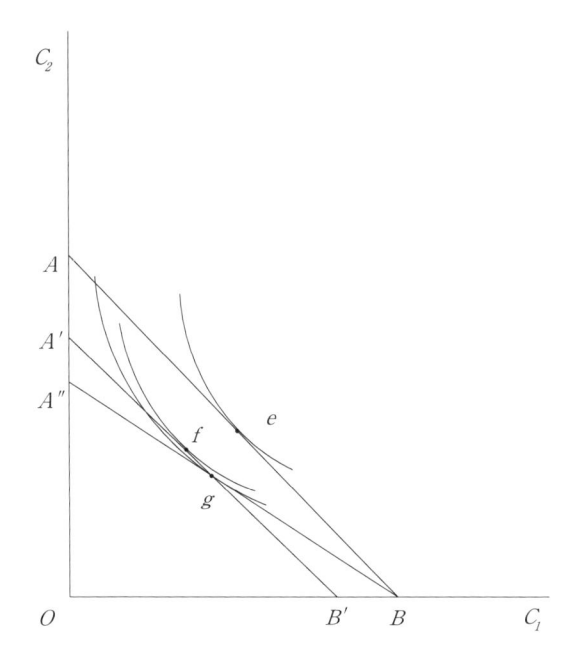

図8-3　利子所得税と消費税の比較

　第3に、職種の異なる複数家計の存在を考慮すると等値性は成立しない。たとえば、親からの莫大な遺産から生じる資産所得のみで、生涯を通じて全く働くことなく暮らせる家計と勤労者の双方を考慮した場合には、労働所得税では、前者の家計に全く課税できないのに対して、消費税であれば両者に課税することができる[9]。

(3) 利子所得税と消費税の比較

　次にライフサイクル・モデルを用いて、利子所得税と消費税を比較してみよう。利子に対する比例税率を θ とすると、課税後の予算制約式は、

---

9) 井堀（2003）は、等値性が成立しないケースとして、これら以外に流動性制約が存在するときや、累進税のケースがあるとしている。

$$C_1 + C_2/\{1+(1-\theta)r\} = Y \qquad (8-7)$$

となる。この式の C_1 を移項すると、

$$C_2/\{1+(1-\theta)r\} = -C_1 + Y$$

となる。両辺に $\{1+(1-\theta)r\}$ を乗じると、

$$C_2 = -\{1+(1-\theta)r\}C_1 + \{1+(1-\theta)r\}Y \qquad (8-8)$$

となる。この式は、切片が $\{1+(1-\theta)r\}Y$、傾きが $-\{1+(1-\theta)r\}$ の1次関数となっている。同様にして、消費税課税後の予算制約式は、

$$C_2 = -(1+r)C_1 + (1+r)Y/(1+\tau) \qquad (8-9)$$

と変形できる。(8-9)では、1次関数の傾きに消費税率が含まれていないことに注目されたい。(8-8)式からは、利子所得税を増税した場合には、この予算制約式のグラフが回転するのに対して、(8-9)式からは、消費税を増税した場合には、傾きは不変で切片のみが減少することがわかる。

　図8-3は、このライフサイクルの予算制約式と無差別曲線を重ね合わせて描いたものだ。(8-3)式は、図では課税前の予算制約線 AB として描かれている。消費税が課税された場合には、傾きは不変で、切片の値が消費税分だけ減少するために、課税後の予算制約線は、$A'B'$ へ平行移動することになる。一方、利子所得税が課税された場合には、切片が減少するだけでなく、予算制の傾きが変化することなる。なお、すべての所得を第1期に消費する場合には貯蓄がゼロとなり、利子所得が発生しないため、利子所得税の影響を受けず、横軸との接する点 B は変化しない。したがって、利子所得税の課税後の予算制約は $A''B$ となる。つまり消費税は予算制約線を平行移動させるため、超過負担は発生しないのに対して、利子所得税は、予算制約線を回転させ、**代替効果**を生じるために、超過負担が発生することになる。効率性の面からは、利子所得税よりも消費税の方が優れているということになる。

(4) ライフサイクルからみた貯蓄二重課税論

利子所得税に対する消費税の優位性は、公平性についても指摘されている。これは、ライフサイクルからみた**貯蓄二重課税論**として知られている。ライフサイクルからみた貯蓄二重課税論を簡単な数値例で説明しておこう。

表8-1 所得税と生涯税負担

	期間1	期間2	現在価値
給与所得			
個人A	100	110	200 (=100+110/(1+0.1))
個人B	200	0	200
貯蓄			
個人A	0	0	
個人B	100	0	
包括的所得税課税ベース			
個人A	100	110	
個人B	200	10 (=100×0.1)	
所得税(税率10%)			
個人A	10	11	10+11/(1+0.1)=20
個人B	20	1	20+1/(1+0.1)=20.91

(注) 単純化のため、利子率は10%と想定した。

表8-1は、単純化のために2期間のみ生存する個人Aと個人Bの所得税の生涯税負担の比較をおこなったものだ。個人Aは期間1に100、期間2に110だけ給与所得を稼ぎ出し、個人Bは期間1に200だけ稼ぎ、期間2には引退しているものとする。この2人の生涯の給与所得は、単純に合計すると個人Aが210(=110+100)、個人Bが200となるので、個人Aの方が生涯所得が多いように思われる。しかし、生涯所得を比較する場合には、現在価値で比較しなければならない。利子率が10%であるとした場合、この両者の生涯所得の現在価値は200で等しくなる。生涯所得が等しいので、2人の税負担は同一であることが**水平的公平**の原則を満たすことになる。しかし、給与所得だけでなく利子所得も所得税の課税ベースに入れた包括的所得税が課税された場合には、この2人に対して同額の税負担を課すことになるとはかぎらない。

167

いま個人A、個人Bは、期間1において100だけ消費するとしよう。このとき、個人Aは貯蓄できず、個人Bは100だけ貯蓄することが可能になる。期間2には、両者とも全く貯蓄しないとしよう。包括的所得税のもとでは、個人Aの期間1の課税ベースは100、期間2の課税ベースは110となる。一方、個人Bの期間1の課税ベースは200、期間2の課税ベースは10となる。個人Bの期間2の10は、期間1に貯蓄した100に利子率10％をかけたものとなっている。

　この包括的課税ベースに、単純化のために税率10％の比例所得税を課税するものとする。個人Aの期間1の所得税は10、期間2の所得税は11となり、個人Bの期間1の所得税は20、期間2の所得税は1となる。この両者の生涯の税負担は、表面的には同じにみえるが、現在価値で比較すると個人Aが20、個人Bが20.91となり、個人Bの方が生涯の税負担が重たいことになる。個人Bの方が個人Aと生涯所得が同じであるにもかかわらず、税負担が重たくなるので、利子所得にも課税する包括的所得税は水平的公平の原則を満たしていないことになる。このように包括的所得税は、若いときにたくさん稼いで貯蓄した人を、生涯を通じて平均的に稼いであまり貯蓄しなかった人よりも不利に扱うことになる。この数値例のもとでは、単純化のために比例税率を仮定したが、累進的な所得税制のもとでは、包括的所得税による貯蓄二重課税による弊害はもっと大きくなる。

　次に、**表8-2**を用いて消費税のもとでの生涯税負担を同様の2期間のライフサイクル・モデルで考えてみよう。いま期間1において、個人Aは100、個人Bは150だけ消費するとしよう。このとき、個人Aは貯蓄できず、個人Bは50だけ貯蓄することが可能になる。期間2には、両者とも全く貯蓄しないとしよう。消費税のもとでは、個人Aの期間1の課税ベースは100、期間2の課税ベースは110となる。一方、個人Bの期間1の課税ベースは150、期間2の課税ベースは55となる。個人Aと個人Bの生涯消費の現在価値はともに200で等しくなっている。この課税ベースに税率10％の消費税を課税すると、個人Aは期間1に10、期間2に11だけ課税される。個人Bは期間1に15、期間2に5.5だけ課税される。この両者の生涯税負担の現在価値は、ともに200で等し

表8-2 消費税と生涯税負担

	期間1	期間2	現在価値
給与所得			
個人A	100	110	200（=100+110/(1+0.1)）
個人B	200	0	200
貯蓄			
個人A	0	0	
個人B	50	0	
消費			
個人A	100	110	200（=100+110/(1+0.1)）
個人B	150	55	200（=150+55/(1+0.1)）
消費税（税率10%）			
個人A	10	11	10+11/(1+0.1)=20
個人B	15	5.5	15+5.5/(1+0.1)=20

(注) 単純化のため、利子率は10%と想定した。

くなる。消費税のもとでは、生涯消費が等しくなるとき、生涯税負担も等しくなり、ライフサイクルの観点からも水平的公平の原則を満たすことになる。

第 9 章　消費税改革の課題

　少子高齢化の進展とともに、増大する社会保障財源の調達手段としての消費税率の引き上げが検討されている。だが、消費税率の引き上げに関しては、根強い政治的な抵抗が存在する。景気に対するマイナスの影響、いわゆる益税問題、負担の逆進性などからの反対論がある。

9.1　消費税と景気

　景気が低迷するなかで、消費税率の引き上げは、消費を抑制するものという反対意見がある。最近では、消費税率の3％から5％への引き上げがバブル崩

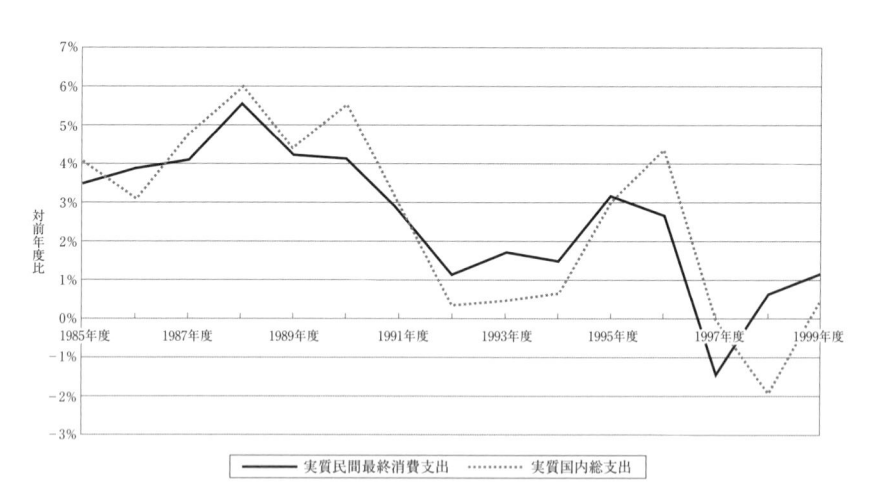

出所：経済企画庁資料より作成。

図9-1　家計最終消費支出と国内総支出の推移

壊後の日本経済の２番底を招いたとも言われている。

　図９-１は、消費税率の引き上げ前後の対前年度比でみた実質民間最終消費支出と実質国内総支出の推移を描いたものである。この図からは、1997年度における消費税率の５％への引き上げに伴い、消費支出が大きく落ち込んだこと、消費の落ち込みと同時に景気も悪化し、マイナス成長を記録したことが読みとれる。成長率は、消費が回復した1998年度においても、一層の低下が生じている。1999年度以降は、消費、景気ともに回復基調が見られる。

　このグラフからみると、消費税率の引き上げが景気を悪化させた原因と考えられる。しかし、当時はバブル崩壊後の不良債権処理の遅れから、金融機関の破綻が相次ぎ、アジアの通貨危機など、対外的な要因による景気の悪化も存在した。また、1997年度の消費税率の引き上げは、増税だけが単独でおこなわれたわけではなく、所得税・住民税の大規模な先行減税もおこなわれた。しかも、将来の税率引き上げをアナウンスした上での先行減税であり、税率引き上げ前の駆け込み需要を促進し、その反動減が97年に生じたものとも考えられる。

(1)　消費税と物価

　消費税が景気に与える影響を考える際には、消費税の税率引き上げがどの程度の物価上昇をもたらしたかを把握しておく必要がある。消費税は、価格に消費税を100％転嫁することを想定した間接税システムであるが、必ずしも税率分だけ物価上昇するわけではない。最終的な転嫁の度合いは、財の需要曲線と供給曲線の傾きに依存する。たとえば、需要曲線の傾きが急な場合には、消費税による価格上昇は需要の減少をもたらすので、物価上昇の度合いは税率分を下回ることになる。ただし、前回の税率引き上げ時には、所得税・住民税の先行減税もおこなわれたため、手取り所得の増大による需要の増大と価格上昇効果も発生していたことを忘れてはならない。

　消費税率引き上げ前に行われた予測では、（旧）経済企画庁が消費者物価の上昇率は1.9％（非課税品目や免税事業者を考慮すると1.5％）、日本総合研究所が1.5％との試算を出していた[1]。これに対して、事後的に消費者物価の上昇率を調べると、消費税が導入された1989年には2.4％、税率が引き上げられ

た1997年には1.8％の物価上昇が生じている。この物価上昇はすべてが消費税引き上げによるものでない。消費税による物価上昇の部分を抽出した本間・滋野・福重（1995）によると、「消費税の導入によって1.1％の物価上昇が1989年4月に発生し、消費税の転嫁に時間的なラグはなかった」とされている[2]。彼らは、消費税導入前に様々な機関が予測した値については、過大に予測したものが多かったと指摘している。

(2) 消費税率引き上げと消費行動の変化

経済学者の間では、1997年の消費税率の引き上げが景気の後退をもたらしたというのは必ずしも正しくないという意見が多い。図9-2で見られた消費税の引き上げ当時の消費の減少は、対外的な景気要因が大きいと考えられるからだ[3]。消費税率の引き上げが消費に与える影響をみるには、マクロの消費動向だけでなく、家計の消費支出に与える影響も丹念に調べる必要がある。1997年当時の家計の消費支出動向を調べた先行研究には、本間・橋本・前川（2000）やCashin and Unayama（2011）が存在している。

本間・橋本・前川（2000）は、1997年に消費支出が減少したのは、世帯主収入階級にみると第Ⅱ、Ⅲ、Ⅳ、Ⅵ、Ⅷ分位となっていると指摘している。相対的に低所得層で消費支出の減少がみられるのは、消費税の逆進性に起因するものだとされている。Cashin and Unayama（2011）も、消費税率引き上げ前後の家計の消費支出を検証することで、消費税の引き上げと消費行動の変化を分析している。彼らは、前回の消費税率の引き上げ時には、駆け込み需要と反動減が見られたこと、その消費の変動の4分の3は、耐久財や貯蔵可能財な財・サービスによってもたらされていたことを指摘し、分析の結果として、消費税率の引き上げによる消費の影響は小さかったとしている[4]。

これらの研究は、消費税率の引き上げが消費にマイナスの影響を与えるかど

---

1) 経済企画庁（1997）『物価レポート'97』p.17～p.18参照。日本総合研究所の試算については、『週刊東洋経済』1997年2月1日号 p.68引用。
2) 本間・滋野・福重（1995）p.208引用。
3) 当時の財政運営が景気に与えた影響については、中里（2010）を参照されたい。

うかは、税制改革の全体像に依存することを示唆するものだ。また、消費税の使い道の違いも景気に対して異なる影響を与えることになる。鳩山政権を受け継いだ菅政権は、景気対策として消費税増税と歳出増加という「第3の道」をとることを表明していた。消費税率引き上げによる財政再建は、景気の回復に水を差すものだという意見に対して、増税分を雇用の創出につなげれば、景気回復にも寄与すると反論している。確かに、消費税の増税分が確実に雇用を促進する分野で「賢い財政支出」として使われるのであれば、そしてその財政支出が乗数効果を生むものであれば、財政再建と景気回復が両立する可能性もある。

9.2　消費税の税収ロス

現行の消費税は、原則としてすべての財・サービスに課税するとされている一方で、社会政策的な配慮による非課税や、免税点制度、簡易課税制度などによる税収ロスを生じている。税収ロスを測定する指標としては、OECDが用いているC効率性（C-efficiency）やVRR（VAT revenue Ratio）が存在している。それぞれ、

　　C効率性＝付加価値税収／消費総額・標準税率
　　VRR＝付加価値税収／（消費総額－付加価値税収）・標準税率

と定義される。消費総額に標準税率をかけたものは、非課税や免税点制度が存在しない場合の最大限の税収だと考えられる。これと現実の税収を比較すれば、付加価値税がどの程度効率的に税収を調達しているかをみることができる。税収ロスが少ないほど、1に近い値をとることになるわけだ。C効率性とVRRの違いは、分母の消費総額から付加価値税収を差し引いているか否かである。SNAにおける消費支出の総額は、税込みの数字となっているために、付加価値税収を差し引いたVRRの方が望ましい指標とされている。なお、消費総額

4）Cashin and Unayama（2011）の分析にもとづき、宇南山（2011）は消費税が景気を後退させたという見方は「誤解」によるものだと述べている。

には SNA の民間最終消費支出、政府最終消費支出の合計額が使用されている。政府は、付加価値税のシステムのなかでは、最終消費者と同様に位置づけられるからだ。ただし、この指標では家計の住宅購入の部分が無視されている。SNA では、住宅の購入は、消費ではなく、住宅投資として取り扱われている。消費者サイドから課税ベースを捉えるならば、土地を除く住宅投資も加えるべきだろう[5]。このような改善すべき課題もあるものの、VRR は、付加価値税における税収ロスを国際比較する際には有用である。

OECD（2011）によると、2008年時点での日本の VRR は0.67となっているのに対して、イギリスは0.46、フランスは0.49、ドイツは0.55、となっており、日本の付加価値税の税収ロスは、ヨーロッパに比べると小さい。イギリス、フランス、ドイツの値が小さいのは、複数税率を採用している影響がでているものと考えられる。

税収ロスの発生原因のうち、免税点制度によるものと簡易課税制度によるものは、いわゆる「益税」として、消費税導入当初からその改善の必要性が指摘されてきた。この「益税」を推計する方法としては、大別すると2つの方法が考えられる。ひとつは、消費税収の決算額と産業連関表で求めた理論上の税収を比較し、その差額を益税とみなす方法であり、いまひとつの方法は SNA ベースでの理論上の税収と消費税収の決算額との差額を益税とみなす方法である。前者の方法を用いた先行研究には、高林・下山（2001）、橋本（2002b）、鈴木（2011a）が存在する[6]。後者の方法を用いた研究には、鈴木（2011a）が存在する。

(1) 産業連関表を用いた益税の推計方法

消費税の益税規模を公表されたデータから推計することは、意外と難しい。たとえば『国税庁統計年報書』では、個人事業者の一般申告、簡易申告の件数、

5）OECD（2011）は、残された課題として、SNA の民間最終消費支出には、帰属家賃や現物給付も含まれていることを指摘している。詳しくは、OECD（2011）p.108を参照されたい。

6）高林・下山（2001）は、消費税率を10%まで引き上げた場合の益税額を推計している。

税額が記載されているにすぎない。簡易課税や免税点制度による益税を推計するには、それぞれの制度を選択した件数、税額だけでなく、売上高、仕入高などの情報が必要となる。

公表されている統計データから益税を推計するには、現実の税収と（中小企業に対する特例措置が存在しない場合に得られたであろう）仮想的な税収を比較するしかない。なお、この手法では益税は免税点制度と簡易課税制度から発生したものの合計額としてしか、捉えることができない[7]。産業連関表では、産業ごとに売上高、中間投入額、輸出、輸入額、資本財購入額が得られるので、産業毎の納税額を計算することが可能になる。

具体的には、各産業の納税額は、以下のような式で求められる。

納税額＝実効税率×(国内生産額−中間財投入額−投資財購入額−輸出額)
　　　＋通関時の輸入品への消費税　　　　　　　　　　　　　　(9−1)

(9−1)式のうち投資財の購入額については、通常の産業連関表に掲載されているのは産業別の投資財の算出額であり、付帯表としての固定資本形成マトリックスを利用して、産業別の投資財購入額を推計する必要がある。

消費税導入後の産業連関表は、国内総生産額、中間投入額等がいずれも税込みの数字となっていることに注意しなければならない。そこで、益税の推計に際しては、(9−1)式における実効税率を適用することで理論上の税収を各産業ごとに集計しなければならない。ただし、消費税には例外的に非課税品目が設定されている。これらの非課税品目に産業連関表の分類を対応させて、非課税産業と想定すればよい[8]。

---

7) 簡易課税制度から生じる益税を推計した研究には、日高（2009）がある。ただし、日高（2009）は免税点制度から生じる益税は推計していない。

8) ただし、産業連関表の分類と非課税品目を完全に一致させることは難しい。たとえば橋本（2002b）では、課税売上と非課税売上の比率を推計することが困難であるため教育部門すべてを非課税として処理している。

(2) SNAデータを用いた益税の推計方法

　産業連関表を用いた益税の推計では、5年おきにしか付帯表である固定資本形成マトリックスを入手できないために、毎年の益税を推計することができない。これに対してSNAデータを用いた方法では毎年の推計が可能となる。消費税の理論上の課税ベースは、家計の消費支出の総額である。したがって、非課税品目を除く、各家計の消費支出の総額が消費税の課税ベースとなるはずだ。この課税ベースから理論上の税収を求め、現実の税収と比較すれば益税額を推計できることになる。ただし、SNAデータでは、住宅の購入は住宅投資として計上されていることに注意しなければならない。さらに、消費税は、消費者だけでなく、政府も負担していることも考慮する必要がある。したがって消費税の課税ベースは、民間最終消費支出, 住宅投資、政府最終消費支出の合計額だと考えられる。この課税ベースから非課税品目の割合を取り除いたものが理論上の課税ベースである。ところがSNAデータの分類では、非課税品目のシェアを推計することができない。そこで鈴木（2011a）では、『家計調査年報』のデータを加工して、消費支出に非課税品目のシェアを推計している。

(3) 益税の推計結果

　表9-1は、産業連関表を用いて益税を推計した橋本（2002b）と鈴木（2011a）の推計結果をまとめたものだ。消費税導入直後には2.1兆円もの益税が発生していたのに対して、2005年時点では0.5兆円まで益税額が減少している。ただし、消費税率を引き上げる場合には、益税の規模は再び比例的に増大するものと予測される。益税の発生原因となる現存する中小事業者向けの特例措置は、簡易課税制度と免税点制度である。

　簡易課税制度のもとでは、現実のマージン率が税法で想定されている比率よりも高い場合には、「益税」が発生することになる。事業者には、簡易課税制度と本来の納税方式の選択が許されているために、簡易課税制度を選択するのは「益税」が発生するケースだと考えられる。簡易課税制度の適用状況の推移をみると制度創設当初の1989年には簡易申告者の比率は67.7％にも達していたのに対して、2000年には47.1％にまで低下している。この簡易申告者の比率の

表9-1　先行研究における益税の推計結果

	1990年	1995年	2000年	2005年
橋本（2002b）	−	1.75兆円	−	−
鈴木（2011a）	2.1兆円	1.9兆円	2.1兆円	0.5兆円

備考：橋本（2002b）の数字は、1995年の産業連関表で推計したものを1999年ベースに変換したものである。同じ手法を使用した鈴木（2011a）との違いは、この差によるものと考えられる。

低下は、近年実施されてきたみなし仕入率の細分化が益税解消に寄与した証拠だといえる。

　簡易課税制度による益税の発生額は、それほど多くないとしてもその制度を継続する必要はない。というのは、簡易課税制度はインボイス方式を採用しているヨーロッパ諸国において、インボイスなしでの納税を可能にするために中小事業者に認められていたものだからだ。わが国の消費税は、帳簿方式を採用することで、帳簿上のみで税額の計算が可能であり、簡易課税を採用する必要はなかったのである。したがって、消費税が帳簿方式を継続するならば、簡易課税制度は、廃止すべきであろう。

　免税点制度については、2012年現在売上高1,000万円となっている。消費税創設当初に設定された3,000万円に比べると大幅に引き下げられている。消費税において、免税事業者が認められている理由は、納税事務負担の軽減のためである。零細企業にとって、納税事務コストがかなりの負担になっていることは確かであり、免税点制度を廃止するわけにはいかない。ただし、鈴木（2011a）では、2005年時点の益税総額0.5兆円のうち免税点制度によるものが0.3兆円から0.4兆円と大部分を占めているとされている。消費税率引き上げ時に益税規模の拡大を防ぐためには、免税点の引き下げが検討課題となる。

9.3 消費税の逆進性

　消費税の逆進性の問題は、それほど懸念すべきことではないという見解も存在する。政府税制調査会は、2007年11月の『抜本的な税制改革に向けた基本的考え方』のなかで、消費税の逆進性に関連して以下のような見解をまとめている。

① 税制全体の再分配効果に着目すべき。
② 格差是正は、社会保障給付の方が効果的であり、社会保障の財源としての消費税なら再分配政策としても有効。
③ 生涯を通じた担税力の指標としては、消費の方がむしろ優れている。
④ 日本の税率水準では、複数税率化の必要性は乏しく、簡素化の観点から単一税率を維持すべき。

　政府税制調査会による海外ヒヤリングでも、消費税の逆進性とその緩和策としての複数税率化について次のような見解がみられる[9]。デンマーク税務省、財務省のヒヤリングでは「付加価値税の逆進性の緩和は、所得税の累進税率表の適用で十分と考えている」とされ、ノルウェー財務省、クリスティアンセン教授のヒヤリングでは、「2001年付加価値税改革では、政治的合意として軽減税率制度が導入されたが、決して歓迎すべきことではない」「軽減税率導入によって食料品の現実の価格が下がるかどうか、疑問である。むしろ食料品価格は想定したほど下がらず、その再分配効果は、家計でなく、「便乗値上げ」をした事業者の懐に入ってしまうのではないか。ノルウェーの事例で言えば、軽減税率を導入した2001年の食料品価格の動向を見ると、本来10％程度価格低下が見られるはずであったが、実際には8％程度であった。」と、スウェーデン財務省のヒヤリングでは、「食料品の軽減税率は、何がその対象になるか非常に難しく、歪みが生じている。単一税率が望ましい。」とまとめられている。

---

9) 税制調査会「税制調査会海外調査報告（デンマーク、ノルウェー、スウェーデン）」税制調査会第15回総会・第18回基礎問題小委員会（2004年9月21日）提出資料（http://www.cao.go.jp/zeicho/siryou/pdf/b15kaia.pdf）。

また、大竹・小原（2005）も、低所得の引退世帯の存在が逆進性を生じている可能性を指摘し、生涯所得階級別の消費税の負担額の計測結果より、「驚くべきことに、消費税は「累進的」である。最も低い生涯所得階級の消費税負担率は1.59％、最も高い階級の負担率は4.05％となっている」と述べている[10]。八塩・長谷川（2008）も、個票データによるマイクロ・シミュレーションにより、勤労者世帯と年金世帯を抽出し、「年金世帯の中には、現在の所得は多くなくても、かつて多くの所得を稼ぎそれを資産で保有する豊かな世帯が多数含まれると考えられる。こうした世帯の消費税負担率はかなり高くなるが、これらはむしろ担税力がある世帯であり、この状況を「逆進性」とよぶことはできない。」という結果を導き出している[11]。

(1) 所得階級別にみた逆進性

　ここではまず、従来から指摘されてきた所得階級別にみた逆進性を確認しておこう。ある一時点での消費税の逆進性は、所得階級別の消費データさえ用意すれば容易に計測することができる。表9-2は、家計調査の年間収入十分位階級別の勤労者世帯のデータを使用して、所得階級別の消費税の負担額と負担率を推計したものである。消費税の負担額は、消費支出に消費税の実効税率（5／105）を乗じて求めた。この表の負担率は、消費税の負担額を勤め先収入で割ったものである。

　勤労者世帯のデータを使用したため、大竹・小原（2005）、八塩・長谷川（2008）が指摘している年金世帯が第Ⅰ分位に多く含まれていることによる逆進性の強調はある程度排除できる[12]。世帯主年齢を見ると、所得階級が上昇するにつれて上昇する傾向がみられる。所得階級が上昇するにつれて、年齢が上昇するのは、年功序列の賃金慣行を反映したものと考えられる。表9-2に

---

10) 大竹・小原（2005）p.50引用。彼らの用いた負担率の分母には、生涯消費が採られている。分母を所得とする「伝統的な」負担率の定義では、生涯所得でみても逆進性が見られると指摘している。
11) 八塩・長谷川（2008）p.11引用。
12) 世帯主が勤労者でも、世帯主以外の世帯人員が年金を受け取っている可能性もある。

表9-2　所得階級別消費税負担額と負担率

(単位：万円、人、歳)

	I	II	III	IV	V	VI	VII	VIII	IX	X
世帯人員	1.61	2.15	2.34	2.65	2.94	3.16	3.13	3.26	3.46	3.55
世帯主年齢	42.60	40.00	41.60	43.30	44.50	45.40	46.90	48.30	49.80	51.20
勤め先収入	225.90	312.71	350.87	416.41	459.24	518.63	589.36	692.41	796.65	1,083.33
世帯主収入	219.27	299.09	331.13	388.78	425.14	467.55	537.09	621.92	697.77	884.50
消費支出	191.25	226.43	257.20	291.54	316.38	334.92	370.23	423.69	482.77	583.45
食料	44.87	55.47	61.01	67.02	73.87	78.50	85.30	89.12	97.22	110.11
消費税負担額	9.11	10.78	12.25	13.88	15.07	15.95	17.63	20.18	22.99	27.78
負担率	4.0%	3.4%	3.5%	3.3%	3.3%	3.1%	3.0%	2.9%	2.9%	2.6%

出所：『家計調査年報（2007年）』総務省より作成。

よると、第Ⅰ分位の負担率が4.0%であるのに対して、第Ⅹ分位の負担率は2.6%となっており、消費税には負担の逆進性が見られることになる。

　ただし、この消費税の逆進性は、一時点の負担を捉えたものにすぎない。大竹・小原（2005）は、若年期には所得と消費水準が低いために一時的に消費税の負担は逆進的になるものの、壮年期になるといずれは所得水準が上昇し、逆進性の度合いが緩和されると指摘している。そこで、以下では生涯税負担でみて逆進性が緩和されるか否かを検証してみよう。

(2)　生涯税負担でみた逆進性

　生涯所得に対する消費税負担を計測する手法には、大きくわけると2つのアプローチが存在する。ひとつは、現存する各世代が過去に支払ってきた税負担を計測するものと、いまひとつは、将来世代の消費税負担を計測するものである。

　各世代が過去に支払ってきた世代別の税負担を計測した研究としては、コーホート・データと呼ばれる世代別のデータを作成して、所得税、消費税の世代別の負担を計測した橋本・林・跡田（1991）が存在している。ただし、橋本・林・跡田（1991）は、『家計調査年報』の世帯主年齢階級別のデータより、各

世代別の平均的な所得、消費の系列を推計しているにすぎず、同一世代内に異なる所得水準の家計が存在するケースについては考慮してない。同一世代内に所得水準の異なる家計が存在しているケースを考慮した研究には、橋本（1993）が存在する。橋本（1993）では、『賃金センサス』の企業規模別の男子労働者平均のデータを用いて、企業規模別に3階級の所得プロファイルを各世代別に作成し、所得税、間接税の負担率を計測している。このような過去の所得データを利用した場合には、各世代が実際に支払ってきた税負担を推計することができるという利点を持つ。しかし、消費税が導入されたのが、1989年であるために、ほとんどの世代では生涯の消費税負担を計測できないという問題点を抱えている。そこで、本章では後者の将来世代の税負担を計測した橋本（2010）の分析結果を紹介しよう[13]。

表9-3 企業規模別学歴別消費税の生涯負担率

	生涯所得 （万円）	生涯消費税 （万円）	負担率
大卒大企業	40,056.2	1,259.0	3.14%
大卒中小企業	32,126.0	1,079.9	3.36%
高卒大企業	31,677.8	1,081.5	3.41%
大卒零細企業	27,438.2	936.4	3.41%
高卒中小企業	25,278.3	891.3	3.53%
高卒零細企業	22,565.8	808.9	3.58%

表9-3は、企業規模別学歴別に消費税の生涯負担額を計算し、その負担率を求めたものである。大卒大企業のサラリーマンは、約4億円の生涯所得を獲得し、生涯で消費税を1,259万円負担することになる。この生涯消費税負担を生涯所得で割ると、消費税の生涯負担率は3.14％となる。一方、高卒零細企業のサラリーマンは、約2億2,600万円の生涯所得を獲得し、808.9万円の消費税を負担することになり、消費税の負担率は3.58％となる。この表からは、生涯

---

13) 以下の推計の詳細は、橋本（2010）を参照されたい。

所得が高くなるにつれて、消費税の負担率の低下が観察される。したがって、生涯所得でみたときも、やはり消費税には逆進性が存在することになる。ただし、その逆進性の度合いは、それほど高くないとも言えよう。

9.4 逆進性の緩和措置

以上でみてきたように、消費税は、一時点の所得だけでなく、生涯所得に対しても負担の逆進性が見られる。現行の税率水準では、その逆進性の度合いはそれほど高いとは言えないものの、将来的に消費税率を引き上げる際には、逆進性の緩和策を検討する必要性が高まることになる。逆進性の緩和策として、ヨーロッパ諸国で採用されているのが複数税率である。そこで、以下ではまず将来的に複数税率化を導入すべきかどうかについて検討しよう。

(1) 複数税率化

表9-4 諸外国の複数税率

(2008年1月現在)

	フランス	ドイツ	イギリス	スウェーデン
標準税率	19.60%	19%	17.50%	25%
ゼロ税率	なし	なし	食料品、水道水、新聞、雑誌、書籍、国内旅客輸送、医薬品、居住用建物の建築、障害者用機器等	医薬品(医療機関による処方)等
軽減税率	食料品、書籍、旅客輸送、肥料等 5.5% 新聞、雑誌、医薬品等 2.1%	食料品、水道水、新聞、雑誌、書籍、旅客輸送等 7%	家庭用燃料及び電力等 5%	食料品、宿泊施設の利用等 12% 新聞、書籍、雑誌、スポーツ観戦、映画、旅客輸送等 6%

出所:財務省HP http://www.mof.go.jp/jouhou/syuzei/siryou/108.htm より抜粋。

表9-4は、諸外国の複数税率についてまとめたものだ。複数税率としてゼロ税率を採用している国としては、イギリス、スウェーデンが挙げられる。特にイギリスは食料品、新聞、雑誌、国内旅客輸送、医薬品など、幅広い品目に

ついて、ゼロ税率を適用している。フランス、ドイツ、スウェーデンでは、食料品等に軽減税率を適用しているものの、その軽減税率の水準はフランスが5.5％、ドイツが7％、スウェーデンが12％と、日本の消費税率よりも高い水準に設定されていることがわかる。先に紹介した政府税制調査会の海外視察団の報告では、これらの国での複数税率の評価はそれほど高くない。視察団の井堀教授は、ヒヤリングの結果を「スウェーデン、ノルウェーでは軽減税率は採用したくなかったが、いろいろな政治的プレッシャーでやむをえずやった」と総括している[14]。このような諸外国で実施されている複数税率化については、わが国の既存研究でも、導入に対する反対論が多数存在している。複数税率化に対する反対論は、大別すると3つの立場からのものに分類できる。

　第1に、税制の複雑化によるコスト増からの反対論が存在する。複数税率化は、単一税率の場合と比較すると、あきらかに税制を複雑化する。特に、どの品目を軽減税率の対象にするかの線引きにおいて、政治的な圧力が生じることが懸念される。このような点から、森信（2000）は、「消費税率が1桁の場合に、軽減税率を導入することは、コストのほうが大きく極力さけるべき」と主張している。

　第2に、再分配政策としての実効性からの反対論が存在する。2007年の政府税制調査会の答申でも、再分配政策としては、税制よりもむしろ社会保障給付を用いた方が効果的であると指摘されている。井堀（2005）も「消費税は一律で取って、税収を手当の面で再分配に使うというのが効果ある再分配政策」と述べている[15]。複数税率化をおこなった場合についてのシミュレーション分析の結果から、複数税率化に反対しているものとしては、上村（2006）、八塩・長谷川（2008）が存在している。上村（2006）は、消費税率の引き上げに伴い、望ましい食料品の軽減税率の水準を求めている。消費税率の引き上げは、課税後所得の不平等度を悪化させることになるが、軽減税率を適用することでこの不平等の悪化を相殺しようとした。上村（2006）は、「消費税率8％の段

---

14) 井堀（2005）p.42引用。
15) 井堀（2005）p.43引用。

階で食料への間接税率はマイナスになる」という分析結果を提示している[16]。マイナスの税率とは、食料品の購入のたびに補助金を支給することを意味する。補助金支給という仕組みが非現実的な制度であることから、「所得の再分配効果を期待して、食料への軽減税率を設定することは、ほとんど意味がない」と述べている[17]。八塩・長谷川（2008）も、個票データによるマイクロ・シミュレーションにより複数税率化の効果を分析している。その結果として、「消費税率を15％相当まで引き上げたケースで低所得階層への税負担軽減額が年間約1万円、という効果は、決して大きいとはいえないと考える。…中略…低所得階層は食料品以外の財もかなりの比率で消費しており、食料品（および生活必需品）だけに軽減税率を適用してもその税負担軽減効果は大きくならない。」と述べている[18]。

　第3に、効率性と公平性の両面からの反対論が存在する。これには、複数税率化の効果を最適課税論の枠組みで分析した、橋本・上村（1997a）、村澤・湯田・岩本（2005）が存在する。最適課税論は、課税による家計行動の変化を考慮しながら、政府の税収制約のもとで、社会的な厚生を最大化するような税制を模索するものである。その分析では、公平性と効率性の両面から最適な税制が導かれることになる。橋本・上村（1997a）は、シミュレーション分析の結果として、「税制改革前の平成5年の社会的価値判断を用いて、平成9年の改革後の最適な消費税率を計算すれば、ほぼ均一税率が望ましい」と述べている[19]。村澤・湯田・岩本（2005）も、消費税の引き上げの際に、複数税率化すべきかどうかは、社会的な価値判断と増税規模に依存すると指摘している[20]。

---

16) 上村（2006）p.26引用。
17) 上村（2006）p.26引用。
18) 八塩・長谷川（2008）p.15引用。
19) 橋本・上村（1997a）p.56引用。

(2) 給付付き消費税額控除制度

　以上のように、消費税の逆進性緩和策としての複数税率化については、さまざまな立場からの懐疑的な意見が存在する。逆進性の緩和策として複数税率化以外の有力な手段としては、給付付き消費税額控除の導入が最近になってクローズアップされてきた。給付付き消費税額控除については、1998年12月15日に発表された民主党の「消費税の抜本改革について」の中でも、「基礎消費支出に係る福祉目的税額及び地方消費税額相当分の一律還付制度（カナダのGST税額控除方式の例＝Goods and Services Tax Credit: 家族を構成する成人・子供それぞれの人数に応じて定額を小切手等で還付）を創設することを提案する。」とされている。さらに、2008年12月24日に発表された民主党税制抜本改革アクションプログラムの中でも、「逆進性緩和策としては「給付付き消費税額控除」の導入が適当である。この「給付付き消費税額控除」は、家計調査などの客観的な統計に基づき、年間の基礎的な消費支出にかかる消費税相当額を一律に税額控除し、控除しきれない部分については、給付をするものである。これにより消費税の公平性を維持し、かつ税率をできるだけ低く抑えながら、最低限の生活にかかる消費税については実質的に免除することができるようになる。」と述べられている。

　この民主党の「給付付き消費税額控除」は、カナダで実施されているGST控除制度を参考にしたものである。そこで以下では、カナダのGST控除制度の概要についてみていこう。

　カナダのGST控除制度とは、カナダの付加価値税であるGST（Goods and Services Tax）について認められている給付付き消費税額控除制度のことである[21]。税率は、2008年1月に6％から5％へ引き下げられている。GSTは、インボイス方式の付加価値税であり、食料など一部の商品にはゼロ税率が適用

---

20) 村澤・湯田・岩本（2005）論文では、税率水準が低い場合でも公平性を重視する価値判断のもとでは複数税率化が指示されるとしている。橋本・上村（1997a）が現行の税率水準では均一税率が望ましいとしているのは、現行税制のもとでの社会的価値判断を採用したからであり、村澤・湯田・岩本（2005）と同様に、より公平性を重視する社会的価値判断のもとでは、複数税率化が支持されるものと考えられる。

されている。このGSTの納税の際には、一定所得以下の世帯に給付付き税額控除が認められている。金子（2008）によれば、「カナダでは3250万人の国民の約7割が税務申告を行っているが、その税務申告書中p.1にある「GST／HST控除を申請する」旨の欄にチェックを記入するだけ」とされている[22]。

表9-5　カナダのGST控除額（2008年申告分）

本人分	248カナダドル
配偶者分	248カナダドル
子供1人につき	130カナダドル

　表9-5は、カナダのGST控除額を示したものである。GST控除の基本的な考え方は、各世帯について基礎的な消費支出に対応した消費税相当額を給付しようというものだ。本人分の給付額としては年間248カナダドルが、配偶者分として年間248カナダドルが給付される。さらに、子供が1人増えるに従って年間130カナダドルが追加的に給付されることになる。夫婦子供2人の4人家族なら年間756カナダドルが給付される。この給付額は、所得が上昇するにつれて減額されることとなる。

　このGST控除制度の評価をおこなっている研究としては、谷川（2004）、金子（2008）が存在している。谷川（2004）は、「GSTクレジット制度では19歳以上の同居する子供と両親とは別の申告をすることにより、たとえ両親の所得が最低限度の生活の維持に十分なものであったとしても子供の所得の水準によりGSTが還付されてしまう」とし、GST控除制度導入が新たな不公平を生む可能性を指摘している[23]。一方、金子（2008）は、「カナダのGST控除は、潤沢な財政黒字に支えられた先進的なものであった。…中略…財政的な状況が

---

21) 1991年に税率7％で施行、税率13.5％の製造業者売上税（Manufactures' Sales tax）におきかえたもの。詳しくは金子（2008）を参照されたい。
22) 金子（2008）p.162引用。
23) 谷川（2004）p.220引用。

大きく異なるという制約があるがわが国としても前向きに検討する必要がある。」としており、その導入に積極的な姿勢をみせている[24]。

このようなカナダのGST控除制度を参考にしたものが、民主党が検討課題としている「給付付き消費税額控除」である。先に述べたように民主党の給付付き消費税額控除制度では、基礎的消費支出に相当する消費税額を給付することが想定されている。そこで以下では、このような給付付き消費税額控除制度の導入によって逆進性がどの程度緩和されるかをシミュレーションしてみよう[25]。

給付付き消費税額控除を導入する場合には、基礎的消費支出をどの程度に設定するかを考えなければならない。ここでは、基礎的消費支出は独身が100万円、世帯人員一人につき50万円という金額を想定した。この基礎的消費支出に相当する消費税額を還付するには、財源を確保する必要がある。還付に必要な財源額は、還付に所得制限をつけるかどうか、還付額を所得上昇につれて、削減していく仕組みをどのように設定するかに依存することになる。所得制限の設定については、所得捕捉が正しく行われていることが大前提となる。しかし、わが国では、所得捕捉を確実に近づける手段としての納税者番号制度が導入されていない。2009年に実施された政府の緊急経済対策としての定額給付金の実施の際にも、所得制限の実施が検討されながら最終的には、一律給付となった経緯もある。そこでまずは、所得制限を設定せず、一律に給付をおこなった場合の消費税の負担額をみてみよう[26]。

表9-6は、消費税の給付付き消費税額控除制度を導入したことによる逆進性緩和効果と複数税率化による逆進性緩和効果を比較したものだ。給付付き消費税額控除制度を導入した場合には、還付財源を賄うために、消費税率を

---

24) 金子（2008）p.168引用。
25) 以下のシミュレーションの詳細は、橋本（2010）を参照されたい。
26) 消費税に一律の負の人頭税（定額給付金）を組み合わせることで、消費税の逆進性を緩和すべきという提言は、加藤・横山（1994）にも見られる。彼らは、給付に際する個人の所得情報が不要となり、資産所得の捕捉の難しさや所得捕捉の差などの問題も回避できると述べている。詳しくは加藤・横山（1994）p.221を参照されたい。

表9-6 年間収入階級別消費税の負担額の変化

(単位:万円)

	Ⅰ	Ⅱ	Ⅲ	Ⅳ	Ⅴ	Ⅵ	Ⅶ	Ⅷ	Ⅸ	Ⅹ	総計
世帯人員(人)	1.17	1.70	2.01	2.23	2.50	2.78	2.91	3.15	3.30	3.48	
年間収入	135	231	301	362	426	502	592	704	872	1,348	
消費支出	132.8	201.9	241.4	261.2	284.5	318.9	343.7	380.7	436.4	534.2	
消費税額(5%)	6.3	9.6	11.5	12.4	13.5	15.2	16.4	18.1	20.8	25.4	149.3
消費税額	14.4	21.9	26.2	28.4	30.9	34.7	37.3	41.4	47.4	58.0	340.7
消費税還付額	11.8	14.7	16.4	17.5	19.0	20.5	21.2	22.5	23.4	24.3	191.4
還付後負担額	2.6	7.3	9.9	10.8	11.9	14.1	16.1	18.8	24.1	33.7	149.3
食料品ゼロ税率	6.0	9.4	11.4	12.2	13.3	15.0	16.3	18.2	21.1	26.3	149.3

出所:橋本(2010)p.50引用。

12.19%まで引き上げる必要がある。

　表9-6によると、たとえば第Ⅰ分位では、消費税額還付のための税率引き上げにより消費税の負担額は、14.4万円となるが、世帯人員が1.17人であるため、11.8万円の消費税額が還付される。還付後の実質的な負担額は2.6万円となり、税率5%時の負担額6.3万円から大幅に軽減されることになる。一方、第Ⅹ分位では、消費税の負担額は58.0万円となり、24.3万円の還付額を差し引いても実質的な負担額が33.7万円となり、税率5%時の負担額25.4万円よりも大幅に増加することになる。

　表9-6には、食料品にゼロ税率を適用し、複数税率化した場合の消費税の負担額も示している。複数税率化した場合にも、税収を中立に保つために、食料品以外の消費に対しては消費税率を6.6%に引き上げるものとして計算をおこなった。複数税率化した場合には、第Ⅰ分位の消費税負担額は6.0万円となり、税率5%時よりも税負担は軽減されるものの、その軽減額は3千円にすぎない。一方、第Ⅹ分位の消費税の負担額は26.3万円となり、税率5%時よりも税負担が増加するものの、その増加額は9千円にすぎない。この表からは、複数税率化した場合の逆進性緩和効果はきわめて小さいことが読み取れる。第Ⅰ分位の負担率は4.7%から4.5%へ低下するのにとどまる。一方、給付付き消費

税額控除を導入した場合の逆進性緩和効果は、非常に大きなものとなっている。とりわけ第Ⅰ分位の負担率は4.7%から2.0%にまで低下させることが可能となっている。

第10章　法人課税制度

　この章では、法人課税制度について説明する。わが国の法人課税制度には、国税としての法人税、地方税としての事業税、法人住民税が存在する。この章では、主として国税としての法人税制をとりあげる。地方税としての事業税、法人住民税の仕組みについては、第16章でとりあげることとする。

10.1　法人課税の現状

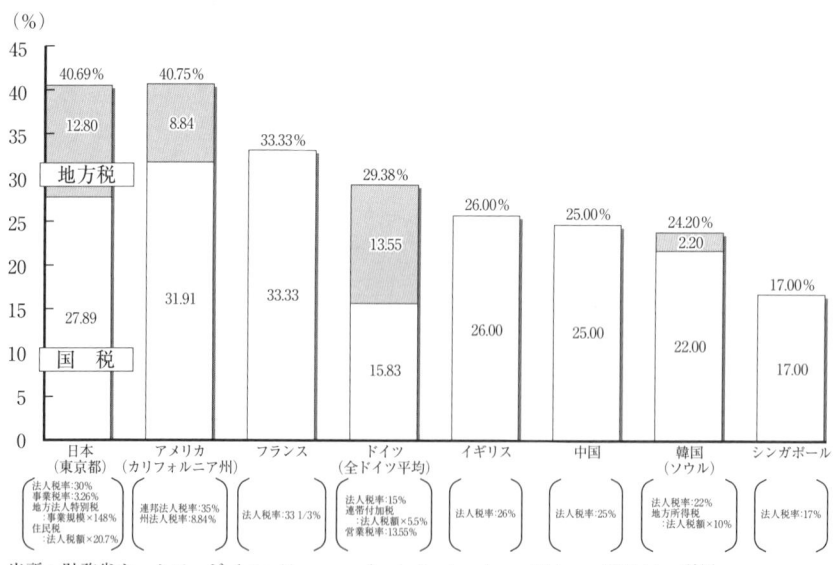

出所：財務省ホームページ http://www.mof.go.jp/jouhou/syuzei/siryou/084.htm 引用。

図10-1　法人実効税率の国際比較（2011年7月現在）

図10-1は、財務省による**法人実効税率**の国際比較を示したものだ。財務省による日本の法人実効税率の定義は、国税である法人税、地方税である法人住民税、事業税、地方法人特別税を含めた法人税額が法人所得に占める比率である[1]。**地方法人特別税**とは、2008年度の税制改正により創設されたものであり、地域間の税収格差を是正するような国と地方の抜本的な改正までの暫定的な措置として採用されたものだ。地方特別法人税は、外形標準課税対象法人の基準法人所得割額の148%[2]、外形標準課税の対象とならない法人の基準法人所得割額の81%となっているが、財務省の試算では資本金1億円超の企業が対象となる外形標準課税が適用される企業についての実効税率を計算している。具体的には以下の式で定義されている。

$$法人実効税率 = \frac{法人税率 \times (1+法人住民税率) + 事業税率 + 事業税標準税率 \times 地方法人特別税率}{1+事業税率+事業税標準税率 \times 地方法人特別税率}$$

　この式の分母は、事業税と地方法人特別税を、国税の法人税額から損金（経費）として、差し引くことができることを考慮したものだ。図10-1では、法人税率が30%、法人住民税率が20.7%、事業税の超過税率が3.26%、標準税率が2.9%、地方法人特別税率が148%として、日本の実効税率は、

$$40.69\% = \frac{0.3 \times (1+0.207) + 0.0326 + 0.029 \times 1.48}{1+0.0326+0.029 \times 1.48}$$

となっている。この水準は、アメリカの40.75%とほぼ肩をならべているが、イギリス、ドイツ、フランスと比べると依然として高いことがわかる。この図の中では、地方税として法人へ課税していないイギリスの実効税率26%、中国の25%、地方税を加えた合計で24.20%の韓国、シンガポールの17%の低さが

---

1) この財務省の法人実効税率は、実際の課税ベースを考慮にいれた平均実効税率と区別するために「表面」実効税率とも呼ばれている。平均実効税率については、本書の第12章で議論する。
2) 基準法人所得割額とは、標準税率で計算された法人事業税額である。

目立つ。なお、この財務省による実効税率の比較に対しては、各国の法人税制に認められている引当金、準備金などを考慮していないという批判もある[3]。

10.2　法人税率の変遷

図10-2　法人税率の変遷

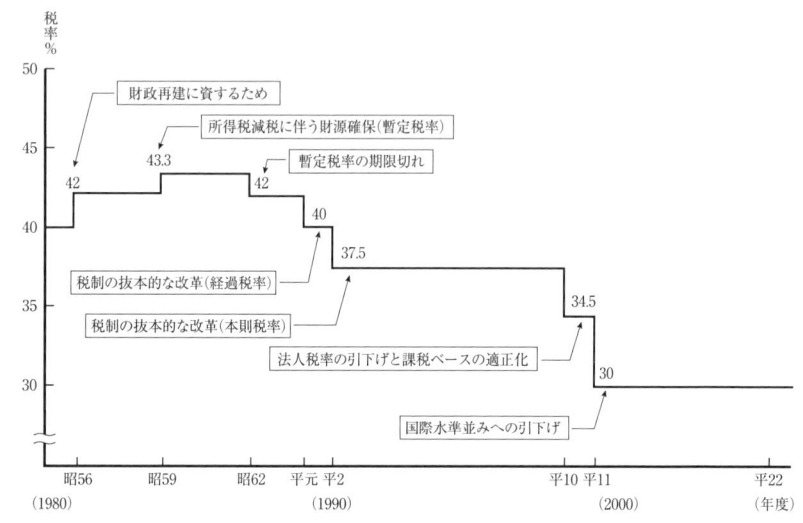

出所：財務省ホームページ http://www.mof.go.jp/jouhou/syuzei/siryou/082.htm 引用。

図10-2は、法人税の基本税率の推移を描いたものである。法人税の基本税率は、最も高かった時期には、43.3％にも達していた。法人税率について引き下げの方向に転じたのが中曽根内閣、竹下内閣によって実行された抜本的税制改革の時期である。この抜本的税制改革の発端は、アメリカのレーガン政権による税制改革に触発されたものだ。レーガン税制改革では、法人税についても課税ベースの拡大と基本税率の引き下げがおこなわれた。わが国では、1988年時点では留保部分について43.3％、配当部分については33.3％で課税されていたものを、1990年から基本税率を37.5％に一本化することとなった。配当部分

3）法人税の実効税率をめぐる議論については、跡田（2000）で詳しく述べられている。

192

の税率が軽課されていたのは、個人所得税と法人税の間の二重課税の部分的な調整措置のためであった。税率一本化以降の二重課税の調整は、個人段階での所得税に適用される配当税額控除のみに委ねられている。その後法人税の基本税率は、2000年から30％に引き下げられた。

10.3　法人税の仕組み

ここでは、国税としての法人税の仕組みを中心的に説明しよう。法人税の基本的な仕組みは、法人所得に比例税率をかけて法人税額を算出するというものだ。法人の「所得」は、

「所得」＝収入（益金）－費用（損金）

で求められる。**益金**、**損金**というのはそれぞれ収入、費用に関する会計用語である。益金には、資本等取引以外から生じる一切の利益が含まれる。

法人税を理解するうえで大事な項目のひとつが損金として扱われる**減価償却費**である。減価償却とは、企業会計における土地を除く固定資産購入時の費用配分の方法である。建物・設備等の固定資産は、一定の耐用年数の間に生産活動に使用されているわけだが、その価値は物理的要因と経済的要因から減少していくことになる。物理的要因には設備の老朽化による価値の減少が、経済的要因には技術革新に伴う設備の陳腐化が挙げられる。減価償却は、生産に使用される建物や設備の固定資産に関する費用を耐用年数の間に適切に配分するという会計上の「**費用収益対応の原則**」から採用されている考え方だ。

表10－1は、主要国の減価償却方法の概要をまとめたものだ。減価償却の基本的な仕組みは、各国とも**定額法**ないし**定率法**を採用しているものの、耐用年数に違いが見られる。法人税法上の減価償却は、定額法、定率法、生産高比例法でおこなわれている[4]。なお、減価償却の方法は、2007年度改正により大きく変えられた。そのため2007年３月31日以前に取得された固定資産の原価償却の方法は、旧定額法、旧定率法、旧生産高比例法が適用される。

4）定額法、定率法の説明は、本書の第11章も参照されたい。

表10-1 主要国の減価償却方法の概要

(2011年1月現在)

		日本	アメリカ	イギリス(注3)	ドイツ	フランス	韓国
償却方法	建物	定額法	定額法	定額法 〔事務所、店舗等は償却不可〕	定額法	定額法	定額法
	機械装置	定額法・定率法（250%定率法）(注1)選択	原則定率法(注2) 但し、定額法の選択が可能	定率法	定額法(注4)	原則定額法 但し、償却期間が3年以上にわたる一定の機械、設備等について定率法を選択可能	定額法・定率法選択
償却期間	建物(注5)	21～50年	27.5年又は39年	定額法（1%）で償却（償却期間が定められているわけではない）	定額法（3%）で償却（償却期間が定められているわけではない）	通常一般に使用される期間	40年(注6)
	機械装置	3～22年	3～20年	定率法（20%）で償却（償却期間が定められているわけではない）	3～33年		5～20年(注6)
償却可能限度額		100%(注7)	100%	100%	100%(注7)	100%	100%
残存価額		なし(注8)	なし	なし	なし	なし	なし(注9)

(注1) 2007年3月31日以前に取得した資産については、旧定額法・旧定率法の選択。
　　　250%定率法とは、まず、定額法の償却率（1／耐用年数）を2.5倍した率を償却率とする定率法により償却費を計算し、この償却費が一定の金額を下回る事業年度から残存年数による均等償却に切り替えて、耐用年数経過時点に1円まで償却する制度をいう。
(注2) 耐用年数に応じ200%定率法又は150%定率法が適用される。200%定率法（150%定率法）は、定額法の償却率（1／耐用年数）を2倍（1.5倍）した率を償却率とする定率法により償却費を計算し、この償却費が一定の金額を下回る事業年度から残存年数による均等償却に切り替える制度である。なお、2010年9月9日から2011年末までの設備投資につき初年度に取得原価全額の償却が、2012年中の設備投資につき50%の特別償却が選択可能。
(注3) 2011年4月より建物は償却不可となる。
(注4) 2007年末以前に取得された資産及び2009年、2010年中に取得された資産については、定率法を選択することができる。
(注5) 建物は鉄筋コンクリート造の場合。
(注6) 納税者が、標準耐用年数の上下25%の範囲内で耐用年数を選択することができる。
(注7) ただし、備忘価額1円（日本）、1ユーロ（ドイツ）。
(注8) 2007年3月31日以前に取得した資産については、10%。
(注9) 定率法を選択した場合は残存価額を5%として償却する（当該残存価額は耐用年数経過の翌年に償却できる）。

出所：財務省ホームページ http://www.mof.go.jp/tax_policy/summary/corporation/078.htm 引用。

(旧) 定額法とは、

　　（取得価額－残存価額）／耐用年数＝年当たり償却額

で計算されるものであった。2007年度改正では、このうち**残存価額**の廃止と**法定耐用年数**の見直しがおこなわれた。残存価額とは法定耐用年数経過後の設備のスクラップ価格を意味する。法定耐用年数が経過したのちには、設備をくず鉄として販売できるはずだという考え方から設定されていたものだ。法定耐用年数は、法人税法で定められた法定耐用年数の表にしたがって計算される。2007年度改正では、フラットパネルディスプレイ製造装置の法定耐用年数が10年から5年に短縮されるなど、早期の償却が可能となった。さらに残存価額については、諸外国との競争上不利とならないように、廃止されることになった。

(旧) 定率法は、償却資産の耐用年数が n 年とすると、

　　取得価額×（1－償却率）^{n} ＝残存価額

となるように一定の**償却率**で償却するものであった。2007年度改正では、新たに250％定率法が導入されることなった。250％定率法とは、基本的には定額法の償却率を2.5倍したものを償却額とするものだ。ただし、この償却額が一定の金額を下回る年度から残存年数の間で均等償却に切り替えることになる。この一定の金額は、取得原価に保証率をかけたもので計算される。2007年度改正では、定額法と同様に、法定耐用年数の見直しと残存価額の廃止がおこなわれ、残存価額が1円になるまで償却が可能となった。

　減価償却に加えて法人税の計算において留意すべき事項が**交際費**の取り扱いである。交際費については、企業会計では損金とされるのが当然だが、税法では原則として損金不算入とされている。交際費の損金への算入が制限されているのは、日本だけではない。表10-2は、主要国における交際費の税法上の取り扱いをまとめたものだ。日本だけでなく、イギリスでは交際費の全額が、アメリカ、ドイツでは、交際費の一部が原則として損金不算入となる。交際費が損金算入されずに法人税の課税対象となるのは、接待費などをすべて交際費と

表10-2　主要国における交際費の税務上の取り扱い

(2011年1月現在)

	日本	アメリカ	イギリス	ドイツ	フランス
概要	原則、交際費の全額を損金不算入。 但し、中小法人（資本金1億円以下の法人）[注]の場合は、600万円以下の部分の90%相当額につき、損金算入可。 [注] 資本金5億円以上の法人等の100%子法人である中小法人を除く。（改正案：前記法人に加え100%グループ内の複数の大法人（資本の額等が5億円以上の法人）に発行済株式の全部を保有されている法人を除く。）	原則、交際費の50%を損金不算入。 [注] 以前は100%損金算入だったが、1986年のレーガン税制改正で20%を損金不算入とし、1993年のクリントン税制改正で50%を損金不算入としている。	原則、交際費の全額を損金不算入。	原則、交際費の30%を損金不算入。 [注] 以前は100%損金算入可だったが、1990年以降20%を損金不算入とし、2004年以降30%を損金不算入としている。	原則、交際費全額を損金算入。
備考	以下の費用は交際費の範囲から除かれ、その支出した全額を損金算入可。 ①福利厚生費 ②一人当たり5,000円以下の飲食費（役職員の間の飲食費を除く） ③カレンダー、手帳等の贈答費用 ④会議関連の茶菓・弁当等費用 ⑤出版物等の編集のための座談会等費用	損金算入に当たっては、 ①事業の遂行に当たって、通常かつ必要なものであり、かつ ②直接事業に関連すること、等 が要件。 贈答費用については、受贈者一人当たり、年間25ドル(2,050円)まで、損金算入可。	広告宣伝用の少額贈答品（飲食物、たばこ、商品券を除く）については、受贈者一人当たり年間50ポンド(6,550円)まで、損金算入可。 従業員の福利厚生のための支出は、全額損金算入可。	損金算入に当たっては、 ①取引通念に照らし、相当であり、かつ ②金額、日時、場所、目的及び参加者について、書面により届出すること、等 が要件。 贈答費用については、受贈者一人当たり年間35ユーロ(3,920円)を超えない場合は全額損金算入可（当該金額を超えた場合は、全額損金不算入）。	損金算入に当たっては、 ①事業の遂行上直接必要な経費であり、かつ ②過大でないこと、等 が要件。 接待費用については、年間6,100ユーロ(68.3万円)を、贈答費用については、年間3,000ユーロ(33.6万円)を超えた場合には、申告時に明細書の提出が義務づけられる。

[注]　邦貨換算レートは、1ドル=82円、1ポンド=131円、1ユーロ=112円（基準外国為替相場及び裁定外国為替相場：平成22年（2010年）11月中における実勢相場の平均値）。
出所：財務省ホームページ http://www.mof.go.jp/tax_policy/summary/corporation/080.htm 引用。

して非課税にすることに対する不公平感を取り除くためと考えられる。接待と称しての飲み食いの費用は、従業員に対する**フリンジ・ベネフィット**（現物給付）であるとも言える。これらの飲み食いの費用に対する損金算入を認めてしまうと、法人税も所得税もまったく課税されないことになり、自腹を切って飲み食いしている人との間の不公平な取り扱いとなってしまう。なお、中小企業に対しては、交際費の損金算入が、600万円以下の部分の90％まで認められている。

法人税の税率をまとめたものが表10-3である。2012年現在の普通法人の税率は、30％となっている。中小法人には軽減税率の22％が適用されている。公益法人等、協同組合等及び特定の医療法人の軽減税率は22％、特定の協同組合等の特例税率は26％となっている。この法人税率についても、中小企業は優遇されている。この中小企業に対する優遇措置は、第11章で詳しく説明する法人実在説の考え方を採用するときのみ、正当化できる考え方だ。

表10-3　法人税の税率（2012年税制）

	1999年度改正前	1999年度改正以降
普通法人の税率	34.5％	30％
中小法人の軽減税率	25％	22％
公益法人等、協同組合等及び特定の医療法人の軽減税率	25％	22％
特定の協同組合等の特例税率	30％	26％

表10-4は、主要国の配当に関する負担調整の仕組みをまとめたものだ。法人所得のうち配当にまわる部分に法人税を課税すると、その配当が株主に支払われた段階で個人所得税が課税されるために、二重課税となってしまう。また法人間の配当についても、二重課税が生じることとなる。そのため、多くの国で、この法人税と所得税の間と法人間の二重課税の調整がおこなわれている。表10-4によると、法人税と所得税の間の二重課税の調整をおこなっているのは、日本、イギリス、フランスであり、二重課税の調整をおこなっていない国がアメリカ、ドイツである。法人税と所得税の二重課税の調整は、法人実在説

表10-4　主要国の配当に関する負担調整に関する仕組み

(2011年1月現在)

	日本	アメリカ	イギリス	ドイツ	フランス
法人段階	法人税率　30%	法人税率　35%	法人税率 28%	法人税率 15%＋税額の5.5%の連帯付加税	法人税率 33 1/3%
個人株主段階における法人税と所得税の調整方式	【確定申告不要又は申告分離課税を選択した場合】 調整措置なし 【総合課税を選択した場合】 配当控除 (配当所得税額控除方式)	調整措置なし	部分的インピュテーション方式	調整措置なし	【分離課税を選択した場合】 調整措置なし 【総合課税を選択した場合】 配当所得一部控除方式 (受取配当の60%を株主の課税所得に算入)
法人間配当	[持株比率]　[益金不算入割合] 25%未満　…　50% 25%以上　…　100%	[持株比率]　[益金不算入割合] 20%未満　…　70% 20%以上 80%未満　…　80% 80%以上　…　100%	全額益金不算入	95%益金不算入	全額益金算入 ただし、持株比率が5%以上の会社から受け取る配当については、受取配当額の5%に相当する額のみ課税される。

出所：財務省ホームページ　http://www.mof.go.jp/tax_policy/summary/financial_securities/risi04.htm 引用。

でなく、法人を個人株主の集合体として捉える法人擬制説のもとで正当化される考え方だ。日本の法人税法は、交際費課税、法人税率の扱いにおいては法人実在説的な考え方を、法人税と所得税の二重課税の調整においては、法人擬制説的な考え方を採用していることとなる。法人間の配当については、各国ともに益金不算入の比率に違いはあるものの、基本的には二重課税の調整をおこなっている。

第 11 章　法人課税の理論

　この章では、法人課税の理論について説明する。まず、法人の捉え方からみていく。法人の捉え方を整理することは、法人税の性格を理解するのに役立つ。次に、法人税と企業行動について説明する。法人税と企業行動の関係をあきらかにするには、高度な経済理論と企業会計に関する知識が必要となる。本章では、法人税と企業行動の関係については、詳細な議論は避けて、そのエッセンスだけを取り出すこととした。最後に、現実の法人税の改革の議論においては、ほとんど無視されることが多い、法人税の転嫁と帰着について説明することにした。

11.1　法人の捉え方

(1)　法人実在説と法人擬制説

　法人の捉え方には、**法人実在説**と**法人擬制説**という2つの異なる考え方がある。法人実在説とは、法人を独立した法的人格を認められた実体として捉え、経営者によって運営される独立の意思決定単位であり、法人自体が担税力をもつという考え方である。一方、法人擬制説とは、法人を株主の集合体として捉え、法人自体には担税力はないとする考え方だ。

　法人擬制説を採用する場合には、法人税はあくまでも個人所得税の前払いとして捉えられる。法人擬制説にしたがえば、法人段階で課税せず、個人株主に法人所得が分配された段階で課税すればよい。現実には個人段階で課税するよりも法人段階で課税するほうが徴税コストの面でも有利なため、源泉徴収として法人税を位置づけ、個人段階での配当への課税の際に、個人所得税と法人税の間での二重課税を調整する措置が必要とされることになる。

これに対して、法人実在説のもとでは、個人所得税と同様に法人にも累進税率表を適用すべきだという考え方が正当化されることになる。現行税制においても、中小企業に対しては軽減税率が適用されている。中小企業の株主が大企業の株主よりも低所得者であるとは限らないため、中小企業への優遇措置は、法人自体が担税力を持つという実在説のもとでしか成り立たないものとなる。

　わが国の法人税は、かつては法人擬制説の考え方に沿って構築されていた。1989年以前は、法人税において配当分へ軽課税率を適用するという形で不完全ながらも二重課税の調整がおこなわれていたからだ。1988年時点では、法人税率は留保分に対しては43.3％、配当分に対しては33.3％で課税するという**配当軽課**がおこなわれていた。この配当軽課措置に加えて、個人段階での配当に対して**配当税額控除**が認められていた。配当税額控除とは、配当所得を申告した場合に所得税額から配当の一定比率を差し引く措置である。しかし、抜本税制改革の際に、法人の基本税率は一本化され、配当軽課措置は撤廃されてしまった。現行税制のもとでは、二重課税の調整措置として、個人段階での配当税額控除のみが残されている[1]。配当税額控除は法人擬制説のもとで、中小企業の軽減税率は法人実在説のもとで正当化される措置だ。現行税制は、法人擬制説と法人実在説にもとづく取り扱いを混在させていることになる。

(2) 地方税としての法人課税

　法人への課税は、国税としての法人税だけでなく、地方税として法人住民税、事業税などもある。地方税としての法人への課税は、公共サービスへの対価として法人も税を負担すべきだという**利益説**で説明されている。生産活動をおこなうにあたって、地方団体が提供している道路などを利用しているから、その対価としての税金を払うべきだという論理である。しかし、現行の地方税における法人への課税の多くは、所得を課税ベースとしている。公共サービスへの対価として法人課税を捉えるならば、赤字法人にも課税する必要がある。なぜ

---

[1] 配当については、ほとんどのケースで確定申告不要制度が利用されている。配当税額控除は、総合課税を選択した場合にしか適用されない。

ならば、赤字法人であっても公共サービスの利益を享受しているからだ。このため、事業税を**外形標準化**して、赤字法人へも課税すべきだという見方もある。外形標準化とは、従業員数、付加価値など所得以外の企業活動の規模を表す指標を用いて課税しようとするものだ。このような考え方にもとづき2004年4月からは、事業税の課税ベースの一部が外形標準化されたものの、適用対象は一部の大企業に限定されてしまった[2]。

(3) 租税理論からみた法人税の位置づけ

租税理論からみた法人税の位置づけは、**包括的所得税**と**支出税**では基本的な違いがみられる。包括的所得税の体系のなかでは、法人税は、所得税の前払いとして位置づけられることになる。つまり、法人税の根拠としての法人擬制説に沿った形で考えられているわけだ。包括的所得税の考え方をベースとした税制改革の報告書である**シャウプ勧告**でも、法人擬制説の考え方が採用されている[3]。その後の包括的所得税を目指した税制改革の報告書として有名な**カーター報告**では、法人税を所得税の最高税率で源泉徴収課税することや、法人税と所得税の完全統合が提唱された[4]。この法人税と所得税の完全統合とは、**インピュテーション方式**による個人所得税と法人税の二重課税の調整は配当についてのみ調整するものであったのに対して、法人所得のうちの留保部分についても個人に帰属させて課税しようとするものだ。留保部分は、配当とは違い、個人株主に直接分配されるわけではないものの、留保部分の増大は、株価の上昇などを通じて最終的には株主の利益につながると考えているわけだ。包括的所得税のもとでは、擬制説の考え方にしたがい、法人は個人株主の集合体であるとして、最終的な法人の収益は個人株主に帰着するものの、源泉徴収としての

---

2) 事業税の外形標準化の詳細については、本書の第16章を参照されたい。
3) たとえば、シャウプ勧告には、「法人の利益が関係株主の所で課税されるとする限り、法人に対しては、いかなる課税をおこなう理由はないだろう」という記述が見られる。地方行財政制度資料刊行会編（1983）p.75引用。
4) カーター報告とは、カナダの税制改革の報告書（*Report of the Royal Commission on Taxation*）である。カーター報告については、栗林（2005）が詳しい。

法人税の意義があるとされていることになる。

支出税のもとでの法人税の位置づけも包括的所得税と同様に、理論的には、法人の収益は最終的にすべて個人に帰着するので法人税は不要だとされる。ただし、現実には、個人段階で法人の収益を把握するのは困難であるために、支出税の前払いとしての法人税の意義があるとされている。

包括的所得税と支出税はともに、個人所得税の前払いとして法人税を捉えているものの、課税ベースについては大きな違いがみられる。包括的所得税のもとでの法人税の課税ベースが法人所得であるのに対して、支出税のもとでの課税ベースは、**キャッシュフロー**（cash flow）となる。キャッシュフローとは、一定期間の資金流入から消費以外の資金流出を差し引いたものである。支出税のもとでの課税ベースとなるキャッシュフローは、

キャッシュフロー＝収入－仕入－投資

となる。この支出税のもとでの課税ベースとなるキャッシュフローと現行の法人税法との最大の違いは、投資額の全額が即時償却されるところにある。法人税法では、投資額は、後述する定額法ないし定率法にもとづいて減価償却されることになる。

支出税を提唱した税制改革の報告書であるミード報告では、**キャッシュフロー法人税**について3つの課税ベースを挙げている。

①Rベース　　　税・サービスの実物取引に係るキャッシュフロー
②R＋Fベース　実物取引＋金融取引に係るキャッシュフロー
③Sベース　　　非法人の株主に関する資本取引に係るキャッシュフロー

Rベースとは、税・サービスの実物取引に係るキャッシュフローを課税ベースとするものであり、R＋Fベースとは、Rベースに加えて金融取引を課税ベースとするものであり、Sベースとは非法人の株主に関する資本取引に係るキャッシュフローを課税ベースとするものである[5]。

5）キャッシュフロー法人税の課税ベースについての詳細は、戸谷（1994）を参照されたい。

このキャッシュフロー法人税のメリットとして戸谷（1994）は、第1に投資が即時全額控除されることが、投資に対して中立性を保つこと、第2に個人所得税と法人税の間での二重課税の問題を解決できること、第3に現行の法人税の課税ベースである「所得」の算出に関する恣意性を排除し、客観的な課税ベースであることを挙げている[6]。キャッシュフロー法人税の簡素性を評価しているのが古田（1993）である。古田（1993）は、投資の即時控除により、「物理的償却率や資本財価格の変化を測定する必要がない…中略…資金の調達コストを控除しないことにより、…中略…インフレーションに対する調整も必要としない…中略…税務行政の簡素化に大きく寄与する」と述べている[7]。一方、キャッシュフロー法人税を税収調達能力の点から批判的に論じているのが宮島（1986）である。宮島（1986）は、キャッシュフロー法人税の税収調達能力は過渡期を除けば基本的には存在しないことから「法人税の段階的縮小ないし安楽死のための構想」だとしている[8]。

11.2　法人税と企業行動

この節では法人税が企業行動に与える影響をみていこう。法人税は、純粋な利潤税として課税されるならば投資に対して中立的となる[9]。しかし、現行の法人税は、減価償却の方法や投資税額控除などの存在により投資に様々な影響を与えている。

(1) 減価償却

わが国の減価償却制度は、2007年度改正で大きく改正されている。この章では、改正前の（旧）定額法と（旧）定率法の仕組みについて説明する。現行法でなく、改正前の減価償却制度にもとづいて説明するのは、旧制度の方が減価

---

6) 戸谷（1994）p.177参照。
7) 古田（1993）p.90引用。
8) 宮島（1986）p.92参照。
9) 法人税の中立性についての詳細な議論は、土居（2002）p.127〜p.133の説明を参照されたい。

償却制度の持つ意味を直感的に理解するのに役立つからである。(旧) 定額法は、

$$（取得価額－残存価額）／耐用年数＝年当たり償却額 \quad (11-1)$$

で年当たり償却額を求めるものだ。ここで残存価額とは耐用年数経過後のスクラップ価格を意味する。基本的な考え方としては、スクラップ価格を差し引いた機械設備などの購入費用を耐用年数の期間にわたって均等に経費として計上するものだ。

一方、毎年の償却割合を一定に保つものが (旧) 定率法であり、

$$取得価額 \times (1-償却率)^n = 残存価額 \quad (11-2)$$

で計算されることになる。ただし、n は設備の耐用年数である。この式は以下のように変形すれば償却率を求める式に書き換えることができる。

$$(1-償却率)^n = 残存価額／取得価額$$
$$1-償却率 = (残存価額／取得価額)^{(1/n)}$$
$$償却率 = 1 - (残存価額／取得価額)^{(1/n)} \quad (11-3)$$

この定額法と定率法での毎年の償却額の違いをみるために以下のような簡単な数値例を挙げてみよう。

数値例
取得価額　1,000万円　　耐用年数　10年　　スクラップ価格　100万円

まず、定額法のもとでは取得価額が1,000万円の設備は、スクラップ価格を差し引くと900万円となり、これを耐用年数の10年で割ると毎年の償却額は90万円となる。一方、定率法のもとでの償却率は、(11-3) 式に数値例をあてはめると0.205672となることがわかる。この定額法のもとでの毎年の償却額と定率法のもとでの償却率から求めた毎年の償却額の変化を計算したものが**表11-1**だ。この表をみると定率法のもとでの毎年の償却額は、1年後の205.67万円が最も大きく、2年後の163.37万円、3年後の129.77万円と後になるほど償

表11-1 定額法と定率法の比較

(単位：万円)

	定額法		定率法	
	償却額	残存価額	償却額	残存価額
1年後	90	910	205.67	794.3
2年後	90	820	163.37	631.0
3年後	90	730	129.77	501.2
4年後	90	640	103.08	398.1
5年後	90	550	81.88	316.2
6年後	90	460	65.04	251.2
7年後	90	370	51.66	199.5
8年後	90	280	41.04	158.5
9年後	90	190	32.60	125.9
10年後	90	100	25.89	100
計	900		900	

却額が小さくなることがわかる。つまり定率法の方が投資資金をより早く回収できることになる。ただし、企業にとっては、定率法の方が有利だとは一概には言えない。将来に法人税率の引き上げが予定されているならば、定額法を選択したほうが将来時点での課税ベースを小さくすることで税負担を小さくすることができるからだ。

(2) 利潤動機による投資の決定

次に、法人の投資は、どのようにして決定されるかを考えてみよう。ミクロ経済学で学んだように、企業は利潤最大化行動をとると考えられている。投資の決定もこの利潤動機で説明することが可能だ。いま、t期の予想収益をR_t、利子率をr、初期投資をK_0、設備の耐用年数をT年とすると、企業の投資は以下の式であらわされる投資収益の純現在価値に依存して決定されるものと考えられる。

$$\mathrm{NPV} = \frac{R_1}{(1+r)} + \frac{R_2}{(1+r)^2} + \cdots + \frac{R_t}{(1+r)^T} - K_0 \qquad (11-4)$$

　ここで、NPV とは、Net Present Value の略称であり、投資収益の純現在価値を意味する。現在価値とは、利子率（割引率）を用いて将来の価値を現在の価値に割り戻すことを意味する。たとえば、今年の100円は、銀行に預ければ元本に利子を加えた分だけ増加することになる。この１年後の価値は将来価値であり、将来価値から利子率を使って現在の価値に逆算したものが現在価値である。企業は、NPV の値が正の値をとるならば、初期投資を上回る収益を確保できることになる。

　次に、t 期の予想収益が法人税によっていかなる影響を受けることになるかを考えよう。法人税の課税ベースは課税前の予想収益から減価償却を差し引いたものとなる。減価償却の方法としては、定額法が選択されているとしよう。法人税の税率を τ とすると課税後の予想収益は、

$$\text{課税後予想収益} = R_t - \tau(R_t - K_0 / T) \qquad (11-5)$$

となる。ここで K_0 / T は、定額法による減価償却額を意味している。(11-5) 式において法人税率が低下すると予想収益が上昇することになり、企業の投資は増大する。法定耐用年数が引き下げられた場合にも年当たり償却額が増大し、予想収益が増大するため、投資が増大することになる。

(3) 企業価値の最大化

　利潤動機以外の投資の決定理論としては、新古典派による投資理論が存在する[10]。新古典派の投資理論では、企業の目的関数は、将来にわたる企業価値の割引現在価値とされ、設備投資の要因は、**資本コスト**と Tax Adjusted Q であるとされる。資本コストとは、資本を１単位追加したときの限界的な資本の費用のことである。資本コストが低ければ投資は増大することになる。Tax

---

10) 新古典派の投資理論については、前川 (2005) が詳しい。

Adjusted Q とは、法人税制を考慮した場合の**トービンの Q** である。トービンの Q とは、

トービンの Q ＝株式で評価された企業の価値／資本の再取得価格

を意味する[11]。ここで、株式で評価された企業の価値とは、

株式で評価された企業の価値
　　　　　＝株式市場が評価する企業の株価総額＋債務の総額

を意味している。この指標は企業買収の目安にも使われている。仮に Q ＜ 1 ならば、資本の再取得価格よりも株価が割安なことから、企業をまるごと買収し、その企業を解体して設備をすべて売り払うことで利益が得られる。企業の設備投資に関しては、Q ＜ 1 のときには資本設備が企業価値に見合っていないため、設備投資を減少させることになる。逆に Q ＞ 1 のときには設備投資は増加することになる。

11.3　法人税と転嫁

　法人税は、財務省による定義では直接税に分類され、納税義務者である法人が負担するものと考えられている。しかし、実際には法人税の負担は他の誰かに移転されている可能性が高い。この税法上の納税義務者が税負担を他の人々に移転することを経済学では、**転嫁**（Shifting）と呼ぶ。転嫁された税負担の最終的な落ち着き先は、**帰着**（Incidence）と呼ぶ。この節では、法人税の転嫁と帰着について説明しよう。

⑴　転嫁の経路
　法人税の負担は、次の3つ経路を通じて消費者、従業員、株主のいずれかに帰着することになる。

---

11) トービンの Q について詳しくは、本間編（1994）p.299～p.300を参照されたい。

① 生産物価格への転嫁	消費者に前転
② 賃金の切り下げ	従業員に後転
③ 配当の減少	株主へ後転

　第1の経路は、生産物価格への転嫁を通じて、法人税の負担を消費者に転嫁するものだ。この消費者への転嫁は、**前転**と呼ばれる。第2の経路は賃金の切り下げを通じて、法人税の負担を従業員に転嫁するものだ。この従業員への転嫁は**後転**と呼ばれる。第3の経路は、配当の減少を通じて、法人税の負担を株主に転嫁するものだ。この株主への転嫁も後転と呼ぶ。仮に法人税が製品価格に転嫁されるなら、法人税は直接税ではなく、間接税であると考えられることになる。

(2) 古典的な見解：部分均衡モデル

　この法人税負担の転嫁に関する、古典的な見解から見ていこう。法人税による影響を法人部門に限定して分析する部分均衡モデルを用いた場合には、法人税は消費者価格には転嫁されず、すべて株主に法人税の負担が帰着するという結論が得られている。単純化のために減価償却を無視し、利潤税としての法人税を考えると、法人の利潤は、

$$\text{利潤} = (1 - \text{法人税率})\{\text{生産物価格} \times \text{生産量} - \text{総費用}(X)\}$$

と定義できる。ここで、利潤を π、法人税率を τ、生産物価格を P、総費用を $TC(X)$、生産量を X とおくと、利潤の定義式は、

$$\pi = (1 - \tau)\{PX - TC(X)\} \tag{11-6}$$

と書くことができる。

　企業が利潤を最大にするような生産量は、(11-6) 式を X で微分することで得られる。

$$d\pi / dX = (1-\tau)P - (1-\tau)MC = 0$$
$$P = MC \qquad (11-7)$$

ただし MC は限界費用である。(11-7) 式は、法人税課税後の利潤最大化の必要条件である。この条件式には、法人税率は何らの影響も与えていないことがわかる。すなわち、企業が短期的な利潤を最大化する場合、課税前に利潤を最大化する価格を設定しているなら、法人税を転嫁しようとして、生産物価格に上乗せすることは、利潤の減少につながることになる。したがって、企業は法人税の負担を消費者に転嫁するのではなく、株主の受け取り額を減少させることになる。

(3) 一般均衡分析

この古典的な見解では、他の条件は所与とし、特定の市場のみを分析する部分均衡分析が採用されていた。しかし、より一般的な分析手法としては、財市場、要素市場などの相互依存関係を考慮した一般均衡分析を採用することが望ましい。法人税の転嫁と帰着について最初に一般均衡分析をおこなったのが Harberger (1962) である。以下では、ハーバーガー・モデルの基本構造とその結論のみを紹介しよう[12]。ハーバーガー・モデルでは、法人部門と非法人部門がそれぞれ資本と労働を用いて異なる商品を生産していると仮定される。さらに、資本と労働の生産要素は、市場で移動するものと考えられている。

たとえば、法人部門へ資本課税をおこなうと、法人部門の課税後利潤が低下するので、法人部門から非法人部門へと資本が移動する。法人部門では、資本を減らし、労働に代替することになる。すると、今度は労働が非法人部門から法人部門へ移動することになる。法人部門の生産物価格は上昇し、消費者の一部に法人税が帰着することになる。生産物価格が上昇すると、消費者の需要も減少するので、製品の供給量も減少し、労働需要も減少することになる。労働需要の減少は賃金の低下をもたらすので、法人税は労働者にも帰着することに

---

[12] ハーバーガー・モデルのより詳細な解説は、古田 (1993) を参照されたい。

なる。法人税の帰着の度合いは、法人部門の生産物に対する需要の弾力性、労働と資本の代替の弾力性、両部門の労働集約度に依存することになる。法人税の帰着は、これらの様々な要因に依存するために、一般均衡分析では様々な帰着の可能性があることになる。したがって、確定的な結論を得るためには、理論分析だけでは不十分であり、現実のデータを使った実証分析が必要となる。

⑷　法人税転嫁の実証分析

　法人税転嫁の実証分析としての先駆的な研究には、Krzyzaniak and Musgrave（1963）が存在する。彼らのモデルは、K-Mモデルと呼ばれている[13]。K-Mモデルは、アメリカの産業別データによる実証分析として、法人税が資本収益率に与える影響を推計したものである。彼らの結論としては、法人税は生産物価格への100％を超える過剰転嫁が見られるというものだった。

13）K-Mモデルを日本に適用した研究については、本書の第3章を参照されたい。

第12章　法人課税改革の課題

　法人課税については、近年、世界各国で法人税率の引き下げ競争がおこなわれてきた。法人税率の引き下げを実現するためには、税率引き下げのための財源確保が必要となる。

　財源確保のためには、課税ベースの拡大、資産所得課税の見直しなどが考えられる。この章では、これらの法人税の改革についての議論を整理しよう[1]。

12.1　法人税廃止論

　包括的所得税の考え方では、法人税は個人所得税の前払いとして位置づけられている。法人税と個人所得税を完全に統合し、配当だけでなく、法人の内部留保も個人株主の段階で課税するならば、法人税を廃止することもできる[2]。しかし、内部留保を持ち株数に応じて個人株主に割り当てることは非常に難しく、徴税コストの面でも多大な費用がかかってしまう。また、法人税の負担は株主だけに帰着するわけではなく、従業員やその他のステークホルダーに帰着することになる。法人税が最終的に誰の負担となるかについては、理論的にも実証的にも決着がついていないのが現状だ。

　法人税は、誰が負担しているかが曖昧であるがゆえに、政治家たちに好まれてきた。日本でも1991年の湾岸戦争時の財源調達のために、法人特別税が課税されていた。法人税は、その性格の曖昧さを利用する形で、財源調達手段として重宝されてきたわけだ。法人税の廃止論は、まさにその曖昧さを批判するも

---

1 ）この章は、橋本（2011）を加筆修正したものである。
2 ）法人税の廃止論については、木下（1990）、橋本（1971）を参照されたい。

のであり、理論的には法人税を廃止することが法人税にまつわる課題を解決するための最もシンプルな提案となる。

　だが、現実には税収の多くを法人税に依存しており、法人税を廃止するためには、個人所得税の増税ないし消費税の増税が必要となる。このような提案は、「大企業を有利にし、負担を庶民に押しつけるものだ」という批判が寄せられることになり、政治的には実現不可能なものと言えよう[3]。

　法人税を即座に廃止することができないならば、少なくとも法人税は、投資に対して中立的であり、かつ公平な課税を実現する形に、変えていかなければならない。また、世界的な法人税率の引き下げ競争のなかで、わが国だけが企業に過大な負担をかけ続けることは、企業の海外流出を加速し、国内投資家の海外投資も増大させることにつながる。

12.2　法人税率の引き下げ

　近年、世界の税制改革の潮流は、法人税率を引き下げる方向にある。これは、各国ともに、法人税率を引き下げることで、国内外の企業の投資を呼び込み、経済の活性化を図りたいという思惑があるからだ。このような税制改革の潮流のなかで日本でも法人税の法定税率が引き下げられてきた。しかし、法人税の税収に占める比率は国際的にみると依然として高い。図12-1は、法人税の税収依存度の国際比較を示したものだ。この図によると日本の法人税の税収依存度は、長期的には低下してきたことがわかる。しかし、依然として欧米諸国の水準と比べると、あきらかに法人税への税収依存度が高いことが示されている。そこで、この節では、法人税率の引き下げに関する様々な見方を紹介することにしたい。

(1)　法人税の税率・税収パラドックス

　近年、法人税の税率引き下げを主張する論者の中には、**法人税の税率・税収**

---

　3) ただし、近年、ドイツでは、法人税を減税し、付加価値税を増税するという組み合わせの税制改革が実現している。ドイツの税制改革については、半谷（2009）が詳しい。

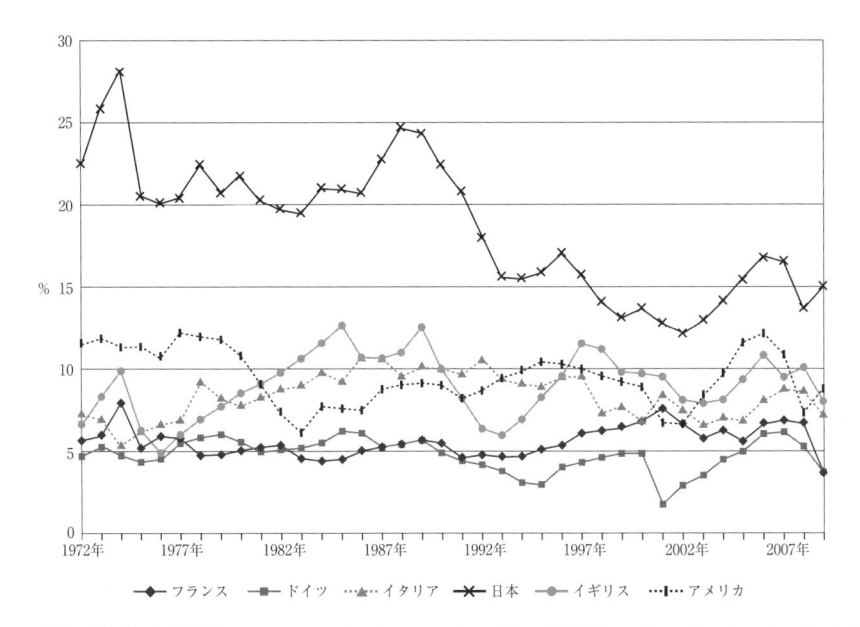

出所：OECD（2010），Revenue statistics: Comparative tables, OECD Tax Statistics（database）より作成。

図12-1　法人税の税収依存度の国際比較

パラドックスをとりあげている者もいる。たとえば、森信（2010）は、「EU諸国では激しい税率引き下げ競争がおこなわれているにもかかわらず、法人税収自体は減っていないこと。法人税収の対 GDP 比はむしろ上昇していることが判明し、「法人税の税率・税収パラドックス」と、加盟国の驚きと関心を買っている」と述べている[4]。

この法人税の税率・税収パラドックスの要因分析を EU 諸国についておこなっているのが、Piotrowska and Vanborren（2008）である[5]。彼らは、GDPに占める法人税収の比率を以下のように分解している[6]。

4）森信（2010）p.223引用。
5）法人税の税率・税収パラドックスについて先行研究を詳細にまとめたものとしては、大野・布袋・佐藤・梅崎（2011）が存在する。
6）Piotrowska and Vanborren（2008）p.7引用。

$$\frac{法人税収}{GDP} = \frac{法人税収}{総法人所得} \times \frac{総法人所得}{総事業所得} \times \frac{総事業所得}{GDP}$$

　この式において、右辺の第1項は法人税の実効税率、第2項は事業所得に占める法人所得のシェア、第3項はGDPに占める事業所得のシェアとなっている。彼らは、EU諸国で法人税の税率・税収パラドックスが生じている原因として、第2項の事業所得に占める法人所得のシェアが増大したためとしている。つまり、法人税率の引き下げが、個人企業よりも法人企業形態になることに有利に働き、法人税収が増大したというわけだ。

　この法人税の税率・税収パラドックスに対して政府税制調査会は、批判的な立場をとっており、「先進国（G7）について各国別に見た場合、法人実効税率が下がっていない国も下がっている国も2003年以降法人税収の対GDP比が伸びている。すなわち、世界的に経済状態が良かったことが増収をもたらしており、法人実効税率を引き下げれば増収になるとの関係は見られない」としている[7]。

　この法人税の税率・税収パラドックスについては、残念ながら日本においては観察されてこなかったという事実も指摘されている。大野・布袋・佐藤・梅崎（2011）は、日本の法人税について税収の要因分析をおこなった結果として「1990年代は税率の低下とともに税収も大幅に低下した。この税収低下の主な要因は実効税率の低下であり、その背景には法定税率の引き下げといった税制要因と、景気低迷に伴う企業の特別損失の計上および繰り越し欠損金控除の引き下げといった景気要因の双方が寄与している」と述べている[8]。

　EU諸国において、法人税の税率・税収パラドックスが観察された原因も、第1に表面税率の引き下げと同時に課税ベース拡大とセットでおこなわれたこと、第2にPiotrowska and Vanborren（2008）が指摘しているように税率引き下げが事業形態として法人を選択する「法人なり」が増加したことによるも

---

[7] 政府税制調査会2010年度第11回専門家委員会会議資料（法人課税）p.18より引用。
[8] 大野・布袋・佐藤・梅崎（2011）p.20引用。

のと考えられる。

　法人税率・税収パラドックスの議論は、レーガン税制改革の際にもてはやされたラッファーカーブの議論と似ている。税率を下げれば逆に税収が増えるという「お話」は、政治家にとっては大変魅力的なものだ。だが、EU諸国における経験も、さまざまな要因が関係しており、国ごとにより詳細な分析を必要としている。また、法人税廃止論の立場からは、法人税率・税収パラドックスが発生するかどうかは、それほど大きな問題とはならない。法人税の税収比率を下げていくことが、法人税の抱える曖昧さを排除し、税制の明確化を図ることにつながるからだ。むしろ、法人税率引き下げの是非は、法人税収でなく、経済活性化と産業の空洞化防止に役立つか否かで考えるべきだ。

(2)　法人税の平均実効税率と限界実効税率

表12-1　法人税の税率概念の分類

	概要	主要文献等
法定税率	税法上の法人税率	法人税法
財務省型実効税率（表面実効税率）	国税と地方税の税率を合計したもの。事業税の損金算入は考慮しているが、各種引当金、投資税額控除など税率以外の要因は無視。	財務省ホームページ
事後的平均実効税率	税務統計における算出税額を課税所得で割ったもの。事業税の損金算入も考慮。	戸谷（1994）、跡田（2000）
事前的平均実効税率	新規投資の将来収益に対する平均実効税率	Devereux and Griffith（1999）鈴木（2010a）、鈴木（2010b）
限界実効税率	追加的投資に対する税負担率	King and Fullerton（1984）岩田・鈴木・吉田（1987）本間・跡田編（1989）Devereux and Griffith（1999）Devereux and Griffith（2003）鈴木（2010a）、鈴木（2010b）

　表12-1は、法人税の税率概念を分類したものだ。法人税の税率概念は、**法定税率、財務省型実効税率、事後的平均実効税率、事前的平均実効税率、限界**

実効税率に分類することができる。法定税率は、法人税法に規定されている税法上の税率をさしている。日本の場合には、2012年税制だと30％（国税）となる[9]。財務省が使っている法人実効税率は、基本的には、国税と地方税の法定税率を合計したものだ。ただし、事業税が国税の法人税の損金算入の対象となることを考慮している。この財務省型の法人実効税率は、各種の引当金の存在などを無視しており、経済学的には実効税率にはそぐわないため、表面実効税率と呼ばれることもある。事後的平均実効税率は、税務統計における算出税額を課税所得で割ることで、実効税率を求めたものもある。これは、既存の税制改正の影響を反映しているという意味で事後的に算出された実効税率である。事後的実効税率の先行研究には、戸谷（1994）、跡田（2000）が存在する[10]。

財務省型実効税率に対しては、新規の投資を促進するかどうかの指標とはならないという批判があり、経済学者の間では、限界実効税率が使用されてきた[11]。これは、追加的な投資に対する税負担率を測定するものであり、King and Fullerton（1984）の研究をベースとするものだ。日本でも、岩田・鈴木・吉田（1987）、本間・跡田編（1989）など数多くの研究がなされてきた。

近年、事前的（forward-looking）実効税率とよばれる新しい指標が使われるようになってきた。従来使用されていた事後的な実効税率では、税制改革が実行された場合の投資への影響を測定することができない。そこで、新規投資の将来収益に対する平均実効税率を求めることで税制改革の影響を把握する指標が開発された。この事前的実効税率は、Devereux and Griffith（1999）の研究をベースとするもので、鈴木（2010a）、鈴木（2010b）が、その指標を用いて日本の法人税の事前的実効税率を推計している。

このような様々な法人税率は、多国籍企業の意思決定にどのように関連するのであろうか。ミード報告を継承した最新の税制改革の報告書として注目を浴

9）中小企業向け、公益法人向けの軽減税率もある。
10）跡田（2000）では、「税額調整前」実効税率という用語が使用されている。詳しくは、跡田（2000）p.10を参照されたい。
11）財務省型法人実効税率の問題点については、本間・跡田（1989）のp.71を参照されたい。

びているマーリーズ・レビューでは、4段階で法人税率が企業の意思決定に影響を与えるとしている[12]。

第1段階は、自国で生産し、輸出するか、それとも海外で生産するかという、選択の問題である。海外で生産した場合には、通常はその投資先の国で法人税が課税されることになる。企業が海外生産を選ぶかどうかは、どちらがより高い課税後の収益を生じるかに依存するので、法人税の**平均税率**が意思決定の重要な役割を果たすことになる。

第2段階は、海外生産を選択した企業が、生産をおこなう国の選択の問題である。この海外生産の対象の選択においても、法人税の平均税率がその尺度となる。

第3段階は、海外投資の規模の選択の問題である。この問題については、従来から経済学者の間で使われてきた**限界実効税率**がその目安となる。

第4段階は、利潤を計上する国の選択の問題である。多国籍企業には、グループ企業間での利益を操作する余地があり、その際には**法定税率**が、操作の際の参考となる。したがって、法人税率の引き下げが企業の海外流出を防ぐことができるか否かは、**表12-1**で示した税率の概念すべてが影響を与えることになると考えられている。このような選択を企業がおこなう際には、自国と他国との税率水準が問題となる。つまり、世界各国で法人税率の引き下げ競争がおこなわれている現状では、企業の海外流出を阻止するためには法人税率を引き下げざるをえないわけだ。

(3) 法人税の引き下げと家計の負担

法人税は、最終的に誰が負担することになるかについては、労働市場や資本市場などの需要と供給の弾力性などに依存するため、理論的にも実証的にもいまだに明確な結論は得られていない[13]。そこで、**図12-2**に示した法人税の引

---

12) 以下の叙述は、Auerbach, Devereux and Simpson (2007) p.16〜p.18を参照した。マーリーズ・レビューの解説としては、企業活力研究所 (2010) が詳しい。
13) 法人税の帰着の議論の詳細は、本書の第10章を参照されたい。

き下げに関する企業アンケートの結果を参考にして、法人税引き下げの影響について考えてみよう。企業アンケートの結果をみると、法人税を引き下げた場合に最も多い答えは、内部留保を増加させるというものが25.6%と最も高く、借入金の返済の16.8%、社員に還元の15.5%がそれに続いている。古典的な経済学の見方であった株主への還元は1.8%にすぎない。しかし、社員に還元という答えの15.5%とその他0.7%、分からない13.1%を除けば、長期的には法人税の減税のメリットのほとんどは株主に帰着すると考えられる。なぜならば、内部留保、借入金の返済、設備投資の増強、研究開発投資の拡大は、長期的には株価の上昇要因になると考えられるので、最終的には株主に帰着することになるだろう。法人税減税の恩恵のほとんどが株主に帰着すると考えた場合には、どのような家計にその恩恵がもたらされることになるのだろうか。

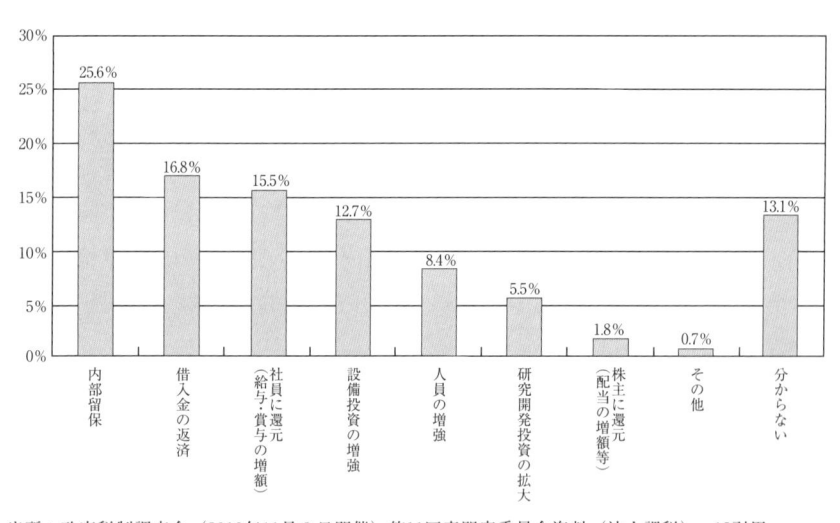

出所：政府税制調査会（2010年11月8日開催）第11回専門家委員会資料（法人課税）p.13引用。

図12-2　法人税引き下げに関する企業アンケート

図12-3は、『全国消費実態調査』の勤労者世帯について、所得階級別に株式・株式信託残高が貯蓄残高に占める比率と、株式・株式信託の保有比率を描

いたものだ。この図によると、株式等が貯蓄残高に占める比率、株式等の保有比率ともに、所得が上昇するにつれて上昇していることがわかる[14]。法人税減税の恩恵は、相対的には高所得層に発生することになるわけだ。したがって、法人税の減税財源は、相対的に有利となる高所得層から調達すべきだ。具体的には、株式優遇税制の見直し、所得税の累進度の強化で調達すべきだろう[15]。

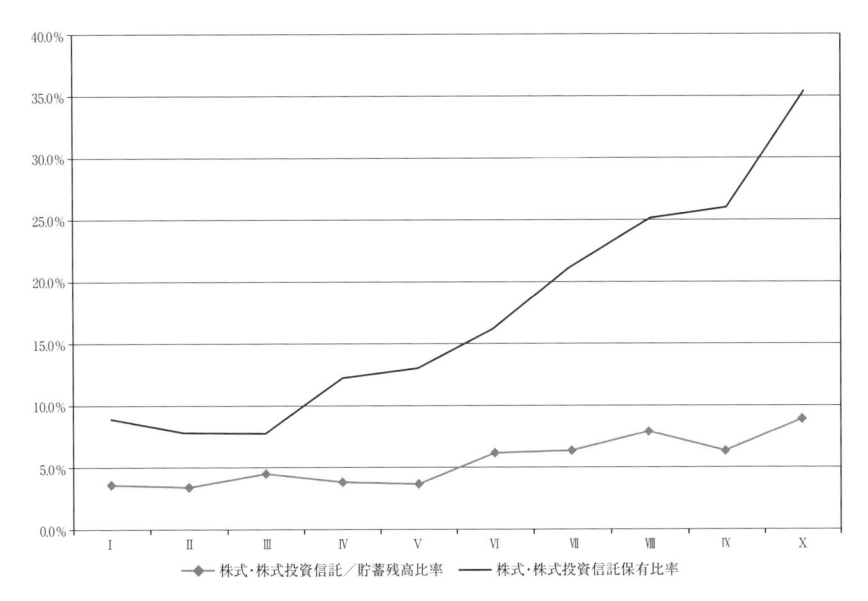

出所:『平成21年全国消費実態調査』第39表年間収入階級・年間収入十分位階級・世帯主の年齢階級別より作成。

図12-3　所得階級別の株式残高比率と保有比率（勤労者世帯）

14) 林（2008）は、所得階級別にみた配当所得が合計所得に占める比率には、低所得層と高所得層の双方で高くなるという、U字型が観察されるとしている（林（2008）p.166参照）。これは、低所得層には引退した高齢者が多く含まれるためである。ここでは引退した高齢者を取り除くため、勤労者世帯のデータを使用した。
15) 森信（2010）も証券優遇税制の見直しを主張している。詳しくは森信（2010）p.237を参照されたい。

12.3　課税ベースの拡大

(1)　中小企業の優遇措置

これまで日本の法人税制においては、中小企業に対する優遇措置として、軽減税率と数多くの租税特別措置を適用してきた[16]。課税ベースの拡大策としては、これらの中小企業向けの優遇措置も検討対象にすべきだ。表12-2は、中小企業向けの租税特別措置等についてまとめたものだ。税率については、2009年度改正により、軽減税率が18%にまで引き下げられているし、交際費課税についての限度額の引き上げもおこなわれている。

このような中小企業向けの特例措置は必ずしも有効に機能していないという批判もある。前川（2005）は、企業の投資率と生産性の関係からみて、中小企業の投資が生産性の上昇に結びついていないことから「効率的な投資を行わせるための政策でなく、弱者保護という大義名分の下、所得保障的な政策として機能してきた」と述べている[17]。

軽減税率と租税特別措置による中小企業の優遇措置については、会計検査院による改善意見も表明されている。会計検査院が2010年10月26日付けに財務大臣および経済産業大臣あてに出した「中小企業者に対する法人税率の特例について」では、「大企業の平均所得金額を超えるなど多額の所得を得ていて財務状況が脆弱とは認められない中小企業者が、中小企業者に対する法人税率の特例の適用を受けている事態が見受けられたことから、…中略…中小企業者に対する法人税率の特例の適用範囲について検討を行うなどの措置を講じるよう意見を表示する」とされている[18]。租税特別措置についても、同様の理由から特別措置の適用範囲について検討すべきだとしている。

表12-3は、資本金階級別の交際費等の支出額の状況をまとめたものだ。この表によると営業収入10万円当たりの交際費支出額は、資本金が1,000万円未

---

16) シャウプ勧告以降の中小企業向けの優遇措置の経緯については、西野（1990）が詳しい。

17) 前川（2005）p.78引用。

18) 会計検査院（2010）『中小企業に対する法人税率の特例について』p.7引用。

表12-2　中小企業向け租税特別措置等の経緯と現状

中小企業向け租税特別措置等

【経緯・現状】
○　昭和62年度改正において、円高の定着等の内外経済情勢を背景に、中小企業等基盤強化税制を導入。
○　平成10年度改正において、「総合経済対策」により、民間投資を促進するため中小企業投資促進税制を導入。
○　平成15年度改正において、活力ある中小企業の経営基盤を強化するため、中小企業者の少額減価償却資産の取得価額の損金算入の特例を導入。
○　平成21年度改正において、「生活防衛対策」により軽減税率を22%⇒18%に引下げ、欠損金繰戻還付制度の不適用措置から中小企業を除外、「経済危機対策」により交際費課税につき定額控除限度額を400万円⇒600万円に引上げ。
○　本年10月26日に、会計検査院より、所得金額が多額に上る中小企業者に対して中小企業者に対する軽減税率及び租税特別措置が適用されている実態を踏まえ、適用範囲について検討するよう意見表示。

措置・施策名	措置の概要	22年度減収見込額(億円)
中小企業者等が機械等を取得した場合の特別償却又は法人税額の特別控除（中小企業投資促進税制）	中小企業者等が、特定機械装置等の取得等をした場合には、取得価額（船舶は取得価額の75%）の30%の特別償却又は7%の税額控除（当期の法人税額の20%を限度）ができる。	▲1,288
事業基盤強化設備等を取得した場合等の特別償却又は法人税額の特別控除（中小企業等基盤強化税制）	(1) 次の事業を行う中小企業者等が、事業基盤強化設備等の取得等をした場合には、取得価額の30%の特別償却又は7%の税額控除（当期の法人税額の20%を限度）ができる。 ① 特定農産加工業 ② 卸売業又は小売業 ③ 飲食店業 ④ 特定のサービス業 ⑤ 情報基盤の強化が事業基盤の強化に資する事業 ⑥ 経営革新のための事業 ⑦ 地域産業資源活用事業 ⑧ 農商工等連携事業 (2) 中小企業者等の教育訓練費割合が0.15%以上である場合には、教育訓練費の額の8～12%の税額控除（上記(1)と合計して、当期の法人税額の20%を限度）ができる。	▲319
中小企業者等の少額減価償却資産の取得価額の損金算入の特例	中小企業者等が、取得価額30万円未満の減価償却資産（少額減価償却資産）の取得等をした場合には、取得時に全額損金算入ができる。 ただし、少額減価償却資産の取得価額の合計額が年300万円を超えるときは、その取得価額の合計額のうち年300万円に達するまでのその合計額を限度とする。	▲164
中小企業者等以外の法人の欠損金の繰戻しによる還付の不適用	中小企業者等以外の法人については、解散等の場合の欠損金額を除き、欠損金の繰戻しによる還付制度を適用しない。	

(注)　その他、沖縄の中小企業者を対象とする措置が存在。
出所：政府税制調査会（2010年11月8日開催）第11回専門家委員会資料（法人課税）p.33引用。

満の法人の678円が最も高いことがわかる。1,000万円未満の法人の交際費の損金不算入割合は11.1%となっているので、そのほとんどに法人税がかからないことになる。これらの交際費に含まれると予想される私的な飲み食いの費用は、法人税も所得税もどちらからも課税されないわけだ。イギリスでは、中小企業を含めて交際費は原則として損金不算入となっている。大企業だけでなく中小企業についても原則として損金不算入とすべきだ。

表12-3　資本金階級別交際費等支出額の状況

区　　分	支出額 (A)	損金不算入額 (B)	損金不算入割合 (B)／(A)	1社当たり	営業収入 10万円当たり
（資本金階級別）	億円	億円	％	千円	円
1,000万円未満	8,148	906	11.1	520	678
1,000万円以上 　5,000万円未満	11,647	2,066	17.7	1,235	355
5,000万円以上 　1億円**以下**	2,373	1,069	45.0	3,301	163
1億円**超** 　10億円未満	1,772	1,772	100.0	8,588	133
10億円以上	4,771	4,771	100.0	76,408	110
小　　計	28,712	10,584	36.9	1,100	247
連 結 法 人	1,267	1,255	99.1	154,451	79
合　　計	29,979	11,839	39.5	1,148	226

出所：国税庁『税務統計からみた法人企業の実態（平成21年分）』p.16引用。

(2)　配当税額控除

　日本の税制は、包括的所得税をベースとしたシャウプ勧告から出発したために、法人税は個人所得税の前払いとして位置づけ、法人税と個人所得税の間の二重課税を「緩和」するために、法人段階と個人段階の双方で部分的な調整措置を試みてきた。1989年以降は、法人段階での配当軽課措置を廃止し、個人段階での配当税額控除制度によって部分的な二重課税の調整をおこなっている。配当部分に関して、個人所得税と法人税の間の二重課税を完全に調整する方法としては**インピュテーション方式**が存在する[19]。インピュテーション方式と

は、仮に法人税が存在しない場合に生じていたはずである個人の課税ベースを配当以外の課税所得、課税後配当所得、法人税を加算することで算出し、その課税ベースに累進税率表を適用することで所得税額を算出し、さらにその所得税額から法人段階で配当部分に課税されていた法人税の税額を差し引くことで最終的な税額を決定するものだ。

このインピュテーション方式は、ヨーロッパ諸国で採用されてきたが、ドイツでは、すでに廃止されている。インピュテーション方式の廃止の背景として、森信（2010）は、「あまりに複雑すぎる上に、執行コストがかかりすぎるという批判が根強くあったところに、…中略…ドイツ法人の株主がフランス人であるといった域内非居住者株主については、二重課税の調整を行っていなかったので、居住者と非居住者の間で取り扱いが異なり、差別的とされた」ことを指摘している[20]。

個人所得税と法人税の二重課税の調整が必要とされてきたのは、従来の経済学の考え方では、法人段階と個人段階での配当への二重課税が、企業の資金調達をゆがめ、借入金への依存を有利にするとされていたためでもある。しかし、最近の研究では必ずしも配当への二重課税が投資を阻害しないという見方もでてきた。たとえば、佐藤（2010）は、「投資資金を内部留保から賄う場合、配当所得への課税は企業の「限界的」資本コストを引き上げない」としている[21]。

法人税と個人所得税の二重課税論は、株主への100％の帰着を前提としたものである。しかし、図12-2で示したアンケート調査をみると配当の増加という形で直接的に株主への還元するとの答えは、1.8％とかなり低い。また、特定口座を利用し、申告分離課税において源泉徴収ありを選択した納税者にとっては、配当税額控除は利用できない。現行制度においては、配当税額控除を利

---

19) 配当だけでなく、留保部分についても個人所得税と法人税の間の二重課税を調整する方法には、完全統合方式がある。完全統合方式では、配当部分に加えて、留保部分も個人株主に持ち株比率を用いて個人に帰属させて、個人段階で課税することになる。
20) 森信（2010）p.207引用。
21) 佐藤（2010）p.42引用。

用するために確定申告をおこなう納税者だけに、節税策を提供するものとなっている。法人税率の引き下げは、法人税と個人所得税の二重課税の「緩和」につながることを考えれば、税制の簡素化のために、個人段階の配当税額控除制度を廃止することも検討すべきだろう。

　ただし、所有と経営が分離していないオーナー企業については、法人税と配当課税の二重課税は問題だ。アメリカの税制では、**S法人**と呼ばれる制度がある。この制度のもとでは、法人税は課税されず、法人所得はすべて個人に帰属させて、個人段階で所得税が課税されることになるため、法人税と個人所得税の二重課税は発生しない[22]。

(3) フリンジ・ベネフィット課税

表12-4　企業規模別の法定外福利費（常用労働者）1人1か月平均

(単位：円)

企業規模	計	住居に関する費用	医療保健に関する費用	食事に関する費用	文化・体育・娯楽に関する費用	私的保険制度への拠出金	労災付加給付の費用	慶弔見舞等の費用	財形貯蓄奨励金、給付金及び基金への拠出金	その他の法定外福利費[注]
1,000人以上	13,670	7,816	1,137	1,116	794	449	158	391	344	1,465
300～999人	8,745	4,742	402	828	456	999	153	249	220	696
100～299人	6,496	2,542	321	626	388	1,408	221	240	197	555
30～99人	5,707	1,344	260	699	461	1,611	377	266	96	593
合計	9,555	4,766	641	871	574	999	216	306	238	944

(注)　「その他の法定外福利費」とは、従業員の送迎費用、持ち株援助、共済会拠出金、保育施設費等をいう。
出所：厚生労働省『平成18年就労条件総合調査』第30表より抜粋。

---

22) S法人の税制についての詳細は、林（2008）p.163を参照されたい。

課税ベース拡大策としては、**フリンジ・ベネフィット**（現物給付）への課税も考えられる。日本の企業は、株主によって監視される度合いが小さく、「従業員管理型」としての行動原理にしたがっているという考え方がある[23]。すなわち、企業の経営者は、利潤最大化ではなく、経営者、従業員の所得を最大化するように行動するものと想定されている。日本企業の多くが、株主への配当よりも、従業員の福利厚生に熱心なわけも、この考え方なら説明可能だ。

表12-4は、企業規模別の法定外福利費を示したものだ[24]。1,000人以上の大企業では、一か月当たりの法定外福利費は13,670円となっているのに対して、30〜99人の企業のそれは5,707円にすぎない。このような現物給付に対しては、現行法のもとでは所得税のもとで対応することになっており、法人税の段階では損金算入の対象となる。しかし、現実には、個人段階で課税される例はまれであり、企業段階で損金算入された金額の多くは、個人段階でも課税されないことが多い。たとえば食事に関する費用の場合には、費用の50％相当を徴収していれば、現物給付とはみなされない[25]。

またオーナー企業においては、経営者の私的な飲食費などの経費の多くを会社の経費として計上し、赤字にすることで法人税も免れ、所得税も課税されていない事例も推測される。

---

23) 日本企業の行動原理については、今井・小宮（1989）を参照されたい。
24) 法定外福利費とは、社会保険料の企業負担分のように法律で決められている法定福利費以外の企業の独自の判断でおこなわれている福利費を意味している。
25) 使用者が役員又は使用人に対し支給する食事については、次に掲げる区分に応じ、それぞれ次に掲げる金額により評価する（昭50直法6-4、直所3-8改正）。
　(1) 使用者が調理して支給する食事　その食事の材料等に要する直接費の額に相当する金額
　(2) 使用者が購入して支給する食事　その食事の購入価額に相当する金額
（食事の支給による経済的利益はないものとする場合）
36-38の2　使用者が役員又は使用人に対して支給した食事（36-24の食事を除く。）につき当該役員又は使用人から実際に徴収している対価の額が、36-38により評価した当該食事の価額の50％相当額以上である場合には、当該役員又は使用人が食事の支給により受ける経済的利益はないものとする。ただし、当該食事の価額からその実際に徴収している対価の額を控除した残額が月額3,500円を超えるときは、この限りでない（昭50直法6-4、直所3-8追加、昭59直法6-4、直所3-7改正）。

このような問題意識は、政府税制調査会の答申においても表明されていた。1996年11月に出された『法人課税小委員会報告』では、「福利厚生費の過度な支出は一般の給与とは異なり、事業遂行上通常必要とされる費用の範囲を超えたものであるので、一種の利益分配としての性格を有しているとも考えられる。したがって、過度な法定外の福利厚生費支出については、これを損金の額に算入しないこととすることにより適切な税負担を求める余地があるのではないかと考える。」とされていた。

　一方、オーストラリアのようにフリンジ・ベネフィット税を、企業に課税している国もある。オーストラリアのフリンジ・ベネフィット税は、社用車、住宅貸し付け、社宅などが課税対象となっている[26]。税率は46.5%（2011年）となっている。

---

26) オーストラリアのフリンジ・ベネフィット税の詳細については、オーストラリアの税務当局（Australian Taxation Office）のホームページ http://www.ato.gov.au/ を参照されたい。

第13章　資産課税制度

　この章では、資産に関する課税について説明する。資産に関する課税は大別すると利子・配当や株式や土地のキャピタル・ゲイン（譲渡所得）のような、保有する資産から生じる所得に対する課税と資産価値そのものを課税ベースとする、厳密な意味での資産課税に分類できる。前者は、税法上は資産課税でなく所得税として取り扱われる。資産価値そのものに課税する税には、固定資産税（地方税）のように固定資産の評価額を課税ベースとして毎年課される資産保有税や、相続税・贈与税（国税）のように資産の所有者が移転した場合に課されるものがある。これらの資産課税については、これまで猫の目のように税制改正が繰り返されてきた。この章では資産課税制度の変遷と仕組みについて説明する。

13.1　資産課税制度の変遷

　この節では、資産課税の主な変遷を資産所得課税としての利子・配当課税、株式の譲渡所得課税、土地の譲渡所得課税、資産価値への課税としての相続・贈与税の変遷をとりあげる。ただし、資産保有税としての固定資産税については、地方税を取り扱う第16章で言及することとしたい。

(1)　資産所得課税の変遷

　資産所得としての利子・配当・譲渡所得は、所得税の課税対象となっている。所得税は、総合課税を原則としているが、利子・配当・譲渡所得については分離課税の対象となっている。わが国の税制の基礎となったシャウプ勧告では、利子・配当所得も総合課税の対象となっていた。しかし、総合課税を基本とす

るシャウプ勧告の理念は、シャウプ勧告直後の税制改正から崩されていくこととなる。

1953年度改正においては、利子所得は分離課税（税率10％）とされた。1953年度の税制改正では、配当所得へ20％の税率での源泉徴収制度が復活した。株式の譲渡所得課税については、シャウプ勧告では総合課税とされていたものが、税務行政上の理由から1953年度の税制改正で原則非課税となった。さらに1955年度の改正では、利子所得の全額非課税、配当所得の源泉徴収率の引き下げ、少額配当の申告調書提出不要限度額が1万円に引き上げられるなどの利子・配当所得への優遇措置が相次いで実施された。

1963年度の改正では、利子所得の分離課税の税率は5％まで引き下げられ、配当所得の源泉徴収率も5％まで引き下げられた。この改正では、少額貯蓄非課税制度も導入された。1965年度の税制改正では、少額配当申告不要制度と源泉分離課税（当時15％）が創設された。1971年1月からは、利子所得についても源泉分離課税の選択制が実施された。

1988年度、1989年度には、消費税導入を含む抜本的税制改革の一環として、利子所得、株式譲渡所得についても大きな改正がおこなわれた。1988年度には、利子所得について、総合課税と源泉分離課税の選択制から、源泉分離課税への改正がおこなわれた。税率は、国税としての利子所得税が15％、地方税としての住民税が5％に設定された。さらに、少額貯蓄非課税制度（いわゆるマル優制度）が原則廃止された[1]。1989年度には、株式の譲渡所得課税について、原則課税化され、申告分離課税と源泉分離選択課税のいずれかを選択する方式となった。

2002年度には、利子所得について老人等少額貯蓄非課税制度が廃止され、障害者等少額貯蓄非課税制度に改組された。老人については、資産保有状況に大きな格差がみられ、年齢のみを考慮した非課税制度は、新たな不公平を生み出

1）ただし、65歳以上の高齢者、母子家庭、身障者など一定の条件を満たしたものについては、従来の制度と同様に、銀行、郵便貯金、国債のそれぞれについて300万円ずつ、合計900万円までの貯蓄について利子が非課税とされた。なお、年金財形と住宅財形については、元金500万円までの利子を非課税とする措置が残された。

すものという批判があったためである[2]。

　配当所得については、本則は申告による総合課税だが、2003年度税制改正により事実上は源泉徴収だけで申告が不要となった[3]。申告した場合には、総合課税となり、適用税率が高くなる可能性があるものの、法人税と所得税の間での二重課税を調整するために設定されている配当控除を適用することができる。さらに、上場株式等の配当所得については、株式投資促進のための優遇税率として、10％（国税7％、地方税3％）で課税されることになった。

　2003年度改正では、株式の譲渡益所得課税が申告分離課税制度に一本化され、源泉分離選択課税制度が廃止された。ただし、2002年度改正で創設された特定口座を利用すれば、源泉徴収だけで申告が不要となった。特定口座とは、銀行や証券会社に個人の投資用の口座を開設し、その口座において損益を通算する制度である。複数の金融機関に特定口座を開設している場合には、確定申告することで金融機関にまたがる特定口座についての損益通算もできる。株式譲渡所得に対する分離課税の税率は、株式投資を促進するための優遇税率として10％（国税7％、地方税3％）で課税されることとなった[4]。この特例措置は、2008年3月までとされていた。

　2008年度改正では、上場株式等の譲渡損失と配当等との間の損益通算の仕組みが導入された[5]。これは、金融所得一体課税をめざした改革と位置づけることができる。2012年現在、金融所得のうち利子所得については損益通算の対象となっていない。その理由は、利子所得の税率が20％であるのに対して、配当所得、株式譲渡益に対する税率が特例で10％となっているためだ。上場株式等に対する優遇税率は、2008年以降も延長され、2011年度改正において2013年末

2）高齢者の非課税制度に関する議論は、林・橋本（1999）が詳しい。
3）2003年度税制改正以前は、少額の配当については源泉徴収のみで納税が完了する申告不要制度があったが、改正後は、上場株式の配当と公募株式投資信託の収益分配金については金額にかかわらず、申告不要制度が適用されるようになった。
4）配当所得と株式譲渡益に対する税率は、本則では20％（国税15％、地方税5％）である。
5）2009年分から実施された。なお、特定口座を利用した損益通算は2010年分から実施された。

まで延長された。

(2) 相続・贈与税の変遷

1949年9月に発表されたシャウプ勧告は、理想的な税制を徹底的に追求した抜本的な改革案であり、相続・贈与税制に関しても大胆な改革案を提示した。シャウプ勧告以前の相続・贈与税は、不動産や金融資産の世代間の移転に際して、それらの資産を受け取った者ではなく、贈与ないし遺贈した者に対して課税する遺産税の形態を採っていた。これに対して、シャウプ勧告では資産の世代間の継承に際して資産の受領者に対して課税する方が望ましいとし、「累積取得税」の採用が主張された。累積取得税とは、相続や贈与があるたびに取得した財産の累積額に対して累進税率を適用し、算出された税額から過去に支払った税額を控除して納税額を決定するものである。

この累積取得税は、1950年の税制改正で一応実施された。しかし、1953年の相続税法改正において、主として財産取得に関する公的記録の維持が困難であるという税務行政上の理由から累積課税が完全に廃止されてしまった。さらに、1958年の税制改正において、遺産税的な要素を加味した取得税体系である法定相続分課税制度に移行することになった。法定相続分課税制度とは、遺産総額から導かれる課税価額の合計額から基礎控除を差し引いたものを、法定相続人が民法に規定される相続分を取得した場合を想定して相続税額を算出し、この総額について各相続人の実際の財産取得額に応じて按分するものである。このような改正より、シャウプ勧告がめざしていた富の集中排除という性格は大幅に弱められることになった。

その後の相続税の改正は、相続税負担の緩和をめざした様々な特例措置の創設によるものである。1975年の相続税法改正では、農地の細分化防止を理由として相続税の納税猶予制度が創設された。この制度では、その地域において恒久的に農業の用に供されるべき農地等として、自由な取引が行われるものとした場合における取引において通常成立すると認められる価格を農業投資価格とし、農業投資価格を超える農地の評価額に課税する相続税を、相続人の農業の継続を条件として納税猶予されることになる。さらに、農地の相続人が死亡時

までないしは20年間農業を継続した場合には、納税猶予が免除され、納税の義務は消滅することになる。

表13-1　小規模宅地等の課税の特例の推移

区　分		昭和58年～ (制度創設)	昭和63年～	平成4年～	平成6年～	平成11年～	平成13年～	平成22年 4月～
事業用 宅地	減額割合	40%	60%	70%	80%			
	適用対象面積	200m²				330m²	400m²	
不動産 貸付	減額割合	40%	60%	70%	50%			
	適用対象面積	200m²						
居住用 宅地	減額割合	30%	50%	60%	80%			
	適用対象面積	200m²				240m²		

出所：財務省ホームページ http://www.mof.go.jp/tax_policy/summary/property/145.htm 引用。

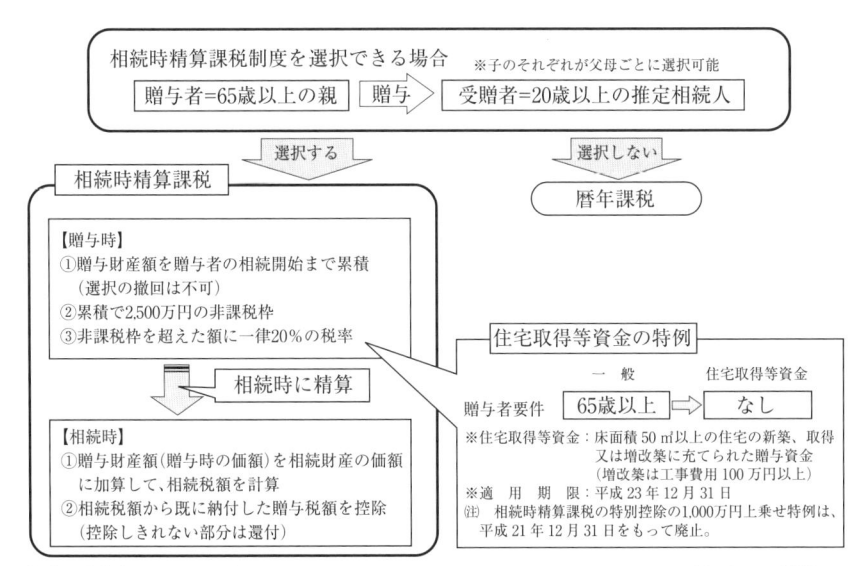

相続時精算課税制度を選択できる場合　※子のそれぞれが父母ごとに選択可能

贈与者＝65歳以上の親　贈与　受贈者＝20歳以上の推定相続人

選択する → 相続時精算課税
選択しない → 暦年課税

【贈与時】
①贈与財産額を贈与者の相続開始まで累積
　（選択の撤回は不可）
②累積で2,500万円の非課税枠
③非課税枠を超えた額に一律20％の税率

↓ 相続時に精算

【相続時】
①贈与財産額（贈与時の価額）を相続財産の価額に加算して、相続税額を計算
②相続税額から既に納付した贈与税額を控除
　（控除しきれない部分は還付）

住宅取得等資金の特例

	一　般	住宅取得等資金
贈与者要件	65歳以上	なし

※住宅取得等資金：床面積50m²以上の住宅の新築、取得又は増改築に充てられた贈与資金
　（増改築は工事費用100万円以上）
※適　用　期　限：平成23年12月31日まで
(注)　相続時精算課税の特別控除の1,000万円上乗せ特例は、平成21年12月31日をもって廃止。

出所：財務省ホームページ http://www.mof.go.jp/tax_policy/summary/property/260-3.htm 引用。

図13-1　相続時精算課税制度の概要

また、地価の上昇による相続税負担を緩和するために、1983年には小規模宅地等の課税価格の計算に関する特例が設けられた。これは、被相続人等が事業または居住の用に供していた宅地等のうち200m^{2}までの相続税の評価額は、全部が事業用の場合には60％、全部が住居用の場合には70％、事業居住併用の場合には事業用の部分を60％、居住用の部分を70％で評価するというものである。この土地に対する優遇措置は、表13-1に示したように、その後も拡大を続けていく。2011年現在では、事業用宅地のうち400m^{2}以下の部分、居住用宅地のうち240m^{2}以下の部分の減額割合は80％にも達している。

2003年度改正においては、図13-1のような、相続時精算課税制度が創設された。この制度では、贈与者が65歳以上、受贈者が20歳以上の場合、累積で2,500万円を限度として、贈与時には非課税枠が認められ、2,500万円を超える部分には一律20％の税率で課税される。相続が発生した段階では、贈与時に累積された贈与額は相続額に合算され、相続税額を計算し、贈与時に支払った贈与税額が控除されることになる。この制度は、贈与税の負担を先送りすることで、生前贈与を促進し、親から子どもへの資金移転を奨励することで、住宅建設促進を図り、景気回復に寄与することが期待されて導入されたものである。

以上でみてきたようにシャウプ勧告以降のわが国の相続税・贈与税の改正は、相続税負担の緩和という立場からのみおこなわれており、シャウプ勧告のめざしていた富の集中排除という立場から今一度相続・贈与税を見直す必要があろう[6]。

13.2 資産課税の仕組み

資産課税のうち資産所得への課税である株式譲渡所得税、利子、配当税は現行制度のもとでは、ほとんどが分離課税されているために、仕組み自体は簡単である。一方、資産の移転に際して課税される相続税、贈与税は、累進課税が

---

[6] 2010年12月16日に閣議決定された「平成23年度税制改正大綱」では、相続税の課税最低限の引き下げ、最高税率の引き上げが打ち出されていたものの、2011年中には国会に改正案が提出されず、その実現は先送りされてしまった。

おこなわれており、複雑な仕組みとなっている。そこで、この節では、資産課税のうち相続税と贈与税の仕組みについてのみ説明しよう。

(1) 相続税の仕組み

現在のわが国の相続税は、法定相続分課税制度と呼ばれる方式を採用している。図13-2は、法定相続分課税制度のもとでの相続税の仕組みを図示したものだ。

まず、遺産総額は、正味の遺産額と非課税財産等、債務等に分類できる。非課税財産には、死亡保険金等の非課税財産と国等への相続財産の贈与等が含まれる。遺産額の計算においては、小規模宅地等の減額も考慮される。

次に、遺産総額から非課税財産と債務・葬式費用を引いた正味の遺産額に相続時精算課税に係る贈与財産と相続開始前3年以内の贈与財産が加算される。この合計遺産額から基礎控除を引いたものが課税遺産総額となる。基礎控除は、

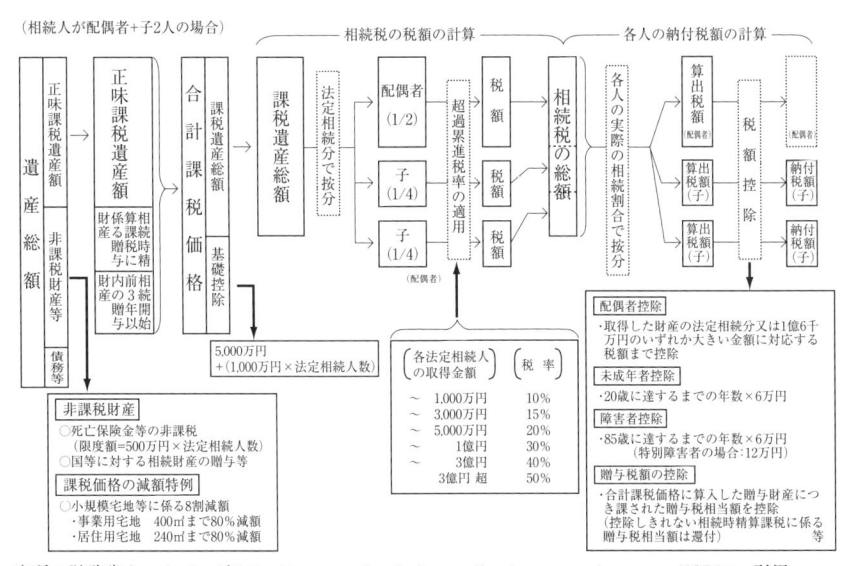

出所：財務省ホームページ http://www.mof.go.jp/tax_policy/summary/property/135.htm 引用。

図13-2　相続税の仕組み（2012年税制）

2012年税制では、5,000万円＋1,000万円×法定相続人数となる。法定相続人数は、民法にしたがい、たとえば夫婦子供2人の4人家族で、夫が死亡したケースでは、妻と子供2人の3人となる。

課税遺産総額は、法定相続分にしたがって分割されることになる。妻と子供2人の場合、妻が2分の1、子供が4分の1ずつとなる[7]。

次に、法定相続分に対応する相続税は、10％～50％までの累進税率表を適用して計算することになる。各法定相続分に対応する相続税を合算したものが相続税総額である。各人の相続税額は、相続税総額を各相続人の実際の相続額比率で按分することで求められる。

最後に、各相続人の相続税額には、税額控除が適用される場合がある。税額控除としては配偶者控除、未成年者控除、障害者控除と贈与税額控除がある。配偶者控除は、資産形成における配偶者の内助の功を認めたもので取得した財産の法定相続分ないし、1億6,000万円のいずれか大きい金額に対応する税額まで控除できる。未成年者控除とは相続人が未成年者の場合にはその者が20歳に達するまでの年数に6万円をかけた金額を税額控除するものである。障害者控除とは、相続人が障害者の場合、85歳までの年数に6万円をかけた金額を税額控除するものである。贈与税額控除とは相続税の対象となる遺産額に含まれる贈与財産につき納付済みの贈与税額を控除するものである。

---

7) 法定相続分は、①独身の場合：父1／2母1／2、②配偶者と子供がいるとき：配偶者1／2子供全員で1／2を等分、③子供がなく、配偶者と両親がいるとき：配偶者2／3両親で1／3を等分、④配偶者がいて両親、子供がなく、被相続人の兄弟がいるとき：配偶者3／4兄弟全員で1／4を等分することになる。

第13章 資産課税制度

(2) 贈与税の仕組み

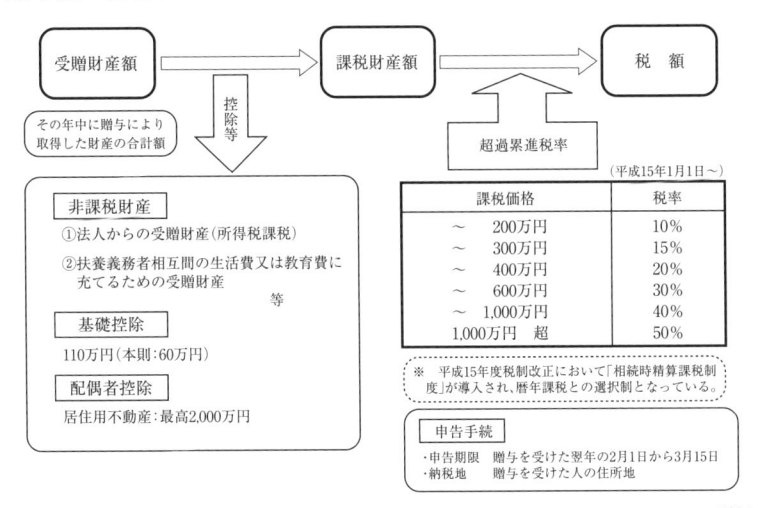

課税価格	税率
～　　200万円	10%
～　　300万円	15%
～　　400万円	20%
～　　600万円	30%
～　1,000万円	40%
1,000万円　超	50%

(平成15年1月1日～)

※ 平成15年度税制改正において「相続時精算課税制度」が導入され、暦年課税との選択制となっている。

申告手続
・申告期限　贈与を受けた翌年の2月1日から3月15日
・納税地　　贈与を受けた人の住所地

受贈財産額（その年中に贈与により取得した財産の合計額）→ 控除等 → 課税財産額 → 超過累進税率 → 税額

非課税財産
① 法人からの受贈財産（所得税課税）
② 扶養義務者相互間の生活費又は教育費に充てるための受贈財産　等

基礎控除
110万円（本則：60万円）

配偶者控除
居住用不動産：最高2,000万円

出所：財務省ホームページ http://www.mof.go.jp/tax_policy/summary/property/153.htm 引用。

図13-3　贈与税の仕組み（2012年税制）

　わが国の贈与税は、相続税の補完として位置づけられている。図13-3は、贈与税の仕組みを図示したものだ。現行の贈与税は、一年間の贈与財産額から基礎控除として認められる110万円を差し引いた金額に累進税率表を適用して計算されることになる[8]。贈与税の税率表の方が相続税の税率表よりも累進度がきつくなっている。しかし、贈与税は親から資産を移転する時期が相続に比べて早いために、現在価値で比較すると必ずしも贈与税の方が税負担が重くなるとは言えない。

---

8) 本則では基礎控除は60万円である。

235

第14章　資産課税の理論

　この章では、資産課税の理論について説明する。利子、配当、譲渡所得などの金融所得は、経済学的には**資本所得**に分類される。資本所得については、最適課税論では効率性の観点からは、非課税が望ましいとされている。近年、資本所得については、北欧諸国で導入された**二元的所得税論**をわが国でも適用しようという考え方が主流になりつつある。土地に関する税制は、**フロー**に対する課税である譲渡所得税と**ストック**に対する課税である固定資産税がある。土地の譲渡所得税については、長期と短期の区別が設定されていることで、**ロックイン効果**という経済効果が発生する。固定資産税、地価税については最終的な税の帰着についての理論がある。相続・贈与税については、相続税が経済成長に及ぼす影響などに関する経済理論がある。この章では、これらの経済理論についての解説を試みる。

14.1　資本所得課税の理論

(1) 資本所得課税の理論

　第2章で説明した最適課税論は、ある一時点のみを分析の対象とした静学的な分析にもとづくものであった。これに対して、資本所得税を含めた最適課税論は、長期的な影響を分析対象とする動学的な分析にもとづくものである。この分野での最適課税の論文は、世代重複モデルを用いた理論分析によるものが多い[1]。資本所得の最適課税の理論分析では、通常、**代表的家計**の存在を仮定しておこなわれている。代表的家計とは、社会を代表するのは一人だけであり、

---

1) 資本所得の最適課税論については、井堀 (2003) が詳しい。

複数の家計が存在していないという意味だ。複数の家計が存在しないならば、所得格差も存在しない。つまり、代表的家計という単純化のための仮定は、所得再分配の必要性がない世界を想定していることになる[2]。その意味では、最適間接税論における**ラムゼー・ルール**と同様に、公平性の問題を捨象し、効率性の問題のみを取り扱っていることになる。この最適な資本所得税の命題では、資本所得税の税率をゼロにすべきだとされている。効率性の観点から考えれば、資本所得税の税率をゼロにしたほうが資本蓄積を促進し、より高い経済成長率が得られることになるからだ。

　また、資本所得へ課税することは、超過負担を発生させるという意味で効率性を阻害することになることも知られている。第8章では、無差別曲線による図解分析にもとづいて利子所得税と消費税の経済効果を示した。2期間モデルを用いると、利子所得税は家計の予算制約の傾きを変化させるのに対して、第1期の消費と第2期の消費の両方に対して同じ税率の消費税を課税した場合には、消費者の予算制約線は平行移動し、所得効果のみを持つことになる。第8章での図解分析では、消費税が定額税と同様の経済効果を持っていた。超過負担は、定額税を課税した場合と利子所得税を課税した場合の効用の差ないし、税収の差として定義される。第8章でみた消費税を定額税と読み替えれば、図8-3でf点とg点での効用水準の差が利子所得税の超過負担を示すことになる。ただし、第8章で述べたように、消費税も余暇と消費との間での超過負担を発生させている。超過負担という観点からは、各種の租税による相対的な効率性の阻害の程度が問題となるわけだ。最適な資本所得税の理論分析では、相対的な効率性の阻害の程度を比較すると資本所得税の阻害度合いの方が高いために、最適な資本所得税の税率がゼロとされているわけだ。ただし、この資本所得税の理論分析では、通常、代表的家計を想定しているだけでなく、勤労所得への税制も比例税に単純化しておこなわれている。現行税制のように所得税において累進税率表が適用されている状況では、勤労所得への課税による超過負担の方が利子所得を上回ることも予想される。

2）ただし、経済成長、公的年金制度の違いなどによる世代間の格差は存在する。

(2) 二元的所得税論

二元的所得税論とは、所得を勤労所得と資本所得に分類し、資本所得には低率の分離課税を設定するという考え方である。戦前の日本で採用されていた分類所得税では勤労所得に軽課、資本所得は不労所得として重課していた。一方、二元的所得税論は、勤労所得に重課、資本所得へ軽課するところにその特徴がある。従来の分類所得税では、公平性の観点を重視していたのに対して、二元的所得税論では、効率性の観点を重視しているために、正反対の課税方法が推奨されていることになる。二元的所得税論は、福祉国家として勤労所得と資本所得の双方を総合課税し、きわめて高い累進課税をおこなっていた北欧諸国から導入が始まった。北欧諸国では、資本所得への高い税率が資本の海外流出を招いた事態に対する対処が必要だったのである。その意味では、シャウプ勧告以降の税制改正において、総合課税の原則を崩し、資本所得に対する税率を低く設定してきたわが国とは、異なる状況にあることを忘れてはならない[3]。

表14-1 二元的所得税の課税方法の違い

北欧型	資本所得税と法人所得税の税率がほぼ同じ。 勤労所得税の最低税率と資本所得税の税率が同じ。
ドイツ型	資本所得税、法人所得税の税率が異なる。 勤労所得税の最低税率と資本所得税の税率が異なる。

実際に二元的所得税を導入した国の間では、**表14-1**のように北欧型とドイツ型に課税方法を分類することができる。二元的所得税の本家である北欧型では、資本所得、法人所得、勤労所得の間の関係に一定のルールが適用されている。吉村（2010）は、「北欧型の（純粋な）二元的所得税の特徴として、租税裁定をふせぐため、法人税率、資本所得税率、及び勤労所得の最低税率の三者間に比較的強い結びつきがある」としている[4]。租税裁定とは、経済活動において税率の違いにより、税負担が軽くなる方法を選択することを意味している。

3）二元的所得税に関する日本での議論については、本書の第15章でも扱う。
4）吉村（2010）p.28引用。

たとえば、二元的所得税が導入された場合は、個人事業主には、法人税、資本所得税、勤労所得税のいずれを支払うのが有利になるかを選択する余地が生じることになる。仮に勤労所得税と法人税の税率が資本所得税の税率よりも高いのであれば、個人事業主は事業主報酬を低く抑えて、配当を高めることで租税を合法的に節税できることになる。完全に租税裁定を防ぐのであれば、勤労所得税の最低税率と法人税率、資本所得税の比例税率を揃えるよりも、勤労所得税の最高税率と資本所得税の最高税率を同一にすればよいわけだが、それでは、資本所得税率を低率にすることで資本の海外逃避を防ぐという二元的所得税の当初の目的を達成できないことになる。

14.2 土地税制の経済効果

(1) 地価の決定要因

地価はどのように決定されるだろうか。それは土地を取得することによって得られる収益、すなわち「**地代**」と安全資産に振り向けた場合に得られる収益が均衡するところで決定される。ここでは、安全資産として、銀行預金を想定する。これは、以下のような式で示すことができる。

$$P = \sum_{i=1}^{n} \frac{R\,(1+n)^{i-1}}{(1+r)^i} \qquad (14-1)$$

ただし、P は地価、R は地代、n は地代の年間上昇率、r は利子率、i は期間である。右辺の分子は、当期に土地を利用することによって獲得できる収益の合計である。分母は、利子率を用いて、地代を現在価値に直すための措置だ。(14-1) 式は、「地価は、土地の利用収益の割引現在価値の合計に等しい。」ということを表している[5]。

この式から地価 (P) の上昇の原因は、次のように整理できる。第1に、土

---

5) このような理論があてはまるかどうかの実証研究については、西村 (1990) を参照。西村 (1990) は80年代前半までについてはこの理論があてはまるが、80年代後半についてはあてはまらないとしている。80年代後半の地価高騰についてバブル要因があるとしている。

地の生産性が上昇することであり、これはnの上昇で示される。たとえば、道路や上下水道の整備が進むと、土地の利用価値が高まる。第2に、地代Rの上昇が考えられる。たとえば、建坪率や建築物の高さに対する規制が緩和されると、同じ面積から生み出す単位あたりの地代は上昇する。第3に、利子率rが低下すると、分母が小さくなり、地価が上昇する。たとえば、中央銀行がおこなう金融政策は、利子率の低下を通じて、地価に影響を与えることになる。

（14-1）式は、土地の保有のみを考え、資本所得（**キャピタル・インカム**）のみ考えたときの地価決定のメカニズムを示したものだ。しかし、土地は、売却することで**資本利得（キャピタル・ゲイン）**を獲得することも可能だ。土地の保有者は、土地を保有し続けて資本所得を獲得し続けたほうがよいのか、土地を売却して資本利得を獲得したほうがよいのかの選択をおこなうことになる。

いま、土地保有者が、保有している土地を売却し銀行に預金するか、それとも地価の上昇を期待して土地を保有し続けるかを選択するものとしよう。土地を保有し続けるかどうかは、以下の式で判断される。

$$R + eP > rP \qquad (14-2)$$

ただし、eは地価の期待上昇率とする。この式の左辺のePは、将来時点の地価であり、左辺は土地を保有し続けた場合の、将来時点の資本所得とキャピタル・ゲインの合計額である[6]。右辺は、現在時点で土地を売却し、その資金を銀行に預けたことで獲得できる利子所得である。左辺の方が大きい場合には、土地を売却するよりも、保有したほうが有利となる。

（14-2）式の両辺をPで割ると、

$$\frac{R}{P} + \frac{eP}{P} > r \qquad (14-3)$$

となる。（14-3）式は土地保有からの収益率が預金の収益率より大きいことを意味している。（14-3）式のように土地保有からの収益率が高い状態では、

---

[6] 単純化のために、将来時点は1年後の世界のみを想定する。

土地の需要が高くなり、地価が上昇していくことになる。地価の上昇が続くと、逆に将来価格は減少すると予想する人々が増加する可能性が高くなり、(14-3)式の左辺は小さくなっていく。最終的には、土地の収益率は、利子率と同じ水準に収束すると考えられるので、

$$\frac{R}{P} + \frac{eP}{P} = r \qquad (14-4)$$

が成立する。この式は、

$$P = \frac{R}{r-e} \qquad (14-5)$$

と書き換えることもできる。(14-5)式から、地価 P は、期待収益率が大きい（e が大きいので、分母が小さくなる）と高くなり、利子率が下がると分母が小さくなるので P が高くなることがわかる。

(2) 固定資産税の帰着：伝統的見解と新しい見解

固定資産税は、土地、家屋、償却資産を課税標準としている。土地への固定資産税は、理論的には土地保有税である。この固定資産税が誰に**帰着**するかについては、**伝統的見解**と**新しい見解**が存在している[7]。

伝統的見解では、土地への固定資産税は、すべて土地保有者に帰着することになる。土地を賃貸しているケースを考えよう。土地の供給量は一定であると考えると、土地の供給曲線は垂直となる。一方、土地を借りようとしてる人の需要は、地代に依存することになり、土地保有者への課税の影響を受けるわけではない。その結果、土地の保有者の受け取る課税後地代が固定資産税の分だけ減少し、土地保有者が負担することになる。家屋への固定資産税は、家屋の

---

7) 伝統的見解（Traditional View）については Netzer (1966)、新しい見解（New View）については Mieszkowski (1972) を参照されたい。Netzer と Mieszkowski の両方の見解をサーベイしたものとして、Blake (1979) がある。邦文の文献としては、野口 (1989)、林 (1995)、佐藤 (2011) が詳しい。

保有者でなく、家屋の賃借人の負担となるとされる。家屋を賃貸に出す場合の供給曲線は、水平になると想定される[8]。家屋の需要曲線は、賃貸料が安くなると、需要が増大するので、右下がりとなる。家屋への固定資産税は、供給曲線を税額分だけ、上にシフトさせることになる。このとき、均衡価格は、税額分だけ上昇することになる。固定資産税は、家主ではなく、借り主の負担になると考えると、固定資産税は、負担の**逆進性**を生じる可能性が高い[9]。

このような伝統的見解に対しては、他の市場との相互依存関係を無視した**部分均衡分析**によるものだという批判がある。これに対して、賃貸住宅市場だけでなく、その他の市場との相互依存関係を考慮した分析の枠組みとして**一般均衡分析**が存在する。賃貸市場における土地保有税（固定資産税）の帰着について、一般均衡分析を用い、資本市場におけるすべての資本財（土地、家屋を含む。）に同じ税率で課税がなされるものという仮定をおいて得られた結論は、新しい見解と呼ばれている。新しい見解だと、伝統的見解と正反対に、家屋への固定資産税は、家主に帰着するという結論が得られている[10]。

伝統的見解と新しい見解は、どちらが正しいのであろうか。一般均衡分析は、部分均衡分析よりも一般的な結論が得られるものの、新しい見解を導くときに設定されている、すべての資本への均一課税は、現実にはおこなわれていない。より現実的な仮定をおくことは、分析を複雑化し、理論的には明確な結論が得られなくなってしまう。伝統的な見解と新しい見解のどちらの見解が妥当かについて検証するには、固定資産税の実効税率の変化に伴って賃貸価格にどのような影響がみられるかについての実証分析が必要だ。日本についてのこのような実証分析は、ほとんどおこなわれていない。

---

8) 家屋の供給曲線が水平となる理由は、野口（1989）p.99を参照されたい。
9) 固定資産税の逆進性については、本書の第18章で議論する。
10) Blake（1979）は新しい見解での資本保有者への租税帰着について「資産への課税の主な効果は、再生産可能なものであれ、非再生産可能なものであれ、資本収益率の減少となる。したがって、すべての資本の現時点での所有者が自らの資産所得の減少という形式において税を負担する。」と述べている（Blake（1979）p.521引用）。

(3) 土地譲渡所得税

土地譲渡所得税における議論のなかでは**ロックイン効果（凍結効果）**が有名である。ロックイン効果とは、土地譲渡益への課税が土地の供給（土地売却）や有効利用を妨げるというものである。

譲渡所得税は、土地を売却しない限り課税されない。次の年に売却したほうが税金×利子分だけ得になるケースがあるので、売り惜しみが発生する。譲渡所得税は、土地を売る側に納税を延期させる誘因をもつ[11]。ロックイン効果は、譲渡所得税率が高い、利子率が高い、取得価格と売却価格の差が大きい（未実現のキャピタル・ゲインが大きい）ほど大きくなる。わが国の税制では、土地の短期的な売買を抑制するために、短期譲渡所得には、高い税率が、長期譲渡所得には低い税率が適用される。長期譲渡所得の適用する期間までの強力なロックイン効果が生じることになる。

14.3 相続税の基礎理論

(1) 遺産税と取得税

相続・贈与税の本来の目的は、世代間の移転による富の集中を排除することだと考えられる。相続・贈与税による富の分散システムが有効に機能しない社会では、人々は生まれたときから格差を背負うことになり、機会の平等が保証されなくなる。また、親からの過度な相続・贈与を受けることにより、勤労意欲が失われ、日本経済全体の活力をそぐことにもなりかねない。しかし、現行の相続税、贈与税は共に、富の集中分散に効果的に機能しているとは言い難い。

まず、相続税については、法定相続分課税制度が長きにわたって批判されてきた。このような批判は、現行の相続税が実際には遺産税タイプとなっており、受贈者の経済状態の差異を全く考慮していないために生じたものである。このため、専門家の間ではシャウプ勧告において提唱されていた**累積取得税**への回帰を主張する意見が見られる[12]。累積取得税が廃止されたのは、主として資産の累積的記録管理に関する税務行政上の困難さからであった。しかし、プラ

---

11) ロックイン効果については、山崎（1999）第6章を参照されたい。
12) たとえば、渋谷（2008）を参照されたい。

イバシー保護という政治的な困難があることは認めざるを得ないもののコンピュータによる管理が可能である現状においては、再考の余地があるだろう。

表14-2　相続税の課税方式の類型

課税方式	遺産課税方式	遺産取得課税方式	現行制度（法定相続分課税方式）
概　要	遺産全体を課税物件として、例えば、遺言執行者を納税義務者として課税する方式 贈与については、贈与者課税	相続等により遺産を取得した者を納税義務者として、その者が取得した遺産を課税物件として課税する方式	遺産取得課税方式を基本として、相続税の総額を法定相続人の数と法定相続分によって算出し、それを各人の取得財産額に応じ按分して課税する方式
採用国	アメリカ、イギリス	ドイツ、フランス （昭25～32　日本）	日本（昭33～）
考え方	被相続人の一生を通じた税負担の清算を行い、被相続人が生存中に蓄積した富の一部を死亡に当って社会に還元するという考え方	偶然の理由による富の増加に担税力を見出して相続人に課税することにより、富の集中の抑制を図るという考え方	①　累進税率の緩和を企図した仮装分割への対応 ②　農業や中小企業の資産等分割が困難な資産の相続への配慮 といった観点から、実際の遺産分割の状況により負担に大幅な差異が生じることを防止するという考え方
特　色	遺産分割の仕方によって遺産全体に対する税負担に差異が生じない。 （個々の相続人に対し、その取得した財産の額に応じて累進税率が適用されず、各々の担税力に応じた課税という点で限界がある。）	個々の相続人に対し、その取得した財産の額に応じた累進税率を適用することができ、各々の担税力に応じた課税をすることができる。 （遺産分割の仕方によって遺産全体に対する税負担に差異が生じる。）	それぞれの方式の長所を採り入れている。但し、 ①　自己が取得した財産だけでなく、他の相続人が取得したすべての財産を把握しなければ正確な税額の計算・申告ができない。（したがって、一人の相続人の申告漏れにより他の共同相続人にも追徴税額が発生する。） ②　相続により取得した財産の額が同額であっても法定相続人の数によって税額が異なる。 ③　居住や事業の継続に配慮した課税価格の減額措置により、居住等の継続に無関係な他の共同相続人の税負担まで緩和される。

出所：政府税制調査会『抜本的な税制改革に向けた基本的考え方（参考資料）』2007年11月より引用。

(2) 遺産動機による経済効果の違い

相続税の経済効果は、人々がなぜ財産を残すのかという、遺産動機をどのように想定するかに依存している。経済分析に使われている代表的な遺産動機には、以下の4つが挙げられる[13]。

第1は、「**遺産消費動機**」である[14]。これは、親は、子供に財産を残すこと自体に喜びを感じているという考え方である。この考え方では、親の効用関数に消費と同様に遺産が含まれることになる。

第2は、「**利他的遺産動機**」である。これは、親は、子供の将来の経済状況に関心を持っていると仮定するものだ。将来の子供の経済状態がよくなることが、親の満足度の向上につながり、そのために親は子に財産を残していると想定することになる。具体的には、親の効用関数に子供の効用関数を含む形で定式化されることになる。公債発行による財源調達と租税による財源調達は全く同じ経済効果をもたらすという**バローの中立命題**でも、このタイプの効用関数が利用されている。

第3は、「**偶発的遺産**」である。これは「**死亡の不確実性**」が存在するために、老後の消費に備えて財産を保持し、偶発的におとずれた死亡により、結果的に財産が残ることになるという考え方である。

第4は、「**戦略的遺産動機**」である。これは、親は将来子供に面倒を見てもらうことを期待して、財産を残そうとするという考え方である。

最新の税制改革の報告書であるマーリーズ・レビューでは、これらの遺産動機の違いによる遺産への最適課税の研究からわかったことを以下のようにまとめている[15]。

まず、遺産消費動機にもとづけば、政府が「遺産の効用」を考慮するか否かで望ましい遺産への課税が変わってくるとしている。「遺産の効用」を考慮するならば、遺産に補助金を課すことが最適な課税となるという。その理由とし

---

13) 遺産動機による経済効果については、井堀（2003）、國枝（2010）も参照されたい。
14) これは、Joy of giving（遺産の喜び）とも呼ばれる。
15) Mirrlees, Adam, Besley, Blundell, Bond, Chote, Gammie, Johnson, Myles and Poterba (2010) p.766～p.767参照。

て、遺産消費動機のもとでは、遺産を残す人は、遺産を受贈する人の満足度を無視するため、遺産が社会的に望ましい額よりも少なくなるからだとしている。一方、「遺産の効用」を考慮しない場合には、明確な結論が得られなくなる。その理由としては、政府と個人が相反する選好を有しているからだとしている。

利他的遺産動機のもとでは、親は子供の世代からの効用から間接的に満足度を享受できる。子供の世代は、さらにその子供世代の効用からも間接的に効用を得られることから、このタイプのモデルでは、ひとりの人が永続的に生存できる王朝的な効用関数として、現在世代の効用を捉えることになる。このタイプのモデルでは、遺産に対するいかなる課税も非効率をもたらすことになるとしている。

偶発的遺産動機のもとでは、遺産に対する課税は個人の遺産行動に対して、まったく影響を及ぼさないため、高い課税が最適となるとしている。

戦略的遺産動機のもとでは、遺産を残す人と遺産を受け取る人が、遺産に対する課税にどのように対応するのかによって最適な課税の水準が変わってくるために、問題が複雑になり、明確な結論が得られなくなるとしている。

遺産に対する課税のあり方は、このように遺産動機をどのように捉えるかによって変わってくるのだが、これらの遺産動機のうちどれがもっともらしいかについては、いまだに決着がついていない。たとえば、遺産動機についての実証分析をおこなったホリオカ（2008）は、「日本では、利己的な人、利他的な人、王朝的な人が混在している。王朝的な人は非常に少なく、ほとんどの人は利己的または利他的であるが、利己的な人のほうが多いのか、利他的な人のほうが多いのかは一概にいえない。」と述べている[16]。

(3) 内生的成長モデルと相続税

従来、経済成長モデルとして使用されてきた**新古典派経済成長モデル**においては、長期的な経済成長率は、外生的に与えられる技術進歩と人口成長率で決定される。つまり、マクロ経済成長には技術進歩と労働供給量の増加が必要に

---

16) ホリオカ（2008）p.119引用。

なる。人口成長率がマイナスに転じた日本経済においては、長期的な経済成長を確保するには、技術進歩を期待するしかないわけだ。この技術進歩は、モデル上は外生的に扱われるために、政府の政策が直接影響する形で取り扱うことができない。

これに対して、近年、**内生的成長モデル**と呼ばれるタイプの成長理論が注目を浴びている。内生的成長モデルでは、技術進歩を研究開発（R&D）により説明するタイプのモデルや、人的資本を考慮したタイプのモデルが採用されている。人的資本は、教育投資の水準に依存するために、人口成長がマイナスに転じても、政府は公的な教育投資の水準を高めるような政策を採用することや、税制により家計の教育投資を誘導することで、経済成長率を高めることができることになる。

この内生的成長モデルを使用して相続税の分析をおこなった研究には、Caballe（1995）、Ihori（2001）、井堀（2003）がある。井堀（2003）は、相続税は課税による遺産の受取側のライフサイクル資産を減少させるので、経済成長にマイナスの影響を及ぼすとしている[17]。Caballe（1995）は、人的資本と相続の関係性をモデル化したDrazen（1978）の分析を発展させ、人的資本の蓄積が経済成長に寄与するというモデル設定によって相続税の分析をおこなっている。Caballe（1995）では、相続税に対する増税が所得税減税と教育投資増額を通じて人的資本からの収益増大につながり、増税後に経済成長が高まるという結論を導き出している。

---

17) 井堀（2003）第6章、p.170参照。

第15章　資産課税改革の課題

　行財政改革で歳出削減の努力が実ったとしても、それだけで高齢化社会において必要とされる財政需要をすべて賄えるとは思えない。高齢化社会における財源調達手段の有力な選択肢の一つが消費税である。しかし、現在の経済情勢の中では消費税率の引き上げは、景気を後退させ、かえって税収不足を招くおそれもある。したがって、短期的にはむしろ、資産課税の強化も検討すべきである。竹下税制改革、村山税制改革といった近年の税制改革では、所得税のフラット化による所得税減税がおこなわれてきた。このようなフローの所得への税負担を軽減することは、可処分所得を増大し、貯蓄を増大させる効果を持つ。とりわけ、税率表のフラット化は、高所得層の税負担を軽減してきた。高所得層の減税は、資産格差の拡大につながる可能性が強い。この資産格差の拡大は、ストックへの課税、すなわち資産課税の強化によって是正すべきものである。この章では、資産課税改革の課題を整理することにしよう。

15.1　資産保有の現状

(1)　所得階層別の資産保有

　まず、現在の資産保有の現状からみていこう。図15-1は、全世帯について年間収入十分位階級別の貯蓄残高を描いたものだ。十分位階級とは、分布が均等になるように収入階級を調整したものである。たとえば、第Ⅰ分位は、収入が下位10％に属する人たちを示し、第Ⅹ分位は上位10％に属する人たちである。この図では、第Ⅰ分位から第Ⅷ分位までは、貯蓄残高が約1,000万円から1,500万円の範囲にあり、それほど大きな差がないことがわかる。一方、第Ⅸ分位以降は貯蓄残高は急激に増加する。とりわけ、第Ⅹ分位の貯蓄残高は、約2,900

第15章 資産課税改革の課題

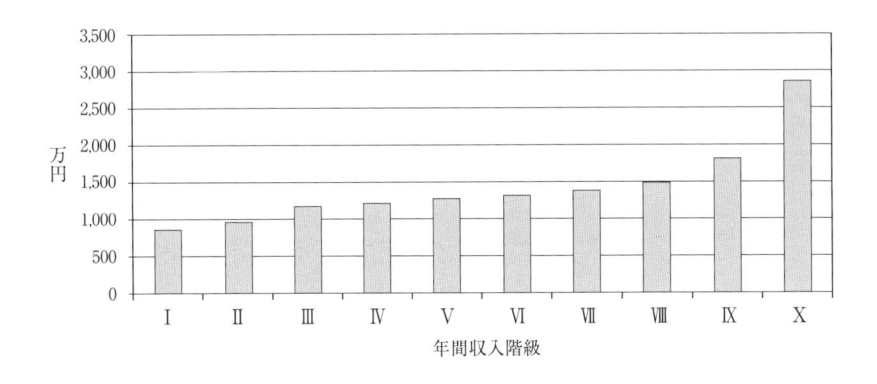

出所：『全国消費実態調査（平成16年）』「年間収入十分位階級別1世帯当たり1か月間の収入と支出」より作成。

図15-1　年間収入階級別の貯蓄残高（全世帯）

万円にも達している。これは、第Ⅰ分位の貯蓄残高1,000万円弱のほぼ3倍にもなっている。このように、所得階層別にみた資産保有の特徴は、高所得者層に資産保有が集中しているところにある。

(2) 高齢者間の資産格差、所得格差の現状

　以下では、老人世帯の資産保有状況をさらに詳しく調べてみよう。**図15-2**は、2004年（平成16年）の『全国消費実態調査』の高齢者夫婦世帯における有業者有り・無し世帯の年間収入階級別の貯蓄残高を描いたものである。貯蓄残高の内訳は、通貨性預貯金、定期性預貯金、生命保険、有価証券である。

　図によると有業者有り世帯の貯蓄残高は、年間収入1,000万円程度までは約1,000万円から4,000万円程度までの範囲にあり、ほぼ収入の増加にしたがって増加していく傾向が見られる。年間収入が1,180万円を超える世帯では、貯蓄残高は約6,600万円に達する。高齢者夫婦世帯の一部には、高収入でかつ高資産の世帯が含まれていることがわかる。有業者無し世帯は、年間収入1,180万円以下の世帯まで有業者有り世帯よりも貯蓄残高が多くなっていることがわかる。これは、高齢者の有業者有り世帯は、貯蓄残高の不足を補うために働いて

249

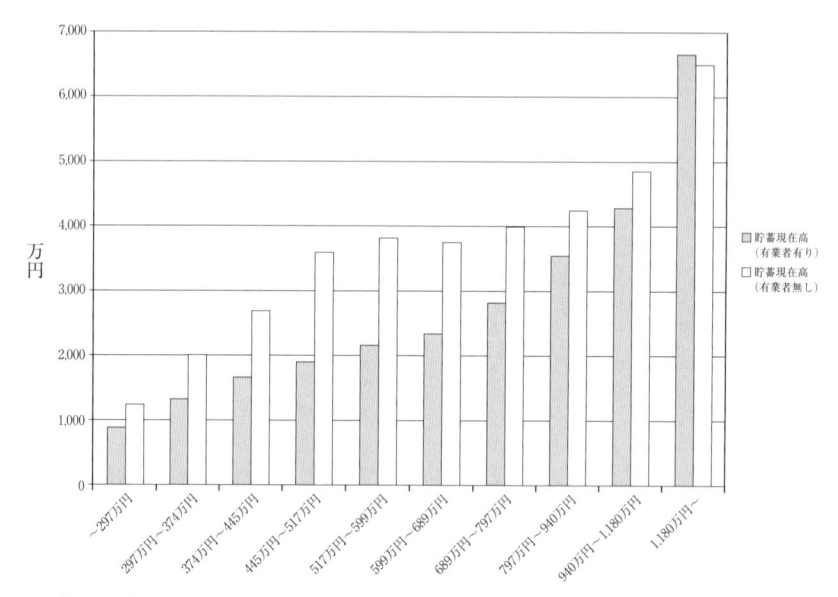

出所:『全国消費実態調査(平成16年)』「高齢者夫婦・夫婦高齢者世帯、有業者の有無、年間収入十分位階級別1世帯当たり1か月間の支出」より作成。

図15-2　有業者有り・無し世帯の年間収入階級別の貯蓄残高

いるためと推測できる。一方、1,180万円以上の高収入の有業者世帯は、個人経営者、法人経営者など裕福な高齢者世帯が含まれているものと考えられよう。

最後に、高齢者夫婦世帯における住宅・宅地資産階級別の貯蓄残高を描いたものが図15-3である。この図では、住宅・宅地資産の無い世帯と有る世帯では明らかに住宅・宅地資産を保有している世帯の方が貯蓄現在高も高いことが示されている。住宅・宅地資産の有る世帯については、住宅・宅地資産が高くなるにしたがって、貯蓄残高も高くなる。1億円以上の住宅・宅地資産階級の世帯の貯蓄残高は、約4,300万円となっており、住宅・宅地資産の無い世帯の約4倍の貯蓄残高を保有していることがわかる。このような高齢者間の資産格差が相続・贈与を通じて、次の世代にさらなる資産格差を生じさせることになる。

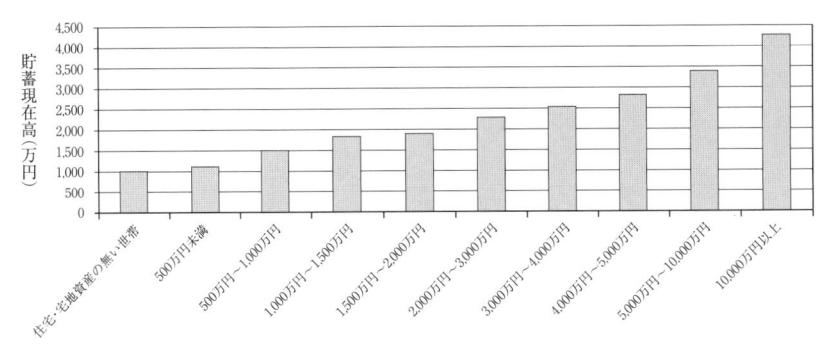

出所:『全国消費実態調査（平成16年）』「高齢者夫婦・夫婦高齢者世帯、有業者の有無、資産の種類・資産額階級別1世帯当たり1か月間の収入と支出」より作成。

図15-3　住宅・宅地資産の無い世帯と住宅・宅地資産のある世帯の住宅資産額階級別の貯蓄現在高

(3) 資産形成における相続の実態

以上でみてきたように、高齢者間ではかなりの資産格差がみられることがわかった。このような高齢者間での資産保有格差は、遺産相続を通じて次の世代に引き継がれていくことになる。その結果、親の世代からの資産移転が期待できる家計と期待できない家計の間の資産格差は、ますます増大することになる。

資産形成に占める相続の実態に関する研究には、公刊されている統計の集計データを利用したものと、アンケート調査の個票データを利用したものがある。前者には、橋本（1991）、橋本・呉（2001）などがある。後者には、松浦・橘木（1993）、高山・有田（1996）、濱秋・堀（2011）などがある[1]。以下では、集計データを用いて資産形成における相続の実態をあきらかにしようとした橋本（1991）の計測手法について説明しよう。

橋本（1991）は、Kotlikoff and Summers（1981）の計測手法を踏襲している。

---

1) 最近になって日本では、『家計調査年報』などの個票データが利用できるようになってきた。ただし、利用申請は、研究機関に勤める研究者がおこなう必要があり、大学生が直接入手することはできない。

それは、自らの努力で蓄積した生涯資産である**ライフサイクル資産**（Life-cycle wealth）の推計をおこなうことで、資産蓄積に占める相続・贈与の比率を求めるものだ。Kotlikoff and Summers（1981）によるとライフサイクル資産は、

$$LW = \sum_{t=F}^{L}(Y_t - C_t)\prod_{t=F}^{L}(1 + r_t)$$

と定義される。ただし、LWはライフサイクル資産、Y_tはt期の課税後所得、C_tはt期の消費、r_tはt期の資産の収益率、Fは労働市場への加入年齢、Lは死亡年齢である。この式の右辺は、自らの努力で獲得した課税後所得を、ライフサイクルを通じて蓄積し、平均的な資産の収益率で運用した場合に獲得できる資産の合計額を意味している。現実の資産保有残高は、ライフサイクル資産に、相続ないし贈与によって移転された資産を加えたものと考えられる。したがって、現実の資産額からライフサイクル資産を差し引けば、相続ないし贈与の形で移転された資産（**移転資産**）を推計することができる。

表15-1は、1931年生まれから1938年生まれまでの世代について50歳時点において、相続ないし贈与の形で移転された資産が総資産のうちどのくらいを占めているかを示す、移転資産比率を比較したものである。なお、この表においてケース1はライフサイクル資産の推計に必要な資産収益率に、SNAデータから求めたデータを適用したものであり、ケース2は定期預金金利を適用したものである[2]。この表によるとライフサイクル資産の金額は、ケース1、2ともに若い世代ほど大きくなっている。これは、若い世代ほど物価上昇と経済成長の影響を受けるためであることを反映している。金融資産、実物資産の金額についても同じことが言える。そこで、物価による影響を排除できる移転比率の比較のみをおこなおう。

2）SNAデータを用いた収益率は、t期の資産W_t、貯蓄S_t、収益率r_tの間に、

$$W_{t+1} = W_t(1 + r_t) + S_t$$

の関係が成立することを利用して計算したものである。この式をr_tについて解くと、

$$r_t = \frac{W_{t+1} - W_t - S_t}{W_t}$$

となる。詳しくは、橋本（1991）を参照されたい。

表15-1 50歳時点の移転資産比率

(単位：万円、%)

生年	持家率	ライフサイクル資産 ケース1	ライフサイクル資産 ケース2	金融資産	実物資産	移転資産 ケース1	移転資産 ケース2	移転比率 ケース1	移転比率 ケース2
1931年	77.2%	1,599	1,130	663	1,272	336	805	17.4%	41.6%
1932年	76.3%	1,714	1,248	679	1,713	679	1,144	28.4%	47.8%
1933年	76.4%	1,834	1,376	710	1,822	699	1,157	27.6%	45.7%
1934年	78.1%	1,995	1,506	827	2,835	1,667	2,156	45.5%	58.9%
1935年	81.5%	2,403	1,663	828	3,491	1,916	2,657	44.4%	61.5%
1936年	80.2%	2,811	1,690	826	3,691	1,706	2,826	37.8%	62.6%
1937年	79.2%	3,077	1,955	914	3,989	1,826	2,948	37.2%	60.1%
1938年	77.5%	3,179	2,123	1,067	4,095	1,983	3,040	38.4%	58.9%

出所：橋本（1991）p.10引用。

　まず、ケース1について移転比率の最も低いのは、1931年生まれの17.4%であり、最も高いのは1934年生まれの45.5%である。ケース2については、1931年生まれの41.6%が最も低く、1936年生まれの62.6%が最も高い。ケース1とケース2において、世代間で移転比率に順位の多少の違いが生じているのは、ケース1で用いた収益率が株式、土地の変動の激しい資産の収益率を含むのに対して、ケース2で用いた収益率は、定期預金金利という安定的な収益率となっているためである。この表での世代間の比較では、若い世代の方が比較的移転比率が高くなる傾向が、特にケース2において見られる。このような結果は、バブル期における資産価格の上昇をある程度反映したものだと考えられる。

　このライフサイクル資産を推計することで移転資産比率を推計する手法では、集計データを用いているために、平均的な世帯についての比率しか見ることができない。また、その推計結果が資産収益率の想定に依存すること、実物資産（土地）が生前贈与された場合には、資産価格の変動が推計結果を左右することなどの問題点を抱えている。これらの影響を排除するためには、資産形成における移転資産の比率を直接、アンケート調査で確かめるしかない。

表15-2　資産形成に占める相続割合

資産保有額	相続割合
3億～9億円（11世帯）	4世帯：相続無し 2世帯：相続の割合が8％、または14％ 5世帯：相続割合80％以上
1億～2億円（37世帯）	28世帯：相続無し 9世帯：相続割合50％超
7,000万～1億円未満（57世帯）	相続割合21％
4,000万～7,000万円未満（137世帯）	相続割合21％

出所：橋本・鈴木（2011b）p.81引用。

　移転資産の比率を直接、アンケート調査で確かめた研究には、橋本・鈴木（2011b）が存在する。橋本・鈴木（2011b）は、関西社会経済研究所が実施した資産課税に関するアンケート調査を利用して、表15-2のように資産保有額に占める相続割合を推計している。3～9億円という高額な資産を保有する世帯は11世帯存在するが、彼らの中の5世帯は、相続した資産額が資産保有額に占める比率が80％以上となっている。一方で、1億円未満の資産保有額では、資産保有額に対する相続財産の割合は21％となっており、資産保有額が少ない階層ではほとんどの資産が自らの努力で形成されていることが示されている。

表15-3　所得階級別の相続資産

所得階層	世帯数	相続有り世帯数割合	相続有り世帯平均相続資産額	相続有り世帯平均資産形成相続割合
1,500万円以上	4.4％	31.8％	1億7,795万円	49.9％
1,250～1,500万円未満	4.0％	30.0％	3,109万円	51.8％
1,000～1,250万円未満	9.4％	34.0％	2,053万円	59.0％

出所：橋本・鈴木（2011b）p.81引用。

　表15-3は、所得階級別の相続資産を1,000万円以上の高所得層についてのみ取り出したものである。年収1,000～1,250万円未満の世帯数は、アンケート対

象世帯全体の9.4％を占めているが、そのうち相続有りと答えた世帯は34.0％となっている。年収1,250～1,500万円未満の世帯数は全体の4.0％を占めているが、そのうち相続有りと答えた世帯は30.0％となっている。年収1,500万円以上の世帯は全体の4.4％を占めているがそのうち相続有りと答えた世帯は31.8％となっている。この相続有りと回答した世帯について相続した資産の平均額を計算すると1,500万円以上の所得階層においては約1億8,000万円もの財産を相続していることがわかった。一方、年収1,000～1,250万円未満の世帯における相続財産の平均額は、2,053万円であり、所得階層が高いほど相続財産の金額が高くなっていることがわかる。また、これらの高所得階層では、資産形成に占める相続財産の比率が49.9％から59.0％となっている。資産形成に占める比率が高所得階層のほうが多少低くなっているのは、フローの所得が高くなるほど自らの努力で資産を蓄積できる割合が高くなるためと考えられる。高所得層ほど、相続有り世帯での相続財産額が高いという結果は、親の世代の豊かさが教育投資を通じて子どもの世代の所得を引き上げている可能性があることを示唆するものだ。

15.2　金融所得の一体課税

　最近における金融商品の多様化は、資産から生じる所得への課税を一層困難なものにしつつある。そこで最近における金融商品の多様化の現状を把握したうえで、金融商品への課税のあり方について考えてみよう。

(1)　金融商品の多様化

　金融ビッグバンの流れの中で、さまざまな金融商品が開発されてきた。このような金融商品は、人々の貯蓄行動を変えてきたのであろうか。**図15-4**は、『貯蓄動向調査報告』における全世帯の種類別貯蓄残高シェアの推移を描いたものである。この図では、金融商品としては、郵便貯金、銀行の定期性預金シェアの高さが指摘できる。特に、郵便貯金については1980年代に入ってから確実にシェアを高め、1989年以降その傾向はさらに強まっている。一方で、1989年をピークとして、金融商品に占める株式の比率が急速に低下している。これ

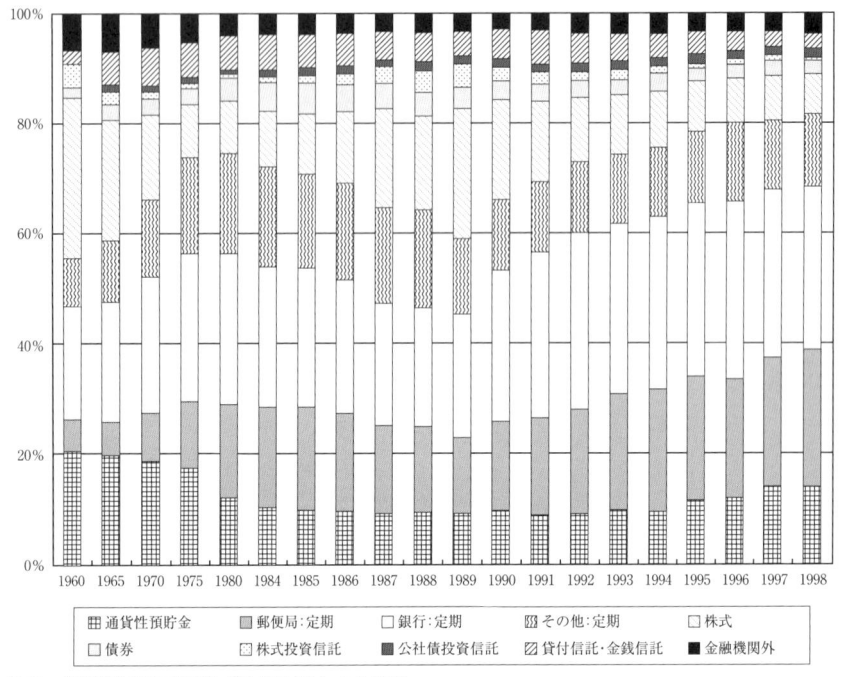

図15-4　種類別の貯蓄残高シェアの推移

出所：『貯蓄動向調査報告（平成10年）』より作成。

　は、バブル崩壊後の金融不安の中で、一般の家計が郵便局のような安全度の高い商品を選択する傾向が強まってきていることで説明できよう。このように、家計全体で見る限り、金融商品の多様化はかならずしも家計の貯蓄行動に影響を与えたとはいいがたい。

　金融商品の多様化に伴い金融課税の見直しが迫られているのは、一般の家計が貯蓄行動において安全志向を高めるなかで、一部の高所得者層のみが金融商品多様化の恩恵を享受している可能性があるからである。図15-5は、そのような可能性の一端を如実にあらわしている。図では、所得五分位階級別の外貨預金・外債保有率が描かれている。外貨預金・外債の保有率は第Ⅰ階級では0.3％にすぎないが、第Ⅴ階級では6.2％になっている。

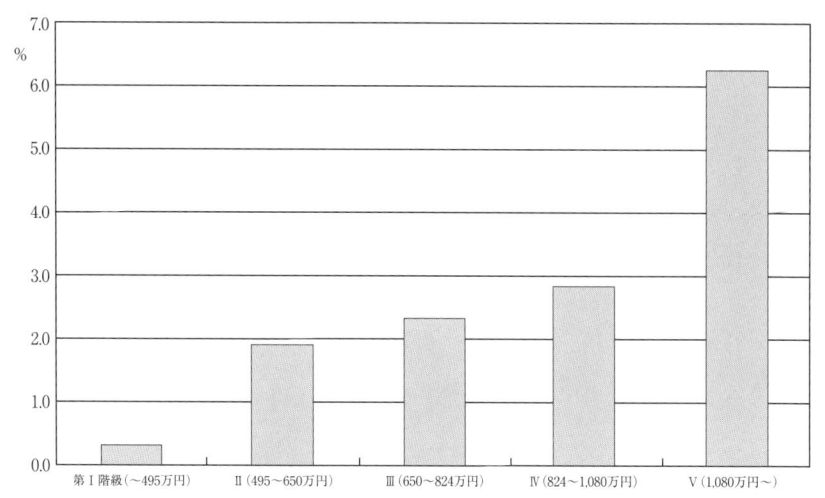

第15章 資産課税改革の課題

出所:『貯蓄動向調査報告（平成10年）』より作成。

図15-5 所得階級別の外貨預金・外債保有率

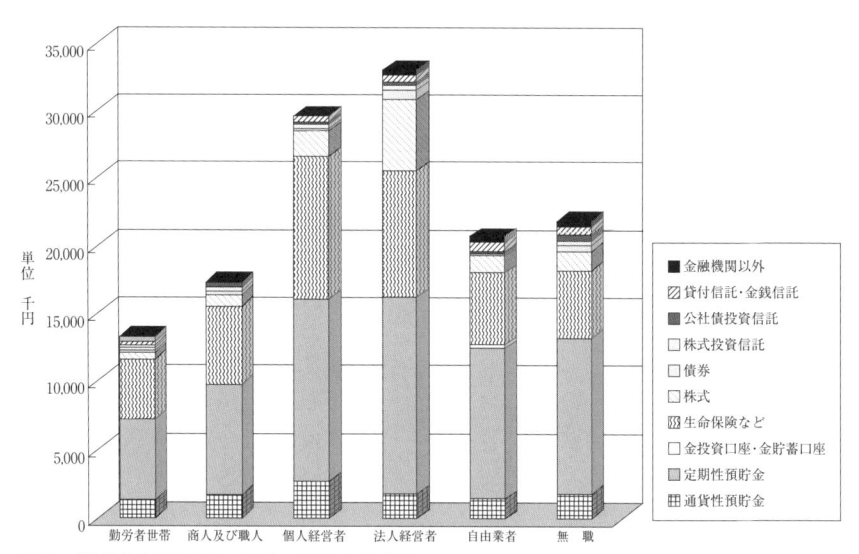

出所:『貯蓄動向調査報告（平成10年）』より作成。

図15-6 世帯類型別の貯蓄残高

さらにわが国では、世帯類型間で貯蓄残高の格差が存在することも知られている。図15-6は、世帯類型別の貯蓄残高をみたものである。この図によると、貯蓄残高が最も大きいのは、法人経営者であり、最も低いのが勤労者世帯であることがわかる。その格差は2倍を超えている。また法人経営者と勤労者世帯の間では、あきらかに貯蓄行動に違いがみられる。法人経営者の貯蓄の多くは、株式で保有されているのである。

このような世帯類型別の貯蓄保有残高の格差や貯蓄種類別の比率の違いは、税制上の不均等な取り扱いのもとで、勤労者世帯とそれ以外の世帯の間での実質的な不公平を発生させることになろう。

(2) 金融所得課税のあり方について

表15-4　金融所得課税のあり方についての先行研究

総合課税化	金融所得非課税（支出税）	金融所得一体課税
石（1993）	橘木（1989）	森信（2010）、松田（2008）

次に、金融所得課税のあり方についての先行研究をまとめておこう。金融所得課税のあり方については、3つの選択肢がある。第1は、**包括的所得税**の考え方に沿って金融所得を含めたすべての所得を**総合課税**化するもの、第2は、**支出税**の考え方に沿って金融所得を非課税とするもの、第3は、**二元的所得税論**の考え方に沿って、金融所得のみを一体化し、低率の**分離課税**を課すものである。

表15-4は、金融所得課税のあり方についての先行研究を、3つの基本的な考え方にしたがって分類したものだ。まず、総合課税化について議論しているものとしては、石（1993）が存在する。石（1993）は「総合課税は、今後とも望ましい税制のシンボルとして残されるべきである。課税の公平確保のため、やはりその魅力が残る」と述べている[3]。これは、伝統的な包括的所得税の考え方に沿ったものであり、課税ベースを拡大し、総合課税化することが水平的公平、垂直的公平にかなう税制となるということを主張しているわけだ。包括

的所得税にしたがった税制改革論は、課税ベースの拡大と税率のフラット化を組み合わせることで、効率性にも配慮しているものの、相対的には公平性を重視したものといえる。

　これに対して、効率性、公平性の両面から、包括的所得税の考え方を批判したものが、第2章で説明した支出税の考え方である。金融所得への課税は、第8章でみたようなライフサイクルでみた貯蓄二重課税という公平性の問題点を抱えている。さらに、金融所得としての利子所得への課税は、現在消費と将来消費の選択をゆがめることで超過負担を生じることになる。支出税のもとでは、貯蓄は課税ベースから控除、貯蓄を取り崩して消費しない限り課税されないため、利子所得税も株式等の譲渡所得への課税もすべて非課税となる。この支出税にそった税制改革を主張している論者には、橘木（1989）が存在する。この支出税の考え方は、経済学的には優れた特徴を有しているものの移行期の問題を抱えていること、借金への課税や金融所得、特に株式譲渡益への非課税措置が「金持ち優遇」と国民の目に映ってしまうことから、わが国の税制の専門家や政府税制調査会の議論では一貫して懐疑的に取り扱われているのが現状である。

　第3の金融所得一体課税の考え方は、金融所得課税に関する税制改革論議の中心となっている[4]。二元的所得税論は、支出税ほどではないものの金融所得に対して低率の分離課税を採用しているという点では、効率性を重視した考え方である。金融所得に対して低率の分離課税を採用することは、公平性の観点からは所得再分配効果を低下させることにつながるという懸念がある。これに対して、松田（2008）は、実際に二元的所得税を実施しているスウェーデンにおいて再分配効果が低下したかどうかを分析している。スウェーデンでは、1991年の改革において二元的所得税が導入された。改革以前には、スウェーデンでは、金融所得を含めた総合課税が実施されており、二元的所得税導入に伴い、金融所得には30％の分離課税が導入された。松田（2008）は、1991年の改

3）石（1993）p.252引用。
4）二元的所得税論については、森信（2010）が詳しい。

革により「税による再分配効果は後退」したものの、「1991年改革前後で再分配機能はほとんど変わらなかった」としている[5]。これは、1991年改革では「児童手当と住宅手当などの移転給付の増加」により[6]、「代わりに、移転による再分配機能が大きな役割を果たすようになった」と述べている[7]。なお、スウェーデンでは、総合課税から二元的所得税への改革がおこなわれたため、再分配効果の低下が懸念されたわけだが、日本の場合には、現行税制のもとですでに、金融所得には低率の分離課税が適用されている。そのため、仮に金融所得一体課税が適用されても、スウェーデンのような税制による再分配効果の低下が懸念される状況にはない。金融所得の一体課税の導入に伴い、2012年現在、株式譲渡所得が10％の優遇税率で課税されているものが、利子所得と同じ20％へ統一されれば、再分配効果を高めることになるだろう。

15.3　相続税改革の課題

(1)　相続税改正と相続税負担の現状

　わが国の相続税は、**図15-7**に示したように、1988年度改正以降、2003年度改正に至るまで、課税最低限の引き上げと累進税率表の緩和がおこなわれてきた。1987年以前では、法定相続人数が3人の場合、3,200万円（2,000万円＋400万円×法定相続人数）だった課税最低限は、2003年度改正によって8,000万円にまで引き上げられている。このため、死亡件数に占める課税割合も、1987年には7.9％であったものが、2009年には4.1％まで低下している。ほとんどの人が相続税の課税対象からはずれているのが現状だ。相続税の課税対象となっている場合の負担率も、1987年には17.4％だったものが、2009年には11.5％まで低下している。

---

5) 松田（2008）p.86引用。
6) 松田（2008）p.77引用。
7) 松田（2008）p.86引用。

区分	昭和63年12月改正前	昭和63年12月改正（昭和63年1月1日以降適用）	平成4年度改正（平成4年1月1日以降適用）	平成6年度改正（平成6年1月1日以降適用）	平成15年度改正（現行）（平成15年1月1日以降適用）
税率構造（イメージ図）	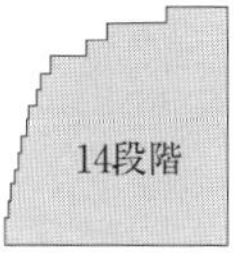 5億円超（最高税率75%）14段階	 5億円超（最高税率70%）13段階	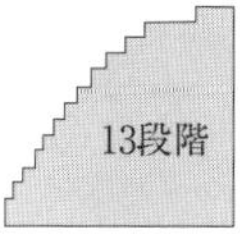 10億円超（最高税率70%）13段階	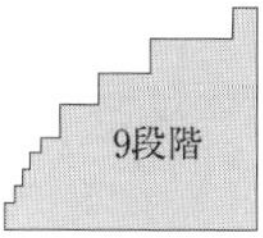 20億円超（最高税率70%）9段階	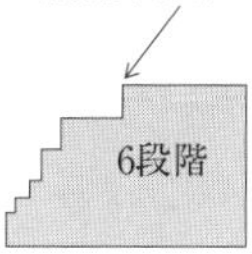 3億円超（最高税率50%）6段階
基礎控除等	2,000万円＋400万円×法定相続人数（3,200万円）	4,000万円＋800万円×法定相続人数（6,400万円）	4,800万円＋950万円×法定相続人数（7,650万円）	5,000万円＋1,000万円×法定相続人数（8,000万円）	同左〔相続時精算課税制度の創設〕
年分	昭和62年	平成3年	平成5年	平成14年	平成21年
課税割合	7.9%	→ 6.8%	→ 6.0%	→ 4.5%	→ 4.1%
負担割合	17.4%	→ 22.2%	→ 16.6%	→ 12.1%	→ 11.5%

(注1) 基礎控除の（ ）内は、法定相続人が3人（例：配偶者＋子2人）の場合の額である。
(注2) 課税割合は、課税件数／死亡者数であり、負担割合は、納付税額／合計課税価格である。
(注3) 合計課税価格とは、小規模宅地の特例による減額等を行った後、基礎控除を差し引く前の課税対象財産の価格である。
出所：財務省ホームページ http://www.mof.go.jp/tax_policy/summary/property/143.htm 引用。

図15-7 相続税改正の推移

　図15-8は、相続税の負担割合の推移を課税価格別に描いたものだ。この図でも、相続税の課税最低限が引き上げられてきたこと、課税される場合でも負担割合が大幅に低下してきたことがわかる。たとえば、課税価格が2億円の場合には、1987年時点の負担割合は14.2%だったものが、2009年には4.8%にまで低下している。
　このような改正の背景には、1985年代後半から1991年をピークとする急激な地価上昇が挙げられる。資産価格の上昇に伴う急激な税負担の増加を避けるために、相続税の減税が必要とされていたのである[8]。しかし、1992年以降のバ

---

8) これらの相続税の減税が本当に必要なものであったどうかを検証した研究には、橋本（1992）、橋本・呉（2002）が存在する。

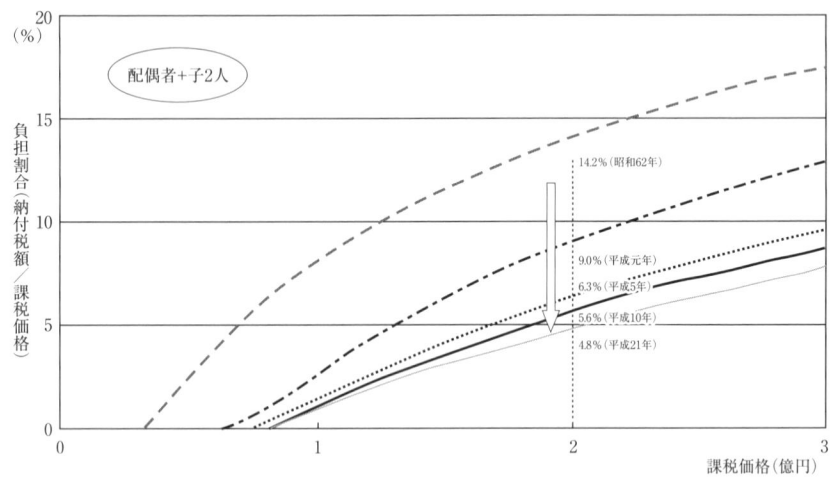

(注) 法定相続分により相続したものとして納付税額を計算し、負担割合を算出。
出所：財務省ホームページ　http://www.mof.go.jp/tax_policy/summary/property/148.htm 引用。

図15-8　相続税の負担割合の推移

ブル崩壊による地価の大幅な低下に伴い、相続税の適正な負担水準の再考が必要だろう。

(2) 相続税の税率構造

　図15-9は、財務省が試算した主要諸外国の相続税負担率である。この図には配偶者と子供2人で相続した場合の相続税の負担率が描かれている。課税最低限の水準は、イギリス、フランス、日本がほぼ同水準である。課税最低限が最も高い国はアメリカとなっている。相続税の負担が高いのは、イギリスだ。イギリスの負担率は、課税最低限を超えると急上昇していく。日本の相続税の負担率は、課税価格階級が3億円までは、イギリス、フランスよりは低くなっている。日本の負担率はその後、急上昇し、課税価格階級が15億円を超えるとイギリスよりも高くなっている。この図をみるかぎり、国際的にみると日本の相続税は決して、低くないようにみえる。しかし、この図では、わが国で利用可能な小規模宅地の特例、農地の特例などのさまざまな相続税負担の軽減措置

(単位:％)

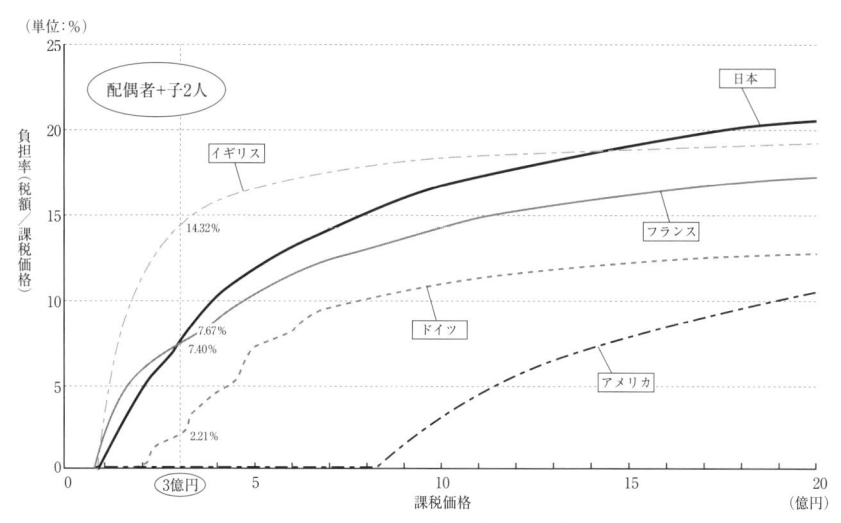

図15-9 主要国の相続税の負担率

(注1) 配偶者が遺産の半分、子が残りの遺産を均等に取得した場合である。
(注2) フランスでは夫婦の財産は原則として共有財産となり、配偶者の持分は相続の対象ではないが、比較便宜のため、課税価格に含めている。
(注3) ドイツでは、死亡配偶者の婚姻後における財産の増加分が生存配偶者のそれを上回る場合、生存配偶者はその差額の1／2相当額が非課税になる（ここでは、配偶者相続分の1／2としている）。
(注4) アメリカでは、2010年に遺産税は一旦廃止されたが、2011年に最高税率35％で復活した。なお、当該措置は2012年までの時限措置であり、追加的に何らの措置もない場合、2013年以降については、最高税率55％が適用される。
備考：邦貨換算レートは、1ドル＝82円、1ポンド＝131円、1ユーロ＝112円（基準外国為替相場及び裁定外国為替相場：平成22年（2010年）11月中における実勢相場の平均値）。
出所：財務省ホームページ http://www.mof.go.jp/tax_policy/summary/property/149.htm 引用。

が考慮されていない。第13章でみたように、とりわけ土地に対しては、400㎡以下の事業用宅地の評価を80％減とするなど、極端な優遇措置が採られている。このような特例措置の存在により、資産を金融資産で残した場合と実物資産で残した場合には、実効税率の格差が存在することになる[9]。

---

9) 課税価格階級別に実物資産と金融資産の間の実効税率を推計した研究には、橋本・呉（2002）が存在する。

263

(3) 2011年度税制改革大綱

　2010年12月16日に閣議決定された「平成23年度税制改正大綱」において、基礎控除の引き下げ、最高税率の引き上げ等の相続税に関する増税措置が打ち出されていた。具体的には、相続税に関しては、基礎控除の5,000万円から3,000万円への引き下げ、相続人一人あたり控除の1,000万円から600万円への引き下げ、最高税率の50％から55％への引き上げという改革が提示されていた。この改革は、2011年12月10日に閣議決定された「平成24年度税制改正大綱」では、「平成23年度税制改正大綱」で予定していた相続税の増税の必要性は指摘しつつ、これらの改正を見送り、「税制抜本改革における実現を目指します」とされた。2011年度改正で予定されていた相続税の強化は、相続・贈与を通じた資産格差拡大を防ぐための有力な手段となる。特に、相続税の課税最低限の引き下げによる資産課税の強化の方向性については、評価できるものと言える。しかし、最高税率の引き上げについては、あまり効果を持たない可能性が高い。なぜならば、最高税率が適用されるのは、極めて高額の資産を残した場合のみであるからだ。さらに、相続税は、これまで十分に高い累進税率表のもとで課税されてきたにもかかわらず、さまざまな節税策が特に資産家階級でおこなわれていることで、実効税率が低下していると考えられるからだ。

　相続税の節税策としては、土地に対する優遇措置を利用したものが多い。たとえば、事業用資産の特例を利用するために、アパートを建設し、土地の評価額の減額と、借入金による相続資産の圧縮をはかることで節税を図る事例が知られている。最高税率の引き上げを図るよりもむしろ、これらの相続税の合法的な節税策を解消するほうが高資産階層の実効的な税負担を引き上げることにつながるであろう。

第16章　地方税制度

　この章では、地方税制度の概要を説明する。地方税は、道府県税と市町村税に大別することができる[1]。地方税制度は、三位一体の改革の柱として2007年度に国税である所得税から地方税である個人住民税への税源移譲がおこなわれるなど、近年大きな改正がおこなわれてきた。

16.1　地方税の現状と地方税体系

(1)　地方税の現状

　図16-1は、2008年度の国と地方の税源配分の姿を示したものである。歳出ベースでは、国が約4割、地方が約6割の支出をおこなっているのに対して、歳入面では、国と地方の税収総額84.7兆円のうち、国税は54.1%、地方税は45.9%を占めている。歳出面では地方の方が多いにもかかわらず、歳入面では地方税の比率の方が低くなっているわけだ。このギャップを埋めているのが、国から地方への地方交付税と国庫支出金等である。このギャップは、近年の三位一体改革など地方税源の充実に伴い、徐々に小さくなってきている。

---

[1] 都道府県税でなく、道府県税と呼ばれている理由は、地方法第1条2では「この法律中道府県に関する規定は都に、市町村に関する規定は特別区に準用する。」としているが、地方税法第734条において、「都は、その特別区の存する区域内において、第1条第2項の規定にかかわらず、都民税として次に掲げるものを課するものとする。
　一　第4条第2項第1号に掲げる税のうち個人に対して課するもの（利子等に係るものを除く。）
　二　第4条第2項第1号に掲げる税のうち利子等に係るもの
　三　第4条第2項第1号に掲げる税及び第5条第2項第1号に掲げる税のうち、それぞれ法人等に対して課するもの（利子等に係るものを除く。）」
とされているためである。

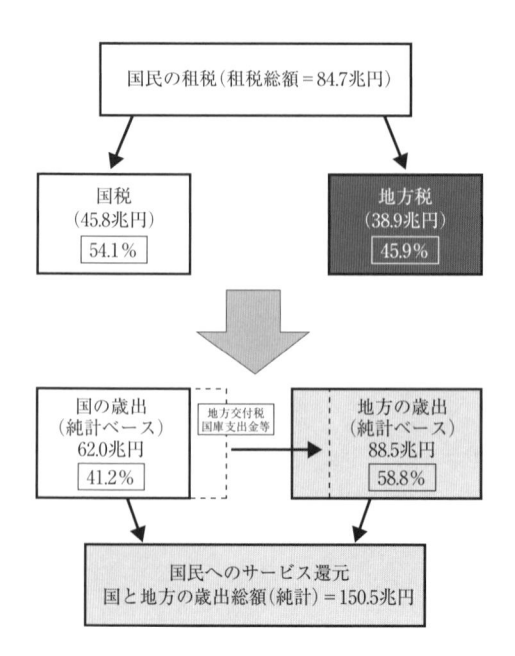

```
                国民の租税(租税総額=84.7兆円)
                ┌───────────┴───────────┐
                ▼                       ▼
            国税                      地方税
         (45.8兆円)                 (38.9兆円)
           54.1%                     45.9%
```

◎税源配分の推移

年度	租税総額	国税	地方税
H18	89.9兆円	54.1兆円 〔60.2%〕	35.8兆円 〔39.8%〕
H19	92.2兆円	52.7兆円 〔57.1%〕	39.5兆円 〔42.9%〕
H20	84.7兆円	45.8兆円 〔54.1%〕	38.9兆円 〔45.9%〕
H21 見込	72.1兆円	37.7兆円 〔52.3%〕	34.4兆円 〔47.7%〕
H22 計画	72.0兆円	38.2兆円 〔53.0%〕	33.8兆円 〔47.0%〕

(注) 地方税には、超過課税及び法定外税を含まず、地方法人特別譲与税を含む。
　　国税には、地方法人特別税を含まない。

```
    国の歳出        地方交付税      地方の歳出
  (純計ベース) ←── 国庫支出金等 ──→ (純計ベース)
    62.0兆円                         88.5兆円
     41.2%                            58.8%
        └────────────┬──────────────┘
                     ▼
          国民へのサービス還元
     国と地方の歳出総額(純計)=150.5兆円
```

(注) 現在精査中であり、異動する場合がある。
(注) 地方税には、超過課税及び法定外税を含まず、地方法人特別譲与税を含む。
　　国税には、地方法人特別税を含まない。

出所:総務省ホームページ http://www.soumu.go.jp/main_sosiki/jichi_zeisei/czaisei/czaisei_seido/pdf/02-23.pdf 引用。

図16-1　国と地方の税源配分について(2008年度)

(2) 地方税体系

　図16-2は、地方税収の構成をみたものだ。地方税収に占める比率は、道府県税が42.1%、市町村税が57.9%となっており、市町村税収の方が多い。個別の税目のうち、税収構成比が高いのは、個人住民税であり、個人道府県民税が13.7%、個人市町村民税が19.8%となっており、合計では33.5%を占めていることになる。個人住民税についで税収構成比が高いのは、固定資産税の26.3%である。それに続くのが、法人事業税の8.8%、地方消費税の7.4%である。

　表16-1は、国と地方の主な税目を課税ベース別に分類し、税収配分の状況も示したものである。国税については、税収に占める割合は所得課税が54.5%、

第16章 地方税制度

図16-2 地方税収の構成（2010年度地方財政計画額）

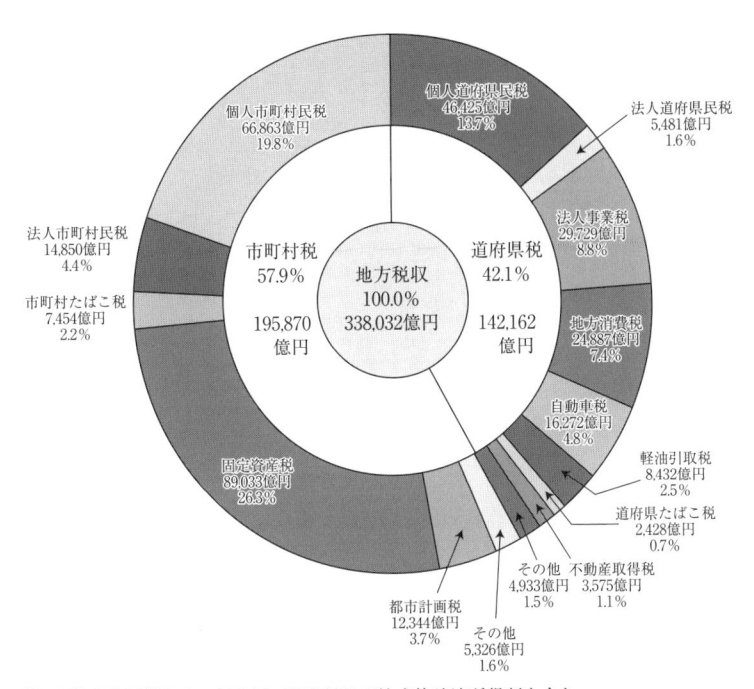

個人市町村民税 66,863億円 19.8%
個人道府県民税 46,425億円 13.7%
法人道府県民税 5,481億円 1.6%
法人市町村民税 14,850億円 4.4%
市町村たばこ税 7,454億円 2.2%
法人事業税 29,729億円 8.8%
地方消費税 24,887億円 7.4%
自動車税 16,272億円 4.8%
軽油引取税 8,432億円 2.5%
道府県たばこ税 2,428億円 0.7%
不動産取得税 3,575億円 1.1%
その他 4,933億円 1.5%
その他 5,326億円 1.6%
都市計画税 12,344億円 3.7%
固定資産税 89,033億円 26.3%

市町村税 57.9% 195,870億円
道府県税 42.1% 142,162億円
地方税収 100.0% 338,032億円

(注)1 「個人道府県民税」は、利子割、配当割及び株式等譲渡所得割を含む。
2 「固定資産税」は、土地、家屋、償却資産の合計である。
3 「法人事業税」は、地方法人特別譲与税（12,936億円）を含む。
出所：総務省ホームページ http://www.soumu.go.jp/main_sosiki/jichi_zeisei/czaisei/czaisei_seido/pdf/02-01.pdf 引用。

消費課税が39.9%、資産課税等が5.5%となっており、所得課税への依存度が高いことがわかる。一方、地方税については、税収に占める割合は所得課税が55.2%、消費課税が17.1%、資産課税等が27.6%となっている。地方税でもやはり所得課税の占める比率が高いものの、資産課税の比率が国税よりも高くなっているのが特徴だ。ただし、地方税としての資産課税のほとんどが市町村税であり、道府県税についてみると、所得課税への依存度が65.0%と高くなっていることがわかる。道府県税の方が税収の安定性が低いことになる。

267

表16-1　国・地方の主な税目及び税収配分の概要

（　）内は、H20年度決算額。単位：兆円

		所得課税	消費課税	資産課税等	計
国		所得税　　(15.0) 法人税　　(10.0)	消費税　　　(10.0) 揮発油税　　(2.6) 酒税　　　　(1.5) たばこ税　　(0.9) 自動車重量税(1.1) 石油ガス税　(0.0) 等	相続税等　　(1.5)	
		個人　(32.7%) 法人　(21.8%)			
		54.5%　(25.0兆円)	39.9%　(18.3兆円)	5.5%　(2.5兆円)	100.0%　(45.8兆円)
地方	道府県	法人事業税　(5.2) 個人道府県民税(5.0) 法人道府県民税(1.1) 道府県税利子割(0.2) 個人事業税　(0.2)	地方消費税　(2.5) 自動車税　　(1.7) 軽油引取税　(0.9) 自動車取得税(0.4) 道府県たばこ税(0.3) 等	不動産取得税等(0.4)	
		個人　(30.1%) 法人　(35.0%)			
		65.0%　(11.7兆円)	32.2%　(5.8兆円)	2.8%　(0.5兆円)	100.0%　(17.9兆円)
	市町村	個人市町村民税(7.4) 法人市町村民税(2.8)	市町村たばこ税(0.8) 軽自動車税　(0.2) 等	固定資産税　(8.9) 都市計画税　(1.2) 特別土地保有税(0.0) 事業所税　　(0.3) 等	
		個人　(34.4%) 法人　(12.7%)			
		47.1%　(10.2兆円)	4.6%　(1.0兆円)	48.2%　(10.4兆円)	100.0%　(21.6兆円)
		55.2%　(21.9兆円)	17.1%　(6.8兆円)	27.6%　(10.9兆円)	100.0%　(39.6兆円)
計		54.9%　(46.9兆円)	29.3%　(25.1兆円)	15.8%　(13.5兆円)	100.0%　(85.4兆円)

（再掲）

	所得課税	消費課税	資産課税等	計
国	53.4%	73.0%	18.9%	53.7%
道府県	24.9%	23.0%	3.7%	21.0%
市町村	21.8%	4.0%	77.4%	25.3%
地方	46.6%	27.0%	81.1%	46.3%
計	100.0%	100.0%	100.0%	100.0%

(注1)　表中における計数は、それぞれ四捨五入によっており、計と一致しない場合がある。
(注2)　下線を付した税目以外の地方税目は課税標準が国税に準拠し又は国税に類似しているもの。
(注3)　計数は精査中であり、異動する場合がある。
出所：総務省ホームページ http://www.soumu.go.jp/main_sosiki/jichi_zeisei/czaisei/czaisei_seido/pdf/02-21.pdf 引用。

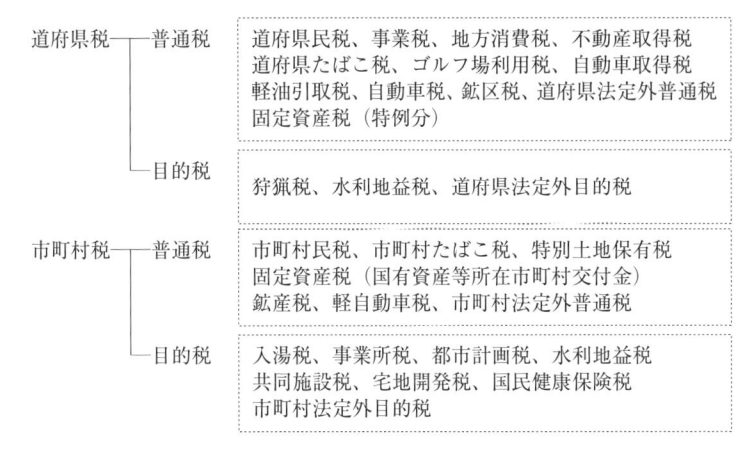

```
道府県税 ─┬─ 普通税 ── 道府県民税、事業税、地方消費税、不動産取得税
          │           道府県たばこ税、ゴルフ場利用税、自動車取得税
          │           軽油引取税、自動車税、鉱区税、道府県法定外普通税
          │           固定資産税（特例分）
          │
          └─ 目的税 ── 狩猟税、水利地益税、道府県法定外目的税

市町村税 ─┬─ 普通税 ── 市町村民税、市町村たばこ税、特別土地保有税
          │           固定資産税（国有資産等所在市町村交付金）
          │           鉱産税、軽自動車税、市町村法定外普通税
          │
          └─ 目的税 ── 入湯税、事業所税、都市計画税、水利地益税
                       共同施設税、宅地開発税、国民健康保険税
                       市町村法定外目的税
```

図16-3　地方税体系

　図16-3は、2012年現在の地方税体系を示したものだ。**道府県税**と**市町村税**は、ともに**普通税**と**目的税**に分類できる。普通税は、地方団体が自由に支出できる税である。一方、目的税は、使途が限定されている税だ。都市計画税は、都市計画事業に充当されている。普通税の中で、地方税法に列挙されているものが**法定普通税**であり、それ以外が**法定外普通税**となる。法定外普通税は、地方団体が独自に新設、変更できる税目である。

　地方税の多くは、地方税法に定められた**標準税率**で課税されているが、財政状況が苦しいときには、**超過課税**が認められている。表16-2は、超過課税の状況を示したものだ。道府県税では、法人税割に超過課税を課している道府県が46団体と最も多い。それにつぐのが、個人均等割と法人均等割の30団体である。個人均等割への超過課税は、高知県の「森林環境税」のように、環境目的で課税されている団体の例がある。2008年度の決算額での税収額でみると個人均等割における道府県の超過課税規模は155.1億円であるのに対して、法人税割が1,257.7億円、法人事業税が1,309.9億円となっており、超過課税のほとんどが法人課税に依存していることがわかる。

　市町村についても、法人税割に超過課税を課している地方団体が1,024団体、

表16-2 超過課税の状況

ア 超過課税実施団体数（H21.4.1現在）

○ 都道府県
〈道府県民税〉

個人均等割	30団体	岩手県、秋田県、山形県、福島県、茨城県、栃木県、神奈川県、富山県、石川県、長野県、静岡県、愛知県、滋賀県、兵庫県、奈良県、和歌山県、鳥取県、島根県、岡山県、広島県、山口県、愛媛県、高知県、福岡県、佐賀県、長崎県、熊本県、大分県、宮崎県、鹿児島県
所得割	1団体	〔神奈川県〕
法人均等割	30団体	岩手県、秋田県、山形県、福島県、茨城県、栃木県、富山県、石川県、長野県、静岡県、愛知県、滋賀県、大阪府、兵庫県、奈良県、和歌山県、鳥取県、島根県、岡山県、広島県、山口県、愛媛県、高知県、福岡県、佐賀県、長崎県、熊本県、大分県、宮崎県、鹿児島県
法人税割	46団体	〔静岡県を除く46都道府県〕
〈法人事業税〉	8団体	宮城県、東京都、神奈川県、静岡県、愛知県、京都府、大阪府、兵庫県
〈自動車税〉	1団体	〔東京都〕

○市町村
〈市町村民税〉

個人均等割	3団体	北海道夕張市、神奈川県横浜市、宮崎県宮崎市
所得割	2団体	北海道夕張市、兵庫県豊岡市
法人税均等割	411団体	
法人税割	1,024団体	
〈固定資産税〉	164団体	
〈軽自動車税〉	34団体	【北海道】函館市、夕張市、留萌市、美唄市、芦別市、赤平市、根室市、滝川市、砂川市、歌志内市、深川市、古平町、上砂川町、由仁町、南幌町、栗山町、浦臼町、滝上町【青森県】鰺ヶ沢町【山梨県】早川町【京都府】伊根町【島根県】松江市、浜田市、出雲市、益田市、大田市、斐川町【徳島県】徳島市、小松島市、鳴門市【香川県】高松市【高知県】高知市、須崎市【福岡県】大牟田市
〈鉱産税〉	34団体	
〈入湯税〉	2団体	〔三重県桑名市、岡山県美作市〕

イ 超過課税の規模（H20年度決算）

道府県税（団体数）[注]		
道府県民税	個人均等割（29団体）	155.1億円
	所得割（1団体）	30.6億円
	法人均等割（29団体）	80.4億円
	法人税割（46団体）	1,257.7億円
法人事業税（8団体）		1,309.9億円
自動車税（1団体）		4.5百万円
道府県税計		2,833.8億円
市町村税（団体数）[注]		
市町村民税	個人均等割（1団体）	2百万円
	所得割（1団体）	24百万円
	法人均等割（408団体）	151.1億円
	法人税割（1022団体）	3,060.3億円
固定資産税（160団体）		371.7億円
軽自動車税（28団体）		5.6億円
鉱産税（34団体）		7百万円
入湯税（2団体）		24百万円
市町村税計		3,589.3億円
超過課税合計		6,423.1億円

※ 法人二税の占める割合：91.2%

[注] 平成20年4月1日現在の団体数である。

出所：総務省ホームページ http://www.soumu.go.jp/main_sosiki/jichi_zeisei/czaisei/czaisei_seido/pdf/ichiran01-05.pdf 引用。

税収規模でも3,060.3億円となっており、やはり法人課税へ依存していることが読み取れる。

16.2 　地方税の仕組み

この節では、地方税の主要税目である個人住民税、地方法人税、地方消費税、固定資産税の仕組みを説明しよう。

(1) 　個人住民税

個人住民税は、道府県民税と市町村民税の総称であり、所得割、均等割、そして都道府県の利子割、配当割、株式等譲渡所得割から構成されている。

利子割は、金融機関において利子所得に対して国税・地方税を合計して一律分離課税として税率20％で源泉徴収され、5％部分が都道府県に配分されるものだ。配当割は、上場株式等の配当所得に対して、20％の税率で分離課税されるうちの5％が住民税として都道府県に配分されるものだ。ただし、2012年現在、株式投資の優遇税率として10％（国7％、地方3％）の税率で分離課税がおこなわれている。この配当所得に対する税も配当を支払うものが源泉徴収している。なお、上場株式徒等の配当所得は、申告が不要だが、配当税額控除を受けるなどのために確定申告をおこなった場合には、個人住民税の所得割として課税対象となり、配当割の税額が所得割額から控除されることになる。株式等の譲渡所得割は、上場株式等の譲渡所得に対して特定口座を利用し、源泉徴収を選択した場合に、20％の税率で分離課税されるうちの5％が住民税として都道府県に配分されるものだ。ただし、配当と同様に、2012年現在において株式投資の優遇税率として10％（国7％、地方3％）の税率で分離課税がおこなわれている。この譲渡所得も申告不要だが、損益通算のためなどで申告する場合には、所得割で課税され、譲渡所得割の税額が所得割の税額から控除される。

個人住民税の均等割は、地方税の租税原則としての**負担分任**の役割を果たす税だ[2]。負担分任は、コミュニティでの会費的な性格を持つという考え方である。2012年現在は、都道府県の均等割が1,000円、市町村の均等割が3,000円となっている。

個人住民税のなかで、最も税収比率が高いのは所得割である。所得割は、基本的な仕組みは、国税である所得税と同じだが、人的控除の金額と税率が異なっている。人的控除は、2012年現在、基礎控除、配偶者控除ともに、33万円となっている。国税である所得税の基礎控除、配偶者控除が38万円であるのに対して、それぞれ5万円だけ個人住民税のそれが低くなっている。この差により課税最低限は、国税よりも地方税の方が低くなる。税率は、三位一体改革により、都道府県、市町村をあわせて10％に均一税率化がおこなわれている[3]。所得税とちがい、税率表が1本に簡素化されたことは、国と地方の役割分担を明確化したものとして評価できる。国税には累進税率表による所得再分配を地方には地方公共財を提供するための財源調達を期待しているわけだ。さらに、均一税率化は、地域間の税収格差を縮小するのにも貢献している。

(2) 地方法人税

　住民税と事業税の法人分は、一般に地方法人二税と呼ばれている。法人住民税は都道府県税と市町村それぞれに存在するが、事業税は都道府県の税である。

〈法人住民税〉

　法人住民税には、**均等割**と**法人税割**が存在する。道府県民税における均等割は、2012年現在、資本金額で5段階、市町村民税における均等割は資本金と従業員数で9段階に設定されている。法人均等割は、地方税固有の租税原則のうち公共サービスの利益に応じて課税すべきだという**応益原則**に基づくものだ。法人は、地方公共団体による行政サービスによる利益を享受しているので、何らかの税負担を負うべきだというものである。所得ではなく資本金や従業員で税額に差を設けているのは、企業規模が大きいほど行政サービスによる利益が大きくなると想定されているためだ。

---

2) 地方税固有の原則については、本書の第17章で説明する。
3) この改革は、一般には比例税率化と呼ばれている。しかし、個人住民税が「比例税」になったわけではない。課税最低限と比例税率を組み合わせることで、依然として累進性を保っているからだ。

法人税割は、国税の法人税額を課税ベースとしている。国税としての法人税は法人所得に課税しているので、法人住民税の法人税割も所得を課税ベースとしていることになる。都道府県については、標準税率が5％、制限税率が6％となっている。市町村については標準税率が12.3％、制限税率が14.7％となっている。

〈事業税の仕組み〉

　事業税には、個人分と法人分があるが、大部分は法人に対するものである。事業税の個人分は、個人のおこなう第1種事業（商工業などの、いわゆる営業に属するもの）、第2種事業（畜産業・水産業・薪炭製造業）、第3種事業（医業及び法務業等の自由業に属するもの）の所得に対して課税される。課税所得は、原則として所得税（国税）の事業所得・不動産所得と同じであるが、青色申告特別控除が適用されないこと、事業主控除として所得から290万円が差し引かれるところが異なる。標準税率は、第1種が5％、第2種が4％、第3種が5％（医業に類する事業等は3％）となっている。制限税率は標準税率の1.1倍である。

　一方、法人事業税は、国内で事務所、事業所ないし恒久的施設を持ち、事業をおこなうすべての法人に課税されている[4]。表16-3は、事業税の税率の概要をまとめたものだ。事業税の税率は、2008年度改正で地域間の税収格差是正のために、国税と地方税の抜本的な改正までの暫定的措置として、国税に地方特別法人税が創設されたことで引き下げられることになった。この改正では、事業税の税収の一部を地方特別法人税として徴収し、その税収を地方法人特別譲与税として、各都道府県に人口と従業員数に応じて再配分されることになった。事業税の税率は、引き下げられるものの、地方法人特別税を合計すると改正前後の法人の負担は変わらない。

　法人事業税の税額は、国税の法人税の計算において、損金（経費）として扱

4）ただし、林業や鉱物の採掘事業及び特定の農業組合法人がおこなう農業、国、地方公共団体がおこなう事業、社会福祉法人、宗教法人、学校法人等の法人や人格のない社団等がおこなう事業で収益事業以外を除く。

表16-3 法人事業税の税率（2008年度改正）

法人区分	課税標準	所得等の区分	税率（%）改正前	税率（%）改正後
普通法人	所得	年400万円以下の所得	5	2.7
		年400万円を超え年800万円以下の所得	7.3	4
		年800万円を超える所得	9.6	5.3
特別法人	所得	年400万円以下の所得	5	2.7
		年400万円を超える所得	6.6	3.6
電器・ガス供給業、生命・損害保険業を行う法人	収入金額	収入割	1.3	0.7
資本金の額又は出資金の額が1億円を超える普通法人	付加価値額	付加価値割	0.48	0.48
	資本金等の額	資本割	0.2	0.2
	所得	年400万円以下の所得	3.8	1.5
		年400万円を超え年800万円以下の所得	5.5	2.2
		年800万円を超える所得	7.2	2.9

われることになっている。法人事業税は、課税の根拠としては公共サービスの対価として納税義務が生じるという**利益説**にもとづいて説明されてきた。当該地域での公共サービスの利益を得ている企業が生産した製品価格に、その対価としての事業税がコストとして上乗せされていれば、最終的には個人が公共サービスのコストを負担することになるからである。しかし、2003年度改正以前は、事業の課税ベースは所得のみであり、赤字法人には課税されていなかった。赤字法人であっても公共サービスの利益を受けていることから、**事業税の外形標準化**が2003年度改正に伴い、2004年4月から実施されることになったわけだ。この事業税の外形標準化は、当初の改革案では中小企業にも軽減措置を考慮したうえで実施することを想定していたが、最終的には大企業に限定されることになった。

(3) 地方消費税

　地方消費税は、1997年4月から消費税の税率が3％から4％に引き上げられたと同時に、**消費譲与税**の廃止と引き替えに新設されたものだ。地方消費税の税収は、消費税の税収の25％であり、税率1％部分に相当する[5]。したがって、この地方消費税の税率と合わせて、消費税の税率は一般には5％であると理解されている。

　地方消費税は、一旦、国が徴収した税収を消費基準で各地域に配分するものである。地方消費税の導入と引き替えに廃止された消費譲与税では、人口と従業員数で各地域に再配分されていた。この配分基準の変更は、各地方団体の税収配分にも影響し、地域間の税収格差は縮小した[6]。配分基準として消費を採用することは、最終的な税負担者が当該地域の住民となるので、地方税としてはより好ましいことになる。このような配分システムを採用した理由は、消費税が生産から流通の各段階で課税される**付加価値税**という仕組みを持っているからである。流通の各段階の付加価値に課税される消費税では、最終的に消費者が負担する地域と納税地域が乖離してしまう。そこで、地方消費税は、消費基準で再配分することで、そのずれを解消しているわけだ。

　なお、地方消費税の税収は、各都道府県に配分された後は、市町村にも地方消費税の収入額の2分の1が、人口と従業者数により案分されて交付されることになる。

(4) 固定資産税

　固定資産税は、市町村の基幹税である。ただし、大規模償却資産については都道府県が課税している。固定資産税の課税標準は、土地、家屋、償却資産の「適正な時価」である。土地については、売買実例価格、建物は再建築価格、

　5）消費税法第29条では、「消費税の税率は、百分の四とする。」となっている。地方消費税の税率は、地方税法第72条の83では、「地方消費税の税率は、百分の二十五とする。」となっている。

　6）消費譲与税から地方消費税へのおきかえによる影響については、橋本（1995）を参照されたい。

図16-4　固定資産税収の推移

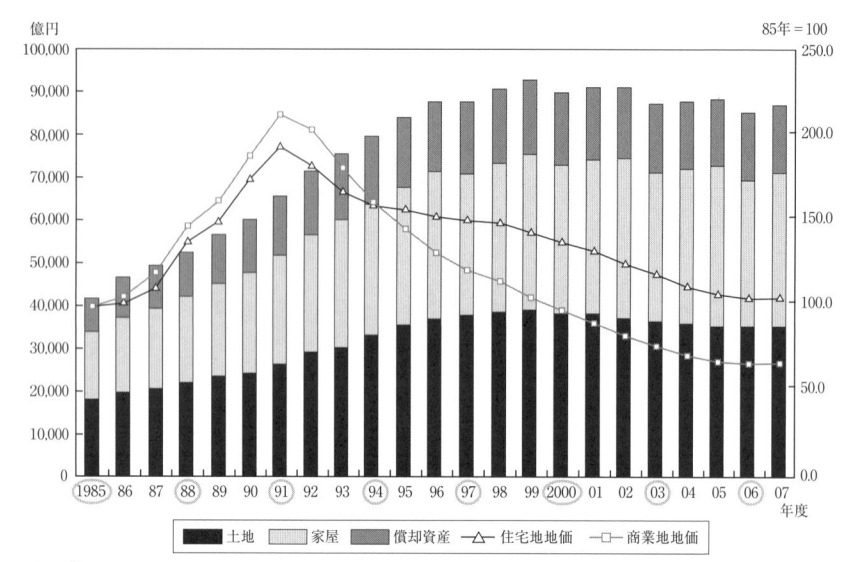

備考：○印は評価替えが実施された年。
出所：『財政金融統計月報（租税特集）』（財務省）各年版及び、『地価公示（平成22年度）』（国土交通省）より作成。

償却資産は取得価格を基準としている。これらの価格は、3年ごとに評価替えがおこなわれる。ただし、償却資産については毎年度、減価率を適用して減額される。2012年現在の固定資産税の税率は、標準税率が1.4％となっている。制限税率は2.1％だったが、課税自主権を拡大するために、2004年度改正で廃止された。

　固定資産税の土地分の課税標準は、「適正な時価」であるにもかかわらず、固定資産税の税収は地価とは連動していない。図16-4は固定資産税収と1985年時点を基準値100として住宅地と商業地の地価の推移を表している。住宅地と商業地の地価がバブル崩壊年である1991年がピークとなっている一方、固定資産税収は1999年がピークとなっている。商業地地価は1991年のピークから2007年まで断続的に下がり続け、1985年時点よりも下がっている。住宅地地価は、商業地よりも下落の度合いは緩いが、2007年時点では1985年時点と同程度

にまで下がっている。固定資産税の課税ベースは固定資産価格であるが、バブル崩壊以降では税収と課税ベースが連動しないようになっている。

固定資産税の税収と地価の連動を断ち切っているのが、固定資産の税負担調整措置である。負担調整措置は、地価高騰期に固定資産税負担の急増をさけるために設けられた措置である。ここでは、固定資産税の負担調整措置について詳しく説明しよう。

1974年度には個人の保有する非住宅用地の固定資産税額に負担調整措置が設けられた。具体的には、前年度の課税標準となるべき額の1.5倍の額によって課税する措置を講じることになった。つまり、3年おきに実施されている固定資産税の評価替えの際に、固定資産税の税負担が急増することを回避してきたことになる。1982年度には、宅地については、負担上昇率1.3倍超から1.5倍以下、1.7倍超から1.9倍以下について新たな負担調整率が設定されることになった。農地については、負担上昇率1.3倍超から1.5倍以下のものについて新たな負担調整率が設定される措置が講じられた。1988年度には、宅地に対して上昇率1.15倍以下について、また農地に対して上昇率1.075倍以下について新たな負担調整率が設定されるようになった。1991年度には、住宅用地以外の宅地で法人が所有しているものに対して1991年度から1993年度までの新たな負担調整措置が設定された。

1994年度は、大きな改正がなされた年である。1994年度から1996年度まで宅地において、よりなだらかな負担調整措置が設定された。1996年度には、住宅等に係る新たな負担調整率1.025が設定され、農地では負担調整率の上限が新たに1.15に設定されることになった。1997年度には、地価の急激な下落に対応するために、宅地と商業地に対して税額を据え置くなどの調整措置が講じられるようになった。2000年度には商業地において改正がなされ、負担水準の上限を改正前の80％から2000年度、2001年度は75％、2002年度は70％に段階的引き下げが実施された。2003年度には、商業地、住宅用地ともに、著しい地価下落に対する税負担の据置措置について、対象とする価格下落率を過去3年間15％以上とすることになった。2004年度には、商業地に対して改正がなされ、負担水準の上限を70％の場合に算定される税額から地方条例によって60％から70％

の範囲に減額可能となった。

　この固定資産税の負担調整措置は、固定資産税の税負担の上昇と地価の上昇との間にタイムラグを生じさせることになる。そのため、地価が減少すると過去に負担調整措置によって引き上げられなかった評価額が遅れて、引き上げられることとなる。このため図16-4でみたように地価が下落しているにもかかわらず、固定資産税税収が増加する期間が発生してしまうわけだ。

第17章 地方税の理論

　この章では、地方税に関する理論をみていく。地方税には、第2章で説明した国税に求められる租税の3原則である公平、効率、簡素に加えて、地方税固有の原則がある。また、国税と地方税の税源配分のあり方についてもさまざまな議論がおこなわれている。さらに、近年では課税自主権の拡大のなかで、地方団体間の競争が意識されるようになってきた。たとえば「ふるさと納税」制度では、寄付してくれた人に特産品をおくるなどの動きも見られる。この章では、これらの地方税の理論について紹介する。

17.1　地方税固有の租税原則

　地方税の固有の租税原則には、応益性、負担分任、普遍性、安定性と伸張性が挙げられる。このような地方税固有の原則のうち、応益性は第2章でみた利益説にもとづき公共サービスの対価としての税負担を求めるという応益原則に沿った主張である。また安定性については、国税においても法人税など景気による変動が大きい税よりも、消費税のように税収の安定性の高い税の方が、望ましいという見方もある。伸張性については、所得税のフラット化が税収のGDPに対する弾性値を低下させ、景気が回復しても税収がのびないのではないかという問題意識も見られる。地方税固有の原則のうち、もっとも地方税としての特徴をあらわす原則は、負担分任と普遍性の考え方だろう。

(1) 応益性

　地方税固有の原則として、応益性が重視されているのは、国と地方の役割分担の考え方において、国の役割は所得再分配と経済安定であり、地方の役割は、

地方公共財を提供するという資源配分であると考えられているからだ。地方公共団体は、ゴミ収集サービス、消防など住民にとって身近な地方公共財・サービスを提供している。これらの地方団体が提供する地方公共財・サービスによる利益は、その地域の住民に限定的に生じるものであり、受益に応じた課税という考え方が成立する。

　応益原則にもとづいて、地方公共サービスに対して完全に受益者負担を求めることが可能ならば、租税よりもむしろ使用料や手数料といった形で財源を調達したほうが望ましい。近年、多くの自治体でゴミの収集サービスの有料化がおこなわれている。ゴミの有料化は、ゴミの排出量の抑制、分別の徹底による資源の有効利用、行政コストの節約を意図したものだ。しかし、現実にはすべての地方の行政サービスに対して、受益者負担を求めることは難しい。たとえば消防サービスに対して、料金を請求するわけにもいかない。したがって、応益性の性格を持つ税を地方税として採用することが、現実的な対応として期待されている。具体的には、固定資産税、都市計画税、事業所税などが該当するとされている。

(2) 負担分任

　負担分任の原則は、自治会費的なイメージで地方税を捉えるものであり、コミュニティを維持する費用を、その地域の住民で分担しようとするものだ。この負担分任の極端な例としては、人頭税（poll tax）が挙げられる。人頭税とは、1人当たり同額の税を負担するものである。

　人頭税を実際に導入した事例としては、イギリスのサッチャー政権が導入したコミュニティチャージが有名だ。コミュニティチャージは1967年以来実施されていた不動産税であるレイトの改革版であり1990年4月から導入された。レイトは資産の賃貸価格を課税ベースにし、その資産の占有者に課税される。賃貸価格は内国歳入庁が決定するが、税率の決定は地方がおこなう。課税ベースが資産の占有者であるために事業者にも負担される。低所得層には還付金が給付されるために、還付金が給付されない中高所得層と選挙権を持たない事業者にとって制度に対する不満が生じることになる[1]。サッチャー政権は歳出削減

を標榜し、地方への補助金カットを実施した。補助金が減少した地方はレイトの税率引き上げで対応したので、還付金が給付されない住民と事業者の不満は増大した。そこで、1990年に住民1人あたりに定額課税（人頭税）を課すというコミュニティチャージと、居住用資産部分への課税を廃止し、非居住用資産部分への税率は国が決定して税収を成人人口数に応じて地方へ配る（譲与税）という制度が実施された。コミュニティチャージへの批判は強く、それに対応するために1991年には、全国平均で385ポンドから245ポンドへ140ポンド減額された[2]。このように減額されたものの、やはり批判は強く、国民の75％が反対する制度であった[3]。そこで1993年4月から新しい地方税制度である「カウンシルタックス」が導入されることになった。

カウンシルタックスは住宅への課税であり、納税義務者はその占有者である。成人2人以上が居住している場合は全額納税しなければならないが、人的要素を加味した減免措置もある。資産価格評価には価額帯方式が採用されている。価額帯方式とは、居住資産の市場取引価格をもとにしていくつかに区分（イギリスの場合は8区分）し、その区分によって税率を決定するというものである。価額帯方式のメリットとしては、定期的な資産の再評価の必要がないことがあげられる。イギリスではコミュニティチャージからカウンシルタックスへの移行はスムーズであったという。その要因として北村（1997）は、負担増に対する減額や補助金などの対応と国民に公平な制度として受け止められたこと、徴税コストが低かったことをあげている[4]。

わが国では、負担分任の原則を具体化したものとして、住民税の均等割が存在する。また、地方税の課税最低限が国よりも低い水準に設定されている根拠として、負担分任が主張されることもある。

---

1) 林（1990）は、「イングランドでは、選挙民3,500万人のうちレイトの納税義務者は1,800万人であり、このうち約3分の1が税額の全部もしくは一部を地方団体から還付されているのが現状であった」としている（林（1990）p.45引用。）。
2) 一方で、付加価値税（消費税）の税率を15％から17.5％に引き上げて地方に交付する制度を導入している。
3) 北村（1997）p.52参照。
4) 北村（1997）p.60、およびp.61参照。

(3) 普遍性

普遍性は、地方税としての税源と税収が普遍的であることを求めるものだ。つまりどの地域でも課税対象となるものが存在し、かつ税収が見込めるものである必要がある。地方税には、最も重要視されるべき原則ともいえる。その地域で税収が確保できないのであれば、地方公共団体の財政が成り立たないからだ。

(4) 安定性と伸張性

地方固有の原則としての安定性と伸張性は、相反する考え方の原則といえる。不況期には税収の安定性が、好況期には税収の伸張性が好まれる。高度成長期には、都市圏での人口急増に伴い、行政需要の増大を賄うための、地方税収の伸びが必要とされていた。しかし、少子高齢化の進展のなかで、いま地方税に求められているのが税収の安定性となっている。

17.2　国と地方の税源配分

表17-1には、国税と地方税の税目が課税ベース別にまとめられている。課税ベースとしての所得については、国税には所得税と法人税が、地方税には個人住民税、法人住民税、事業税が存在している。課税ベースとしての消費については、消費税（国税）、地方消費税（地方税）、課税ベースとしての資産については、地価税（国税）、固定資産税（地方税）が存在している。

このように、所得課税、消費課税、資産課税のいずれの課税ベースについても、税源の重複が見られる。税源の重複の弊害としては、税務行政上、地方自治、税収の安定性などの観点から問題が指摘されよう。税務行政上の問題としては、国税と地方税の税源が重複している税目について、課税ベースの捉え方や納税方法に差異が生じる場合には、納税者にも税務当局にも複雑なものとなり、混乱を生じる恐れがある。地方自治を尊重するならば、地方税の改正の際には国税の改革とは切り離して議論すべきであるのだが、税源が重複している現状では国税の改正は地方税にも直接影響を及ぼす結果になる。また、税源が重複している税目について地方が増収をはかろうとしても、国税を含めた特定

表17-1　国税と地方税の税目

	国　税	地方税		国　税	地方税
所得課税	所得税★ 法人税★	個人住民税★ 個人事業税★ 法人住民税★ 法人事業税★ 道府県民税利子割★	消費課税	消費税 酒税 たばこ税 たばこ特別税 揮発油税	地方消費税 地方たばこ税 軽油引取税 自動車取得税 ゴルフ場利用税
資産課税等	相続税・贈与税★ 地価税★ 登録免許税 印紙税	不動産取得税 固定資産税★ 都市計画税★ 事業所税★ 特別土地保有税★ 等		地方道路税 石油ガス税 自動車重量税 航空機燃料税 石油税 電源開発促進税 関税 とん税 特別とん税	入湯税 自動車税★ 軽自動車税★ 鉱産税★ 狩猟者登録税★ 入猟税★ 鉱区税★

(注)　★印は直接税、無印は間接税等
出所：財務省ホームページ http://www.mof.go.jp/jouhou/syuzei/siryou/gen/gen02.htm 引用。

の課税ベースに関する負担の高さから実現不可能となる可能性もある。このように現在の国税と地方税体系には税源の重複が生じているが、伝統的な税源配分論では、独立税主義が唱えられていた。

(1)　伝統的税源配分論

　戦後税制の出発点となった1949年9月に公表された**シャウプ勧告**は、地方税体系について、国税と地方税の税源の分離原則を採用し、税目、課税標準、税率、納税義務者を条例で定められる**独立税主義**を唱えていた。

　この独立税主義は、国と地方の役割分担を踏まえた考え方であった。アメリカの有名な財政学者であるマスグレイブは、財政の役割として3つの機能を挙げている[5]。それは、資源配分機能、所得再分配機能、経済安定機能の3つである。資源配分機能は、公共財・サービスを提供する役割である。所得再分配機能は、市場経済における個人の能力の格差、教育機会の格差、相続・贈与に

よる初期資産保有の格差などから生じる所得や富の格差を政府が是正することである。経済安定機能は、不況のときに生じる失業や好況のときに生じるインフレに対処するために、政府が果たす役割のことだ。

この財政の2つの役割のうち、所得再分配機能と経済安定機能は、主として中央政府の役割であり、地方政府の主な役割は地方公共財の提供という資源配分機能であるというのが伝統的な役割分担の考え方である。

この伝統的な役割分担の考え方にしたがえば、地方税固有の原則である応益性の重視が求められることになる。応益性を重視するならば、地域間で行政サービスの水準が異なる場合にはその行政サービスの水準に応じて、各地方公共団体が税率を決定できる独立税が望ましいことになる。

シャウプ勧告では、独立税主義にもとづき、税源の分離原則を貫くために、道府県税の主要な税目として、(所得型)付加価値税、入場税、遊興飲食税、自動車税を設定し、市町村の主要な税目として、市町村民税、固定資産税を設定した。この税源分離の目的は、都道府県と市町村がそれぞれの段階で独立税を持つことで、地方自治を確立することにあったといえよう。この税源分離の原則は、その後の各地方団体の税収不足を補うために、税源の重複を認めることで崩されることとなった。

シャウプ勧告直後の1951年度改正では、法人税割が市町村民税として創設されている。法人税割は、課税ベースを法人所得とするところから、国税としての法人税と税源が重複することになった。1954年度改正では、道府県民税の創設、たばこ消費税、不動産取得税の創設がおこなわれた。さらに、シャウプ勧告により導入が決まりながら、一度も実施されることなく付加価値税が廃止され、事業税が存続されることになった。その他の改正としては、大規模償却資産に対する固定資産税の一部を道府県へ移譲、入場税の国税移管と譲与税化がおこなわれた。これらの改正により、現在のように国税・地方税とも所得課税へ偏重する税体系が形成されることになった。

5) 財政の3大機能は、日本の財政学において完全に定着してきた。このマスグレイブの伝統的な機能配分論に対する考察と新しい機能配分論については、堀場 (1999) p.16〜p.22を参照されたい。

(2) 新しい税源配分論

伝統的な税源配分論は、最近になって理論的な見直しがおこなわれつつある。新しい税源配分論では、財政的外部性（fiscal externality）の存在を考慮にいれた形で議論がおこなわれている。財政的外部性とは、地方分権下での課税自主権を持つ地方公共団体の行動が、他の地域の地方公共団体や地域住民の行動に影響を与えることをさすものだ。

地方公共団体の目的が地域住民の厚生最大化のみと考えると、他地域の住民の犠牲のもとで、自地域の住民の負担を最小化するような行動をとる可能性もある。たとえば、東京都の石原知事が導入した宿泊税はその典型である。宿泊税を負担するのは東京都民ではなく、東京へ出張してきた他府県の納税者である。

財政的外部性は、歳出面の外部性と歳入面の外部性に大別することができる。歳出面の財政的外部性には、地方公共財のスピルオーバー（拡散）などが挙げられる。たとえば、河川の改修による便益は、河川の下流の住民に広く、スピルオーバーすることになる。

歳入面での財政的外部性は、主として租税輸出と租税競争という2つの租税の外部性に着目したものだ。東京都の宿泊税は、租税輸出の形での租税の外部性を生じることになる。租税競争は、企業誘致を目的とした固定資産税の減免や税率の引き下げ競争などを差すものだ。新しい税源配分論は、このような経済的影響をも考慮にいれて税源を配分しようという考え方だ[6]。

17.3　租税の外部性

租税の外部性が注目されるようになってきたのは、わが国では課税自主権が拡大してきた最近のことだ[7]。石原知事が導入した宿泊税は、典型的な租税輸出であるし、名古屋市での減税条例など、各地で税率引き下げの動きが見られることで租税競争の理論にも関心がよせられるようになってきた[8]。

租税の外部性は、Dahlby（1996）によると、**表17-2**に示したように水平的

---

6) 新しい税源配分論については、堀場（1999）が詳しい。
7) 課税自主権と租税の外部性の関係については、深澤（2011）が詳しい。

表17-2　租税の外部性

外部性のタイプ	事例	財政的インプリケーション
水平的直接型	租税輸出	他地域の住民が税負担の一部を負担することで税への依存度が高まる。
水平的間接型	租税競争	潜在的な課税ベースの可動性は、税率引き下げ圧力を生じる。
垂直的間接型	課税ベースの重複	中央政府と地方政府は、税源が重複している課税ベースにより高い税率を課すことで、最終的には、合計税率が非常に高くなってしまう。

出所：Dahlby（1996）p.399、table1から抜粋。

直接型（Direct Horizontal）、水平的間接型（Indirect Horizontal）、垂直的間接型（Indirect Vertical）に分類される。

　水平的直接型は、地方団体間における外部性のタイプのうち、他の地域に直接的な影響を与えるものだ。このタイプの外部性の事例としては、租税輸出がある。租税輸出では、宿泊税のように、他の地域の住民に税負担を求めることになる。その場合には、コスト意識の欠如から税への依存度が高まり、公共サービスが過剰になる可能性もある。

　水平的間接型は、地方団体間における外部性のタイプのうち、他の地域に間接的な影響を与えるものだ。このタイプの外部性の事例には、租税競争がある。租税競争のもとでは、企業や個人などが地域外へ流出するという懸念から、税率引き下げ圧力が生じる可能性がある。

　垂直的間接型は、中央政府と地方政府の間で、相互に影響を与えるものだ。中央政府と地方政府は、税源が重複している課税ベースには、より高い税率を課すことで、最終的に合計税率が非常に高くなってしまう可能性がある。

8）東京都の宿泊税は、2001年12月19日に東京都宿泊税条例として可決し、2002年10月1日から実施されている。

(1) 租税輸出

これまでわが国では、標準税率を下回る税率で課税した場合には、国から地方へ一般補助金として渡される地方交付税が減額される可能性があるため、明示的な税率の引き下げ競争は生じてこなかった。わが国では、東京都の宿泊税や、入湯税など、他の地域の住民の負担となる租税輸出がおこなわれてきた。

租税輸出の先駆的な研究としては、Mclure（1964）が挙げられる[9]。宿泊税を課税した場合の影響は、各地域の需要と供給の弾力性に依存することになる[10]。たとえば、東京都の宿泊税を例にとると、東京での宿泊需要は、需要の価格弾力性が低いと考えられる。東京には、数多くの魅力的な娯楽施設があることや、多数の企業が存在しているので仕事上の重要性が高い、といった魅力があるからだ。需要の価格弾力性が低いために、東京都が宿泊税を課税したとしても、宿泊者数の減少はほとんど生じない。このような事例では、東京都は租税輸出をおこなうことで、自分の地域住民の税負担を増やすことなしに財源を調達できることになる。東京都は宿泊税を観光案内所の整備・充実など観光促進のための目的税として課税している。これは、租税輸出を正当化するための方便として目的税化しているものだ。宿泊税は、観光客の利便性の向上のために使われているのだから、受益者負担の考え方から、負担を観光客に求めるべきだというわけだ。しかし、観光客への利便性の向上は、観光客数の増加による経済効果を期待したものだと考えれば、やはり宿泊税は非居住者へツケをまわすものと言わざるをえない。

法人事業税、法人住民税のいわゆる地方法人二税も租税輸出の一種と考えることもできる。東京都には数多くの企業が集中しているため、地方法人2税の税収は、東京都に集中している。しかし、法人課税の負担は、第11章でみたように、株主、従業員、消費者などに最終的には帰着することになる。東京都で納税された法人事業税の負担は、東京以外の株主、消費者の負担となっているわけだ。

---

9) Mclure（1964）の議論については、堀場（1999）が詳しく紹介している。
10) これは、基本的には本書の第2章で説明した租税帰着の理論で説明できる。

このように租税輸出がおこなわれる可能性がある税への依存は、コスト意識を欠如させ、過剰な公共財、サービスの提供につながることになる。地方税としては、租税輸出の可能性が小さい、固定資産税、個人住民税などを基本とすべきであろう。

(2) 租税競争

表17-3　租税競争の理論モデル

	モデルの特徴	文献
対称地域モデル	各地域の住民の数が等しい	Zodrow and Mieszkouski (1986) Wilson (1986) Wildasin (1988)
非対称地域モデル	各地域の住民の数が異なる	Bucovetsky (1991) Wilson (1991)

わが国と違い、州の権限が強く、州毎に異なる税率が適用されているアメリカの経済学者の間では、租税競争に関する研究が精力的におこなわれてきた[11]。表17-3は、租税競争の理論モデルを分類したものだ。租税競争の理論モデルは、堀場 (1999) によると対称地域モデルと非対称地域モデルに大別できる。租税競争に関する先駆的な研究は、Zodrow and Mieszkouski (1986) と Wilson (1986) である[12]。彼らのモデルは、各地域の住民数が等しいという、同質的な対称地域を仮定している。Wildasin (1988) は、資本課税による資本収益率への影響を地方政府が考慮に入れて行動するタイプにモデルを拡張した。

現実には、対称地域モデルでの想定のように、各地域の住民の数が等しいということは、ありえない。この仮定の非現実性を克服したものが、Bucovetsky (1991)、Wilson (1991) のモデルである。

ここでは、これらの理論モデルでの結論のみを紹介しておこう。Zodrow and Mieszkouski (1986) では、地域の住民数が等しいという仮定に加えて、

---

[11] 租税競争に関する研究の進展に関しては、深澤 (2011) が詳しい。
[12] Zodrow and Mieszkouski (1986) のモデルについては、堀場 (1999) が詳しく紹介している。

住民移動はできないが、資本は地域間を自由に移動できる、地方政府は公共財供給のために人頭税を課税している、地方政府は人頭税で不足する税収を当該地域の資本に課税することで補っているなどの仮定がおかれている。ある地域が資本税率を引き下げた場合には、自分の地域に資本を誘致することになり、税率引き下げ競争へのインセンティブが存在している。このような状況において、各地方政府が税率引き下げ競争をおこなった場合には、各地域の税収が減少し、財源不足から公共財の供給量が過小になってしまう。

　一方、非対称地域モデルでは、地域によって人口規模が異なる地方団体が想定されている。この場合、人口規模の大小によって他地域への影響が変わってくることを考慮に入れることもできる。Wilson（1991）は、人口規模の小さい地方政府の方が、税率引き下げ競争において、地域住民の厚生水準を改善することができると述べている。

第18章　地方税改革の課題

　この章では、地方税の改革として、地方法人税の改革と固定資産税の改革についてとりあげる。

18.1　地方法人税の改革

　わが国の法人課税は、諸外国に比べると高いという議論が多い。しかし、国税としての法人課税の水準を比較すると、それほど高いわけではない。わが国の法人税の負担水準を高めている一つの要因は、地方税としての法人課税の水準が諸外国に比べて高いことである。地方税固有の租税原則として挙げられる普遍性、安定性という観点から考えると、地方税制が法人課税に過度に依存している状況は、是正されるべきものと考えられる。そこで、この節では地方税としての法人課税の見直しの方向性について検討する。

(1)　地方法人課税への依存と地域間の税収格差

　図18-1は、法人課税の税収依存割合を都道府県別に描いたものだ。ここで、都道府県の法人課税としては、法人事業税と法人住民税、市町村の法人課税としては、法人住民税を取り上げた。この図からは、都道府県、市町村ともに、東京都、大阪府など大都市圏において、税収に占める法人課税の比率が高いことが指摘できる。

　次に、図18-2は、都道府県別の法人事業税、道府県法人住民税、市町村法人住民税の税収シェアを描いたものである。各都道府県がどの程度法人課税に依存しているかでなく、法人課税の税収が各都道府県にどのように配分されているかを示したものである。この図では、法人課税の税収の多くが大都市圏に

第18章 地方税改革の課題

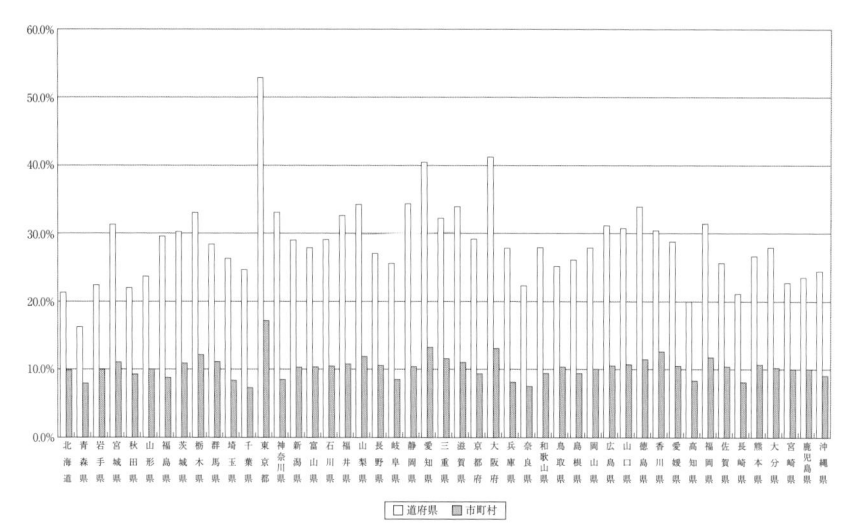

出所：橋本（2008）p.231引用。
図18-1 都道府県別の法人課税の依存割合（2004年度決算額）

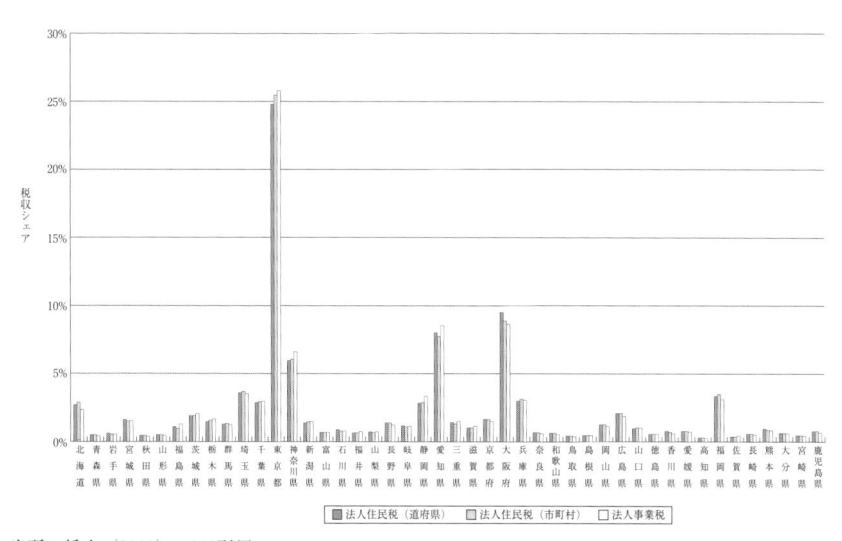

出所：橋本（2008）p.232引用。
図18-2 法人課税の都道府県別税収シェア（2004年度決算額）

配分されており、とりわけ東京には約25％の税収が集中していることが読み取れる。

このように、法人課税における地域間の税収格差を是正する手段として期待されていたのが事業税の外形標準化である。事業税に関しては、2004年4月から部分的な外形標準化が実施されている[1]。この外形標準化の対象は、資本金1億円を超える法人だけである。外形標準化前後の2003年度決算と2004年度における都道府県別事業税収の決算額の変動係数を求めたところ、外形標準化前の変動係数は1.7934であったものが、外形標準化後には1.864となっていることがわかった[2]。外形標準化後の方が税収格差が大きくなったのは、外形標準化の効果を当時の景気回復による税収格差拡大効果が相殺してしまったためである。

(2) 租税原則からみた地方法人課税

地方への法人課税は、地方税固有の租税原則のなかでは、応益性、負担分任、伸長性の観点からその存在が正当化されてきた。しかし、法人住民税の大部分は、国税である法人税を課税ベースとする法人税割りである。さらに、事業税はその一部が外形標準化されたものの、対象は大企業のみとなっている。したがって、地方法人課税の大部分は、法人所得への課税となっている。所得を課税ベースとする限りは、赤字法人には課税できないことになる。赤字法人であっても道路や港湾施設などの公共財を利用することで受益を受けていることを考えると、応益性、負担分任の考え方に沿って地方法人課税が構築されているとはいえないことになる。また、伸長性は、人口増大時代の租税原則であり、すでに人口減少時代に突入したわが国においては、税収の安定性が重視されるべきである。普遍性の観点からは、前節でみたように法人課税の税収は大都市

---

1) 具体的には課税ベースのうち、4分の1は外形標準課税、4分の3は所得課税のままとされた。外形標準化される部分は、1991〜2000年の平均税収（大法人分）の4分の1（約5,100億円分）であった。外形標準には、付加価値割と資本割が採用された。

2) 変動係数は、標準偏差を平均値で除したものであり、データの散らばり具合を示す指標である。ゼロに近づくほど散らばりが少ないことを示す。

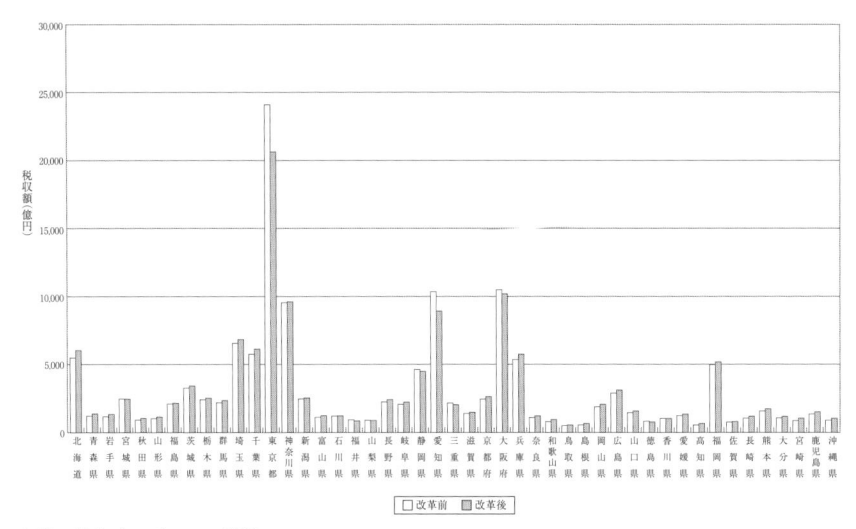

出所：橋本（2008）p.241引用。

図18-3　事業税完全外形標準化と道府県法人税割り廃止による税収配分の変化

圏に集中されており、税収の偏在を是正する措置が必要だということがわかる。したがって、地方固有の租税原則に則して考えれば、応益性の観点から大企業以外も含めた事業税の外形標準化が、普遍性の観点から法人税割りの見直しが必要だといえよう。

そこで、道府県税における法人税割りの廃止と事業税の完全外形標準化という地方法人課税の改革案をシミュレーションしてみた。法人税割り廃止の財源としては、地方消費税の税率引き上げを想定した[3]。図18-3がそのシミュレーション結果を示したものである。この図によると東京、愛知、大阪の税収が減少し、北海道など地方の税収が増加していることがわかる。改革前後の変動係数は、1.289から1.151まで低下し、税収の偏在度が改善されることが示されている。

3）シミュレーションの詳細は、橋本（2008）を参照されたい。

18.2　固定資産税の改革

2008年度決算において、固定資産税収は市町村税収の40.6％を占めており、市町村税収の基幹税となっている。固定資産税が基幹税の位置を占めてきた理由は、地方税固有の租税原則である応益性、普遍性の点で優れていると考えられてきたからだ。しかし、第16章で説明したように固定資産税負担の急増を防ぐために導入された負担調整措置は、地価水準と課税標準の乖離を生じさせ、応益性、普遍性という固定資産税が本来持っていた性格を変えてしまった可能性も考えられる。また、負担調整措置の存在は、租税原則としての公平性を損なってきたことも考えられる。そこで、この節では、固定資産税を公平性、応益性、普遍性の3つの観点から分析してみよう[4]。

(1)　固定資産税の公平性

固定資産税の税率は、ほとんどすべての市町村において1.4％で課税されているにもかかわらず、地域毎に格差が存在すると言われてきた。その格差は、地域間で評価水準に差が生じていること、評価替えの際の税負担の急増を避けるために負担調整措置が講じられたために生じたものである。地域間で実効税率に差があるならば、同じ経済状態の人を同じように取り扱うべきだという水平的公平の原則を満たさないことになる。

表18-1は都道府県別の固定資産税の実効税率（土地分）を過去8年にわたって計測したものだ。都道府県の平均実効税率は2001年では0.27％であったものが、8年にわたって断続的に上昇し、2008年では0.34％となっている。実効税率の変動係数は、2001年では0.166であったものが、2008年では0.117になっている。

2001年から2008年にかけて実効税率が上昇した上位5県は、鳥取（0.13％p）、徳島（0.13％p）、石川（0.12％p）、福井（0.12％p）、大分（0.12％p）といった地域である。一方で、同期間に実効税率が上昇しなかったあるいは下

---

4) この節の叙述は、鈴木（2011b）の一部を加筆修正したものである。

表18-1　地域別の実効税率（土地分）格差の推計

	2001年	2002年	2003年	2004年	2005年	2006年	2007年	2008年
北海道	0.30%	0.31%	0.31%	0.32%	0.32%	0.32%	0.31%	0.32%
青森	0.25%	0.25%	0.27%	0.29%	0.30%	0.32%	0.33%	0.35%
岩手	0.22%	0.23%	0.24%	0.25%	0.27%	0.28%	0.30%	0.31%
宮城	0.30%	0.31%	0.32%	0.33%	0.34%	0.34%	0.34%	0.35%
秋田	0.28%	0.28%	0.29%	0.30%	0.32%	0.34%	0.36%	0.37%
山形	0.26%	0.27%	0.29%	0.31%	0.33%	0.34%	0.36%	0.37%
福島	0.26%	0.27%	0.29%	0.29%	0.30%	0.31%	0.32%	0.33%
茨城	0.24%	0.25%	0.27%	0.29%	0.30%	0.32%	0.32%	0.34%
栃木	0.27%	0.29%	0.31%	0.32%	0.32%	0.34%	0.35%	0.36%
群馬	0.28%	0.29%	0.31%	0.32%	0.33%	0.33%	0.34%	0.35%
埼玉	0.26%	0.29%	0.29%	0.32%	0.32%	0.31%	0.31%	0.32%
千葉	0.27%	0.29%	0.30%	0.30%	0.30%	0.29%	0.28%	0.29%
東京	0.33%	0.32%	0.34%	0.34%	0.32%	0.29%	0.27%	0.28%
神奈川	0.30%	0.31%	0.32%	0.33%	0.32%	0.31%	0.30%	0.30%
新潟	0.28%	0.30%	0.32%	0.34%	0.35%	0.35%	0.35%	0.36%
富山	0.29%	0.31%	0.34%	0.35%	0.36%	0.36%	0.36%	0.38%
石川	0.24%	0.26%	0.29%	0.32%	0.33%	0.34%	0.35%	0.36%
福井	0.24%	0.26%	0.29%	0.29%	0.31%	0.33%	0.34%	0.36%
山梨	0.23%	0.25%	0.28%	0.30%	0.31%	0.31%	0.32%	0.33%
長野	0.26%	0.27%	0.28%	0.29%	0.30%	0.31%	0.31%	0.32%
岐阜	0.28%	0.30%	0.32%	0.34%	0.35%	0.35%	0.35%	0.36%
静岡	0.29%	0.31%	0.33%	0.35%	0.36%	0.36%	0.36%	0.36%
愛知	0.32%	0.33%	0.34%	0.36%	0.36%	0.35%	0.34%	0.35%
三重	0.26%	0.27%	0.28%	0.31%	0.32%	0.33%	0.34%	0.35%
滋賀	0.28%	0.30%	0.31%	0.33%	0.34%	0.32%	0.32%	0.33%
京都	0.30%	0.31%	0.33%	0.34%	0.34%	0.33%	0.32%	0.33%
大阪	0.38%	0.39%	0.40%	0.41%	0.40%	0.37%	0.36%	0.37%
兵庫	0.36%	0.38%	0.39%	0.40%	0.39%	0.37%	0.36%	0.37%
奈良	0.25%	0.28%	0.30%	0.32%	0.32%	0.31%	0.30%	0.31%
和歌山	0.30%	0.31%	0.33%	0.35%	0.36%	0.37%	0.37%	0.38%
鳥取	0.24%	0.26%	0.28%	0.30%	0.33%	0.35%	0.36%	0.38%
島根	0.29%	0.30%	0.31%	0.32%	0.33%	0.36%	0.36%	0.37%
岡山	0.30%	0.32%	0.34%	0.35%	0.36%	0.36%	0.36%	0.37%
広島	0.37%	0.37%	0.39%	0.39%	0.39%	0.38%	0.38%	0.39%
山口	0.33%	0.34%	0.35%	0.36%	0.37%	0.38%	0.38%	0.40%
徳島	0.19%	0.21%	0.23%	0.25%	0.28%	0.30%	0.31%	0.33%
香川	0.29%	0.29%	0.30%	0.28%	0.26%	0.26%	0.27%	0.27%
愛媛	0.24%	0.25%	0.27%	0.28%	0.29%	0.30%	0.31%	0.32%
高知	0.23%	0.24%	0.26%	0.27%	0.29%	0.31%	0.31%	0.33%
福岡	0.29%	0.30%	0.32%	0.34%	0.35%	0.36%	0.36%	0.36%
佐賀	0.24%	0.25%	0.26%	0.27%	0.28%	0.29%	0.30%	0.31%
長崎	0.23%	0.24%	0.26%	0.28%	0.28%	0.29%	0.30%	0.31%
熊本	0.23%	0.24%	0.26%	0.28%	0.29%	0.30%	0.30%	0.32%
大分	0.30%	0.31%	0.32%	0.34%	0.36%	0.39%	0.40%	0.41%
宮崎	0.26%	0.26%	0.27%	0.29%	0.30%	0.31%	0.32%	0.33%
鹿児島	0.21%	0.22%	0.23%	0.24%	0.25%	0.26%	0.28%	0.29%
沖縄	0.12%	0.15%	0.14%	0.15%	0.14%	0.15%	0.15%	0.17%
平均	0.27%	0.28%	0.30%	0.31%	0.32%	0.32%	0.33%	0.34%
変動係数	0.166	0.154	0.148	0.141	0.134	0.124	0.122	0.117

出所：総務省『地方税に関する計数参考資料』、内閣府『国民経済計算年報』より作成。

落した都府県は東京（-0.05％p）、大阪（-0.01％p）、香川（-0.01％p）、神奈川（0.00％p）、兵庫（0.01％p）である[5]。都市圏は下落傾向にあるが、地方圏は上昇傾向にあったことになる。これらの影響が伴って地域間での実効税率の格差は縮小し、変動係数は下がっている。

次に、固定資産税が垂直的公平を満たしているかどうかを検証してみよう。固定資産税は、資産に関して比例的に課税されるため、消費に比例的に課税する消費税と同様に、所得に対しては逆進的な税負担になる可能性がある。とりわけ、低所得層に年金世帯などの退職後の世帯が含まれていることから、退職後の世帯かつ持ち家の世帯が固定資産税に逆進性を付与する可能性があるわけだ。垂直的公平の観点から評価を試みた先行研究には林（1995）が存在する。林（1995）は、『大阪市税務統計』と『全国消費実態調査』のデータを用いて、所得階級別に固定資産税の負担率を推計している。その際には、持ち家世帯の固定資産税だけでなく、借家世帯の固定資産税についても借家世帯に帰着させている。借家世帯の固定資産税の帰着については100％家賃に反映されるとは限らないものの、固定資産の引き上げは単純化のために100％が家賃に反映されるものと仮定したうえで推計がおこなわれている。林（1995）は、「全体的な傾向は、家屋のみの場合と同様、借家世帯が低所得層で強い逆進性、持ち家世帯が全体的に緩やかな累進性を示している。伝統的な見解に基づけば、居住用資産に対する固定資産税の帰着は、借家世帯にとっては、所得に関してかなり強い逆進性を示すことが実証された。」と指摘している[6]。

本章でも、固定資産税が垂直的公平を満たしているかどうかを検証してみよう。ここでは、『全国消費実態調査（平成21年）』における「第27表　住居の所有関係、世帯類型、年間収入階級別1か月間の収入と支出（二人以上の世帯）」を利用して、所得階級別の固定資産税負担を推計してみた[7]。

『全国消費実態調査』には所得階級別の「家賃地代」が掲載されている。家

5）％pはパーセント・ポイントを表している。
6）林（1995）p.179引用。
7）本推計においては固定資産税の負担は借り手側に100％帰着されると仮定している。

第18章　地方税改革の課題

表18-2　所得階級別の固定資産税負担額

(単位：万円)

所得階級	年間収入	家賃地代	資産価値	固定資産税	固定資産税負担率
－200	137.3	38.5	676.9	1.7	1.27%
200－300	250.7	46.0	810.0	2.1	0.83%
300－400	348.7	54.3	956.3	2.5	0.70%
400－500	446.6	60.9	1,071.6	2.8	0.62%
500－600	542.6	59.6	1,048.9	2.7	0.50%
600－800	681.3	68.1	1,199.7	3.1	0.45%
800－1,000	885.3	70.3	1,237.5	3.2	0.36%
1,000－1,250	1,092.8	73.7	1,297.6	3.3	0.30%
1,250－1,500	1,353.6	86.9	1,530.3	3.9	0.29%
1,500－	1,873.9	92.1	1,621.8	4.2	0.22%

出所：総務省『全国消費実態調査（平成21年）』より作成。

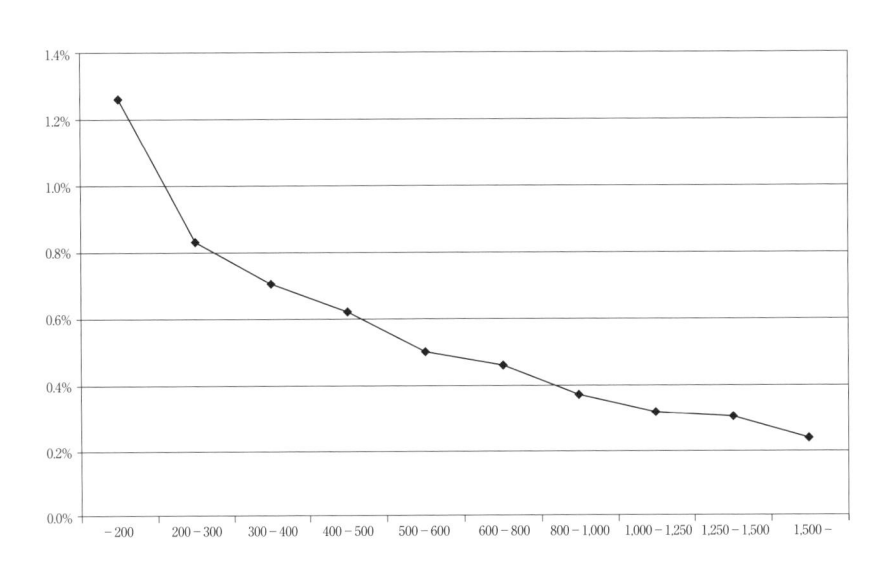

出所：総務省『全国消費実態調査（平成21年）』より作成。

図18-4　所得階級別の固定資産税負担率

賃地代は不動産の運用利益率に相当するものとして、所得階級別の建物資産額を算出することにした。不動産の運用利益率の値は「J-REIT（不動産投信情報ポータル）」に掲載されている REIT 運用利回り（居住特化型）の平均値である5.68％を採用した[8]。所得階級別の家賃地代を REIT 利回り率で割れば階級別の保有する不動産額が算出される。

　不動産に課税される固定資産税額を算出するためには、土地分と家屋分に分離する必要がある。本稿では、不動産は土地分と家屋分に折半されるものとした[9]。建物部分には建物資産額に2分の1を乗じた値に固定資産税率1.4％を乗じることによって固定資産税額を算出した。土地部分には、小規模宅地の特例が適用されるものとして6分の1を乗じた値に固定資産税率1.4％を乗じることで階層別の固定資産税額を算出した。

　図18-4は表18-2の結果を利用して所得階級別の固定資産税の負担率を示したものである。分母には「年間収入」をとっている。図によると、所得階層が高くになるにつれて固定資産税の負担率が低下していることがわかる。

(2)　固定資産税の応益性

　固定資産税が応益性を満たしているかどうかについては、林（2004）の先行研究を踏まえた計量分析をおこなってみよう。林（2004）では行政サービス水準として10個を取り上げて、それぞれを生活関連行政、社会基盤行政、文化行政の3つの因子に分けて因子分析を行っている[10]。その結果、社会基盤行政にかかわる因子が地価に反映されているという結果を得ている。

8）2011年3月14日付けのデータである。
9）住宅金融公庫が過去におこなっていた『個人住宅規模企画等調査（平成16年）』によると、近畿圏における住宅面積の1戸あたりの平均値は132.01 m^2（40坪）である。また国土交通省『地価公示（平成21年）』「第9表　大阪圏の市の住宅地の平均価格等」によると、大阪圏の住宅地の平均価格は1 m^{2}あたり120,151円（1坪あたり40万円）である。40坪の土地、40 m^{2}で2階建てを建てた場合、土地価格と建物価格はだいたい同じになるものと考えられる。建物に課税される固定資産税は建物価格そのものではなく、建築に利用している材料などが反映されるが、本章では建物価格が材料を反映しているものとした。

本章でも地価に関して社会基盤行政に関わるデータを説明変数にして回帰分析をおこなうこととした。社会的基盤行政に関するデータには、下水道普及率と道路面積対可住地比率を使用した。下水道普及率には、『都道府県別下水道処理人口普及率（国土交通省）』に掲載されている2009年度末データを利用した。道路面積の対可住地面積比率は、『数字でみる都道府県のすがた2011年版（総務省）』に掲載されている2008年時点データと都道府県別の可住地面積と、『道路統計年報2010年版（国土交通省）』に掲載されている2010年4月1日時点のデータを利用することによって算出した。被説明変数には、『地価公示（国土交通省）』に掲載されている2009年の都道府県別住宅地平均価格を利用した。

推計結果は以下のようになった。ただし、地価の単位は円／m^2、下水道普及率の単位と道路面積対可住地比率の単位は％であり、括弧内の数値はt値、$\overline{R^2}$は自由度修正済み決定係数をそれぞれ表している。

地価＝－128154.081＋807.375×下水道普及率＋19462.947×道路面積対可住地比率
　　　（－7.0097）　　（3.400）　　　　　　　　（8.416）
$$\overline{R^2}=0.708$$

図18-5は、地価の現実値と予測値を表したものだ。東京都の地価は、現実地と予測値に大きな乖離が見られ、予測値よりも現実値が大きな値となっている。逆に福岡県の地価は、予測値が現実値を大きく上回った値となっている。標準誤差でみると、東京都は4.648であり、福岡県は－1.767であり、東京都の値は突出している[11]。東京都は、下水道普及率が99.2％、道路面積対可住地比率が12.3％と、両変数が都道府県内で最も高い値を示している。東京都の場合は、社会基盤行政以外の部分で地価が大きく決定しているといえる。

---

10) 行政サービス水準としてあげられている10種は以下のとおりである。①下水道人口普及率、②ゴミの焼却・高度処理率、③保育所・幼稚園施設充足率、④人口1人当たり図書館蔵書数、⑤人口1人当たり体育館延面積、⑥人口1人当たり公園面積、⑦道路面積の対可住地面積比率、⑧人口1人当たり公民館・集会所施設面積、⑨人口1人当たり県民会館・公会堂・市民会館延面積、⑩上水道普及率である。
11) 標準誤差が絶対値で2を超えると、信頼区間95％に入らないということである。すなわち、95％出てこないような特別な値であるということである。

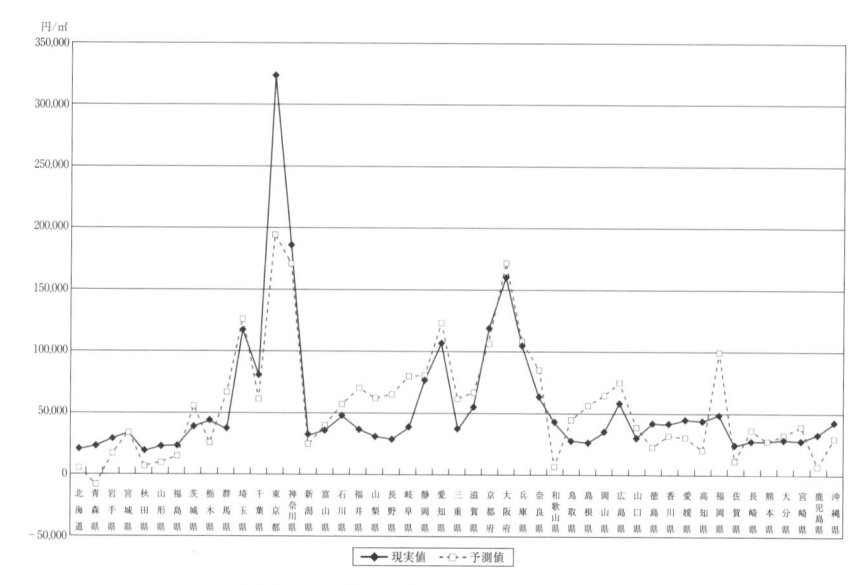

図18-5　地価関数による現実値と予測値

(3) 固定資産税の普遍性

　地方税の原則である普遍性を見るために、都道府県別の人口1人あたり税収で変動係数を計測したものが**表18-3**である。**表18-3**によると、市町村民税と固定資産税を全体でみれば、2001年と2008年の両年において固定資産税の方が市町村民税より変動係数が小さくなっている。このことから固定資産税は市町村民税よりも普遍性に優れているといえる。市町村民税は、2001年から2008年にかけて変動係数にほとんど変化が見られない。固定資産税の変動係数は0.2010から0.1637へと普遍性が増している。

　市町村民税では個人分の変動係数が0.2720から0.2472になって普遍性が増しているが、法人分は逆に0.4271から0.5311へと普遍性が落ちている。固定資産税については土地分の変動係数が2001年の0.3449から2008年の0.2578へと減少幅が大きく、普遍性が増している。固定資産税の普遍性が増したのは土地分の寄与が大きい。

　固定資産税は、市町村税であることから市町村間でも普遍性に優れているこ

第18章　地方税改革の課題

表18-3　主な市町村税（1人あたり）の変動係数

	2001年	2008年
市町村民税	0.2926	0.2999
個人	0.2720	0.2472
法人	0.4271	0.5311
固定資産税	0.2010	0.1637
土地	0.3449	0.2578
家屋	0.1322	0.1219
償却資産	0.2909	0.2786
市町村たばこ税	0.1055	0.0893
都市計画税	0.6624	0.6204
市町村税	0.2450	0.2305

出所：総務省『地方税に関する参考計数資料』より作成。

表18-4　地域間の1人あたり税収格差（2008年度）

	都道府県間	大阪府内
固定資産税	0.1637	0.6798
土地	0.2578	0.7013
家屋	0.1219	0.4272
償却資産	0.2786	1.3216

出所：総務省『地方税に関する計数参考資料』、大阪府『市町村税徴収実績（2008年度分）』より作成。

とが望ましい。本章では、大阪府を取り上げて、市町村間における税目別の普遍性を検討してみた。表18-4は、変動係数を大阪府内と都道府県間で算出した結果である。表18-4をみると、大阪府内における固定資産税の変動係数は、都道府県間と比較してかなり大きな値となっていることがわかる。固定資産税は、都道府県間でみると普遍性を満たしているとしても、各市町村間については必ずしも普遍性を満たしていないことになる[12]。

---

12) 同様の指摘は高林（2005）を参照されたい。

日本語文献

浅子和美・井口泰・金子能宏・府川哲夫 (2002)「少子社会の制度設計」国立社会保障・人口問題研究所編『少子社会の子育て支援』第1章所収, 東京大学出版会.

安部由起子・大竹文雄 (1995)「税制・社会保障制度とパートタイム労働者の労働供給行動」『季刊社会保障研究』Vol.31, No.2, pp.120-134.

麻生良文 (1998)「相続を通じた世代間移転」『経済研究 (一橋大学)』Vol.49, No.4, pp.289-296.

跡田直澄編 (2000)『企業税制改革：実証分析と政策提言』日本評論社.

石弘光 (1979)『租税政策の効果—数量的接近』東洋経済新報社.

石弘光 (1981)「課税所得捕捉率の業種間格差」『季刊現代経済』第42号, pp.72-83.

石弘光 (1986)「階級別所得税負担の計測—課税の公平をめぐって」大川政三先生退官記念論文集刊行会編『現代財政学研究』第9章所収, 春秋社.

石弘光 (1990)『税制のリストラクチャリング』東洋経済新報社.

石弘光 (1993)『利子・株式譲渡益課税論：所得税のアキレス腱を検証する』日本経済新聞社.

石弘光 (2008)『現代税制改革史—終戦からバブル崩壊まで』東洋経済新報社.

伊多波良雄 (1983)「所得分布関数、租税関数および税の累進度」『経済学論叢』第33巻, 第1号, pp.1-18.

井上勝雄・小西砂千夫 (1993)「景気変動を考慮した法人税の租税関数の計測」『関西学院経済学論究』第47巻, 第2号, pp.25-44.

井堀利宏 (1984)『現代日本財政論』東洋経済新報社.

井堀利宏 (1993)『ストックの経済学』有斐閣.

井堀利宏 (2003)『課税の経済理論』岩波書店.

井堀利宏 (2005)「財政再建と消費税」『租税研究』第667号, pp.34-47.

今井賢一・小宮隆太郎編 (1989)『日本の企業』東京大学出版会.

岩田一政・鈴木郁夫・吉田あつし (1987)「設備投資の資本コストと税制」『経済分析』第107号, pp.1-72.

岩田規久男 (1990)「土地税制の改革」宮島洋編『税制改革の潮流』第8章所収, 有斐閣, pp.211-244.

岩田規久男・山崎福寿・花崎正晴・川上康 (1993)『土地税制の理論と実証』東洋経済新報社.

上村敏之 (1997)「ライフサイクル消費行動と効用関数の推計：異時点間消費の代替の弾力性と時間選好率」『産研論集 (関西学院大学)』第24号, pp.91-115.

上村敏之 (2006)「家計の間接税負担と消費税の今後：物品税時代から消費税時代の実効税率の推移」『会計検査研究』第33号, pp.11-29.

上村敏之 (2009)『公的年金と財源の経済学』日本経済新聞社.

宇南山卓 (2011)「消費税増税、景気に影響軽微」日本経済新聞「経済教室」2011年10月28

日付け.

呉善充（2004）「世代別の高等教育による効果―コーホート・データによる分析―」『千里山経済学』第38巻，第1号，pp.15-32．

呉善充（2007）「国税・地方税収の将来予測―税収弾性値の検証―」『千里山経済学』第40巻，第2号，pp.1-14．

呉善充（2008）『税制の再分配効果について』KISER Discussion Paper Series, No.12．

大石亜希子（2003）「有配偶女性の労働供給と税制・社会保障制度」『季刊社会保障研究』Vol.39, No.3, pp.286-300．

大塩まゆみ（1996）『家族手当の研究―児童手当から家族政策を展望する―』法律文化社．

大竹文雄（2005）『日本の不平等』日本経済新聞社．

大竹文雄・小原美紀（2005）「消費税は本当に逆進的か―負担の「公平性」を考える」『論座』第127号, pp.44-51．

大蔵省財政史室編（1990）『昭和財政史昭和27～48年度第6巻租税』東洋経済新報社．

大田弘子（1994）「女性の変化と税制―課税単位をめぐって―」野口悠紀雄編『税制改革の新設計』第6章所収, 日本経済新聞社．

大田弘子（1997）「女性と税制―配偶者控除等の検証」『税研』Vol.13, No.76, pp.9-13．

大野太郎・布袋正樹・佐藤栄一郎・梅崎知恵（2011）「法人税における税収変動の要因分解～法人税パラドックスの考察を踏まえて～」PRI Discussion Paper Series, No.11 A-09．

貝塚啓明（1986）「税制の基本的改革の方向［2］所得税」『日税研論集』Vol.3, pp.3-35．

貝塚啓明（1996）「日本経済の構造的変化と税制改革の方向性」『税研』Vol.11, No.66．

貝塚啓明（1997）「基調講演「日本の税制改革」」本間正明・齊藤愼編『どうする法人税改革』納税協会連合会．

加藤寛・横山彰（1994）『税制と税政：改革かくあるべし』読売新聞社．

加藤美穂子（2002）「税の自然増収と財政運営―歳出肥大化の可能性と税収変動要因の解明―」『関西学院経済学研究』第33号, pp.283-305．

金子洋一（2008）「カナダのGST控除の概要」森信茂樹編『給付付き税額控除：日本型児童税額控除の提言』第7章所収, 中央経済社．

金本良嗣（1994）「譲渡所得税の凍結効果と中立課税」『住宅土地経済』No.13, pp.12-23．

河合宏一（2008）「英国唯一の地方税・カウンシル・タックス」『地方財政』第47巻，第1号, pp.240-251．

企業活力研究所編（2010）『マーリーズ・レビュー研究会報告書』．

岸昌三（1994）『土地と土地課税』追手門学院大学経済学会研究叢書, 第6号．

北浦修敏・長嶋拓人（2007）「税収動向と税収弾性値に関する分析」, KIER DISCUSSION PAPER SERIES, Discussion Paper, No.0606．

北村裕明（1997）「カウンシル税の成立―現代イギリス地方税改革の研究(4)―」『彦根論叢』第307号, pp.51-72．

木下和夫（1990）『私の歩いた道―財政研究五十年』清文社．

木下和夫（1992）『税制調査会―戦後税制改革の軌跡』税務経理協会．

木原隆司・柵山順子（2006）「イギリスの雇用政策・人材育成政策とその評価」樋口美雄・財務省財務総合政策研究所編『転換期の雇用・能力開発支援の経済政策―非正規雇用からプロフェッショナルまで』第8章所収，日本評論社．

國枝繁樹（2007）「最適所得税理論と日本の所得税制」『租税研究』第690号，pp.69-82．

國枝繁樹（2010）「少子高齢化社会における世代間の資産移転税制のあり方」『税研』Vol.25, No.6, pp.40-45．

鞠重鎬（1994）「所得再分配測定指数に関する一考察―累進度指数と財政の所得再分配効果分析のための指数の提言―」『一橋研究』第19巻，第3号，pp.17-40．

栗林隆（2005）『カーター報告の研究―包括的所得税の原理と現実―』五絃舎．

経済企画庁総合計画局編（1975）『所得・資産分配の実態と問題点―所得分配に関する研究会報告―』大蔵省印刷局．

経済団体連合会（1984）『先進各国の企業税制と税負担』．

齊藤由里恵・上村敏之（2007）「生活保護制度と所得税住民税制の限界実効税率」『生活経済学研究』第26巻, pp.31-43．

齊藤由里恵・上村敏之（2008）「負の所得税の導入費用の推計」『経済政策ジャーナル』第5巻，第2号, pp.59-62．

齊藤誠・岩本康志・太田聰一・柴田章久（2010）『マクロ経済学』有斐閣．

佐藤主光（2010）「我が国の法人税改革の論点」企業活力研究所編『マーリーズ・レビュー研究会報告書』第2部第1章所収．

佐藤主光（2011）『地方税改革の経済学』日本経済新聞出版社．

渋谷雅弘（2008）「相続税の本質と課税方式」『税研』Vol.23, No.6, pp.22-26．

下野恵子（1991）『資産格差の経済分析―ライフ・サイクル貯蓄と遺産・贈与』名古屋大学出版会．

下野恵子・布施麻里香（1998）「課税最低限と給与所得税の累進度」『オイコノミカ』第34巻，第3・4号，pp.39-47．

下和田功（2001）「少子高齢社会と生命保険・個人年金保険税制―保険料控除制度を中心に」『甲南経営研究』第41巻，第3・4号，pp.21-43．

鈴木将覚（2010a）「主要国における法人税改革の効果―実効税率の変化に着目して」『みずほ総研論集』2010年(2), pp.125-154．

鈴木将覚（2010b）「課税ベース拡大の法人実効税率への影響～Firm-specificな実効税率を用いた分析～」『みずほリポート』．

鈴木将覚（2010c）「法人税の実効税率」企業活力研究所（2010）『マーリーズ・レビュー研究会報告書』第2部第2章所収．

鈴木善充（2011a）「消費税における益税の推計」『会計検査研究』第43号, pp.45-56．

鈴木善充（2011b）「固定資産税の改革について」『抜本的税財政改革研究会報告書（2010年度）―国と地方の抜本的税財政改革をめざして―』第6章所収，関西社会経済研究所．

税制調査会編（1964a）「『今後におけるわが国の社会、経済の進展に即応する基本的な租税制度のあり方」についての答申及びその審議の内容と経過の説明』大蔵省印刷局．

税制調査会編（1964b）『税制調査会基礎問題小委員会：委員・専門委員報告書』．
税制調査会編（1987）『税制の抜本的見直しについての答申・報告・審議資料総覧』大蔵省印刷局．
税制調査会基礎問題小委員会（2005）『個人所得課税に関する論点整理』，2005年6月21日．
大日康史（2002）「少子化対策としての育児支援」『ESP』，5月号，pp.48-52．
高山憲之・有田富美子（1996）『貯蓄と資産形成―家計資産のマイクロデータ分析―』岩波書店．
高山憲之・チャールズ・ユウジ・ホリオカ・太田清編（1996）『高齢化社会の貯蓄と遺産・相続』日本評論社．
高林喜久生・下山朗（2001）「消費税改革の経済効果―伝票方式導入の必要性と課題―」『経済学論究（関西学院大学）』第55巻，第1号，pp.53-81．
高林喜久生（2005）『地域間格差の財政分析』有斐閣．
田近栄治・八塩裕之（2006）「税制を通じた所得再分配―所得控除にかわる税額控除の活用―」小塩隆士・田近栄治・府川哲夫編『日本の所得分配―格差拡大と政策の役割』第4章所収，東京大学出版会．
田近栄治・八塩裕之（2007a）「格差拡大への税制の対応―還付可能な税額控除の活用―」『税経通信』第62巻，第5号，pp.17-29．
田近栄治・八塩裕之（2007b）「還付可能な税額控除をどう執行するか―欧米の経験―」『税経通信』第62巻，第8号，pp.25-39．
田近栄治・八塩裕之（2008）「所得税改革―税額控除による税と社会保険料負担の一体調整―」『季刊社会保障研究』第44巻，第3号，pp.291-306．
橘木俊詔（1989）「資産価格変動と資産分布の不平等」『日本経済研究』No.18，p79-93．
谷川喜美江（2004）「生活困窮者課税に関する理論的検証」『千葉商大論叢』第42巻，第3号，pp.191-220．
地方行財政制度資料刊行会編（1983）『戦後地方行財政資料別巻―シャウプ勧告使節団日本税制報告書』勁草書房．
都村敦子（1982）「税制および社会保障制度における家族のとり扱い」『季刊社会保障研究』第18巻，第3号，pp.342-353．
都村敦子（2002）「家族政策の国際比較」国立社会保障・人口問題研究所編『少子社会の子育て支援』第2章所収，東京大学出版会．
戸谷裕之（1994）『日本型企業課税の分析と改革』中央経済社．
土居丈朗（2002）『入門公共経済学』日本評論社．
土居丈朗（2010）『法人税の帰着に関する動学的分析―簡素なモデルによる分析―』RIETI Discussion Paper Series, 10-J-034．
豊田敬（1987）「税の累進性と所得再分配係数」『経済研究』第38巻，第2号，pp.166-170．
豊田敬（1992）「租税累進度の計測法」『経営志林』第28巻，第4号，pp.117-126．
中村悦広（2005）「給与所得税の再分配効果―税率構造要因と控除要因の累進度の推計―」『星陵台論集（神戸商科大学）』第37巻，第3号，pp.99-113．

内閣府政策統括官（2002）『個人所得税の課税ベースと負担について』政策効果分析レポートNo.15.

中井英雄（1988）『現代財政負担の数量分析―国・地方を通じた財政負担問題』有斐閣.

中井英雄（1990）「固定資産税の土地評価実態と評価率改訂のシミュレーション」『近畿大学商経学叢』第37巻, 第1・2・3号, pp.275-290.

中里透（2010）「1996年から98年にかけての財政運営が景気・物価動向に与えた影響について」内閣府経済社会総合研究所監修・井堀利宏編『バブル／デフレ期の日本経済と経済政策研究5：財政政策と社会保障』第4章所収, 慶應義塾大学出版会.

西野万里（1990）「法人税制・所得税制の整合的改革のための一考察―中小企業課税問題を中心として」『明治大学社会科学研究所紀要』第28巻, 第2号, pp.313-344.

西村清彦（1990）「日本の地価決定メカニズム」西村清彦・三輪芳朗編『日本の株価・地価―価格形成のメカニズム』第4章所収, 東京大学出版会.

野口悠紀雄（1981）「土地課税の経済効果」『季刊理論経済学』第32巻, 第3号, pp.193-200.

野口悠紀雄（1989）『土地の経済学』日本経済新聞社.

野口悠紀雄（1994a）「税体系」貝塚啓明『日本の税制システム制度―設計の構想』第2章所収, 東京大学出版会.

野口悠紀雄（1994b）「相続税に関する基礎的考察」『税制改革の新設計』第4章所収, 日本経済新聞社.

野口悠紀雄（1994c）『税制改革のビジョン』日本経済新聞社.

橋本恭之（1986）「最適線型所得税のシミュレーション分析」『大阪大学経済学』第35巻, 第2・3号, pp.181-192.

橋本恭之（1987）「アメリカの税制改革」橋本徹・山本栄一編『日本型税制改革』第13章所収, 有斐閣.

橋本恭之（1988）「アメリカ」『世界の税制改革』第1章所収, 日本租税研究協会.

橋本恭之（1989）「税制改革の計量分析」『大阪大学経済学』第38巻, 第3・4号, pp.185-207.

橋本恭之（1991）「コーホート・データによるライフサイクル資産の推計」『桃山学院大学経済経営論集』第32巻, 第4号, pp.1-13.

橋本恭之（1992）「相続税改正の数量分析」『桃山学院大学経済経営論集』第34巻, 第1号, pp.1-25.

橋本恭之（1993）「税制改革と世代間・世代内の公平」『税研別冊 '92第16回日税研究賞入選論文特集』, pp.13-47.

橋本恭之（1995）「地方分権とその財源」『季刊TOMORROW』第9巻, 第4号, pp.73-87.

橋本恭之（1998）『税制改革の応用一般均衡分析』関西大学出版部.

橋本恭之（2001a）「イギリスの税制の現状について」『租税研究』第618号, pp.98-107.

橋本恭之（2001b）「イギリスの財政改革」『国際税制研究』No.7, pp.82-86.

橋本恭之（2001c）『税制改革シミュレーション入門』税務経理協会.

橋本恭之（2002a）「イギリスの税制改革」『総合税制研究』No.10, pp.137-153.

橋本恭之（2002b）「消費税の益税とその対策」『税研』Vol.18, No.2, pp.48-52.
橋本恭之（2006）「税・社会保障制度と労働供給」樋口美雄・財務省財務総合政策研究所『転換期の雇用・能力開発支援の経済政策―非正規雇用からプロフェッショナルまで』第12章所収，日本評論社．
橋本恭之（2008）「地方法人課税の改革」『関西大学経済論集』第57巻，第4号, pp.227-243.
橋本恭之（2010）「消費税の逆進性とその緩和策」『会計検査研究』第41号, pp.35-53.
橋本恭之（2011）「法人税の改革について」『会計検査研究』第45号, pp.69-84.
橋本恭之・上村敏之（1997a）「村山税制改革と消費税複数税率化の評価――一般均衡モデルによるシミュレーション分析」『日本経済研究』No.34, pp.35-60.
橋本恭之・上村敏之（1997b）「税制改革の再分配効果：個票データによる村山税制改革の分析」『関西大学経済論集』第47巻，第2号, pp.175-189.
橋本恭之・呉善充（2002）「資産形成における相続の重要性と相続税改革」『関西大学経済論集』第52巻，第3号, pp.341-351.
橋本恭之・呉善充（2008a）「所得税改革の論点」『国際税制研究』第20号, pp.35-44.
橋本恭之・呉善充（2008b）『税収の将来推計』RIETI Discussion Paper Series, 08-J-033.
橋本恭之・呉善充（2009a）「給付付き税額控除について―英国の事例を参考に」『税研』Vol.24, No.6, pp.39-44.
橋本恭之・呉善充（2009b）「日本の税収構造について」『大阪大学経済学』第59巻，第3号, pp.55-75.
橋本恭之・鈴木善充（2011a）「給与所得控除のあり方について」『抜本的税財政改革研究会報告書（2010年度）―国と地方の抜本的税財政改革をめざして―』第3章所収，関西社会経済研究所．
橋本恭之・鈴木善充（2011b）「資産課税改革について」『抜本的税財政改革研究会報告書（2010年度）―国と地方の抜本的税財政改革をめざして―』第4章所収，関西社会経済研究所．
橋本恭之・林宏昭・跡田直澄（1991）「人口高齢化と税・年金制度―コーホート・データによる制度改革の影響分析」『経済研究』第42巻，第4号, pp.330-340.
橋本恭之・前川聡子（2000）「地方分権下における個人所得税・住民税改革のあり方について」『国際税制研究』No.4, pp.112-118.
橋本恭之・山口耕嗣（2005）「公的年金改革のシミュレーション分析―世帯類型別の影響―」『関西大学経済論集』第55巻，第2号, pp.235-253.
橋本徹編（1971）『現代間接税の理論』有斐閣．
橋本徹・山本栄一編（1987）『日本型税制改革』有斐閣．
八田達夫（1994）『消費税はやはりいらない』東洋経済新報社．
濱秋純哉・堀雅博（2011）「我が国世帯における資産の世代間移転と資産格差：アンケート調査の個票を用いた実証分析」『季刊個人金融』第6巻，第2号, pp.27-38.
林宏昭（1986）「所得税の累進度に関する一考察」『関西学院経済学研究』第19号, pp.111-126.

林宏昭（1990）「イギリスにおける地方税改革」『租税研究』第485号, pp.45-48.
林宏昭（1995）『租税政策の計量分析―家計間・地域間の負担配分―』日本評論社.
林宏昭（1996）「所得税の控除制度と課税単位のあり方について」『総合税制研究』No.4, pp.156-178.
林宏昭（2001）「所得税の課税単位に関する論点と国際比較」『国際税制研究』No.6, pp.96-102.
林宏昭（2002a）『どう臨む、財政危機下の税制改革』清文社.
林宏昭（2002b）「年金課税適正化の方向について」『国際税制研究』No.9, 123-130.
林宏昭・橋本恭之（1987）「わが国の税制改革案の分析」『大阪大学経済学』第36巻, 第3・4合併号, pp.147-161.
林宏昭・橋本恭之（1999）「高齢者マル優の廃止と利子所得の総合課税化について」『関西大学経済論集』第49巻, 第3号, pp.61-701.
林宏昭・橋本恭之・跡田直澄・齊藤愼・本間正明（1989）「所得税の改革」本間正明・跡田直澄編『税制改革の実証分析』第2章所収, 東洋経済新報社.
林正寿（2008）『租税論　税制構築と改革のための視点』有斐閣.
林正義（2003）「税制と労働供給―我が国における実証分析をめぐって―」『経済研究（明治学院大学）』第128号, pp.19-34.
林正義・別所俊一郎（2003）『累進所得税と厚生変化―公的資金の社会的限界費用の試算―』ESRI discussion Paper Series, No.42.
林宜嗣（1993）「税制改革と所得再分配」『総合税制研究』No.2, pp.194-210.
林宜嗣（1996）「景気変動と法人税」『総合税制研究』No.4, pp.179-194.
林宜嗣（1997）「所得税制度と税収弾力性」『総合税制研究』No.5, pp.194-210.
林宜嗣（2004）「応益課税としての固定資産税の評価」『経済学論究（関西学院大学）』第58巻, 第3号, pp.267-285.
早見弘（1968）「給与所得税の累進度」『商學討究』第18巻, 第3号, pp.189-208.
早見弘（1987）「給与所得税累進度の解剖」『商學研究』第37巻, 第1・2・3号, pp.39-55.
半谷俊彦（2009）「ドイツにおける税制改革の潮流（〈特集〉税制改革の新潮流）」『CUC view & vision』第27号, pp.6-12.
樋口美雄・財務省財務総合政策研究所編著（2006）『転換期の雇用・能力開発支援の経済政策―非正規雇用からプロフェッショナルまで』日本評論社.
日高政浩（2009）「租税支出の推計と経済的意義」抜本的税財政改革研究会『2008年度抜本的税財政改革研究会報告書』第5章所収.
藤川清史（1991）「消費税導入の経済効果―伝票方式と帳簿方式の相違を考慮した産業連関分析―」『大阪経大論集』第42巻, 第3号, pp.41-66.
福田幸弘（1985）『シャウプの税制勧告』霞出版社.
藤田晴（1986）「所得税と福祉控除」『大阪大学経済学』Vol.35, No.4, pp.305-317.
藤田晴（1992）『所得税の基礎理論』中央経済社.
藤田晴（2003）「所得課税のあり方―控除制度を中心として―」『税経通信』Vol.58, No.11,

pp.44-50.

深澤映司（2011）「地方における課税自主権の拡大に伴う経済的効果」『レファレンス』Vol.61, No.8, pp.55-72.

古田精司（1964）「法人税転嫁と法人税制のあり方」税制調査会編『昭和39年8月税制調査会基礎問題小委員会』委員・専門委員報告書.

古田精司（1993）『法人税制の政治経済学』有斐閣.

古田俊吉（1991）「キャッシュ・フロー法人税の理念と方式」能勢哲也，高島博編『公共政策と企業行動』第5章所収，有斐閣.

ホリオカ，チャールズ・ユウジ（2008）「日本における遺産動機と親子関係―日本人は利己的か，利他的か，王朝的か？」チャールズ・ユウジ・ホリオカ・財団法人家計経済研究所編『世帯内分配と世代内移転の経済分析』第8章所収，ミネルヴァ書房.

堀場勇夫（1999）『地方分権の経済分析』東洋経済新報社.

堀雅博・濱秋純哉・前田佐恵子・村田啓子（2010）『遺産相続、学歴及び退職金の決定要因に関する実証分析『家族関係、就労、退職金及び教育・資産の世代間移転に関する世帯アンケート調査』の個票を用いて」ESRI Discussion Paper Series, No.254.

本間正明（1982）『租税の経済理論』創文社.

本間正明（1986）『税制改革案のシミュレーション―よりよき改革の実現のために』政策構想フォーラム.

本間正明編（1994）『ゼミナール現代財政入門』日本経済新聞社.

本間正明・跡田直澄（1989）『税制改革の実証分析』東洋経済新報社.

本間正明・滋野由紀子・福重元嗣（1995）「消費税の導入による消費者物価上昇効果の分析―時系列モデルによる計測―」『経済研究』Vol.46, No.3, pp.193-215.

本間正明・橋本恭之（1985）「最適課税論」大阪大学財政研究会編『現代財政―理論と政策』第6章所収，創文社.

本間正明・橋本恭之・前川聡子（2000）「消費税と消費行動」『税研』Vol.16, No.2, pp.53-59.

前川聡子（2000）「個人所得税の課税ベースの現状と問題点―所得控除の変遷と階層別税負担構造の変化を計測する―」『国際税制研究』No.4, pp.119-124.

前川聡子（2005）『企業の投資行動と法人課税の経済分析』関西大学出版部.

前田高志（1997）「中長期的にみた固定資産税の課題とその改革の基本的方向」『税』第52巻，第3号，pp.4-14.

前田高志（2001）「地方基幹税としての固定資産税の改革の方向」『大阪学院大学経済論集』第14巻，第1・2・3号，pp.149-178.

松田有加（2008）「スウェーデンにおける1991年改革と再分配機能」『九州国際大学経営経済論集』第14巻，第2・3合併号，pp.75-88.

松浦克巳・橘木俊詔（1993）「日本の資産の不平等の要因分析：土地保有の有無による2つの階層分化」郵政研究所ディスカッションペーパー，9月，No.1993-23.

水野正一（1983）「所得税の税率の累進構造と問題点」『税経通信』第38巻，第9号，pp.74-

83.
宮崎智視・佐藤主光（2011）「応益課税としての固定資産税の検証」『経済分析』第184号，pp.99-119.
宮島洋（1986）『租税論の展開と日本の税制』日本評論社.
宮島洋（1992）『高齢化時代の社会経済学―家族・企業・政府』岩波書店.
宮島洋（1994）「高齢化社会の公的負担の選択」野口悠紀雄編『税制改革の新設計』第1章所収，日本経済新聞社.
村澤知宏・湯田道生・岩本康志（2005）「消費税の軽減税率適用による効率と公平のトレードオフ」『経済分析』第176号，pp.19-41.
望月正光・野村容康・深江敬志（2010）『所得税の実証分析―基幹税の再生を目指して』日本経済評論社.
森信茂樹（2000）「消費課税の理論と展望」『租税研究』第614号，pp.5-14.
森信茂樹（2002）「税と社会保障―税額控除制度の活用について」『租税研究』第632号，pp.14-18.
森信茂樹（2006a）「格差問題と税制―給付つき税額控除の検討を―」『租税研究』第685号，pp.100-111.
森信茂樹（2006b）「給付付き税額控除の検討を開始せよ」『世界週報』第87巻，第31号，pp.74-75.
森信茂樹（2007a）「韓国の給付付税額控除（EITC）」『税務弘報』第55巻，第10号，p.105.
森信茂樹（2007b）「「あるべき税制」としての提言―税額控除と社会保障給付の一体化を」『論座』第141号，pp.211-219.
森信茂樹（2007c）「米・英の給付付き税額控除に学ぶ」『国際税制研究』第18号，pp.32-48.
森信茂樹（2008a）「給付付き税額控除の4類型と日本型児童税額控除の提案」『国際税制研究』第20号，pp.24-34.
森信茂樹（2008b）「「税と社会保障の一体改革」と給付付き児童税額控除の提言」『租税研究』第703号，pp.5-14.
森信茂樹編（2008c）『給付付き税額控除　日本型児童税額控除の提言』中央経済社.
森信茂樹（2010）『日本の税制　何が問題か』岩波書店.
八塩裕之・長谷川裕一（2008）『わが国家計の消費税負担の実態について』ESRI Discussion Paper Series, No.196.
山崎福寿（1999）『土地と住宅市場の経済分析』東京大学出版会.
山下和久（1993）「所得税の累進度」『経済研究』第38巻，第2号，pp.45-56.
横田信武（1987）「税率構造の累進性」『早稲田商学』第323号，pp.135-159.
吉田和男（1996）「消費税率をどこまで上げるべきか」『税研』第12巻，第68号，pp.24-30.
吉田建夫（1983）「租税累進度の測定について―ローカル型累進尺度―」『松山商大論集』第34巻，第4号，pp.27-42.
吉田建夫（1986）「租税累進度尺度について：展望」『文経論叢　経済学篇』第21巻，第2号，pp.1-22.

吉野直行・羽方康恵(2006)「税の所得弾力性の変化と税収の将来シミュレーション」KUMQRP DISCUSSION PAPER SERIES, DP2006-010.
吉野直行・羽方康恵(2007)「税の所得弾力性の変化とそのマクロ経済への影響に関する実証分析」日本財政学会編『財政研究』第3巻, pp.184-205.
吉村政穂(2010)「金融所得課税の一体化をめぐる論点」『税研』Vol.26, No.1, pp.28-31.

英語文献

Aaron, H.J. (1975), Who Pays the Property Tax?: A New View, Brookings Institution.

Atkinson, A.B. and J.E. Stiglitz (1976), "The design of Tax Structure: Direct versus Indirect Taxation," *Journal of Public Economics*, Vol.6 (1-2), pp.55-76.

Atkinson, A.B. and J.E. Stiglitz. (1980), *Lectures on Public Economics*, McGraw-Hill.

Auerbach, A.J., M.P. Devereux and H.Simpson (2007), "Taxing Corporate Income," Paper prepared for The Mirrlees Review, Reforming the Tax System for the 21st Century.

Barthold, T.A. and T.Ito (1991), "Bequest Taxes and Accumulation of Household Wealth: U.S.-Japan Comparison," *NBER Working Paper Series*, No.3692.

Becker, G.S. (1964), *Human capital : A Theoretical and Empirical Analysis, with Special Reference to Education*, Columbia University Press, (佐野陽子訳(1978)『人的資本:教育を中心とした理論的・経験的分析』東洋経済新報社).

Barro, R.J., and Sala-i-Martin, X. (1995), *Economic Growth*, McGraw-Hill, (大住圭介訳(1997)『内生的経済成長論(第1巻)』, (1998)『内生的経済成長論(第2巻)』九州大学出版会).

Blake, D.R. (1979), "Property Tax Incidence: An Alternative View," *Land Economics*, Vol.55, No.4, pp.521-531.

Brewer, Mike. (2007), "Welfare Reform in the UK: 1997-2007," *The Institute For Fiscal Studies Working Paper*, No.20.

Brewer, Mike., Anita. Ratctiffe, and Sarah. Smith (2009), "Does Welfare Reform Affect Fertility? Evidence from the UK," *The Institute For Fiscal Studies Working Paper*, No.8.

Bucovetsky, B. (1991), "Asymmetric Tax Competition," *Journal of Urban Economics*, Vol.30, pp.167-181.

Cashin, D. and T.Unayama (2011), "The Intertemporal Substitution and Income Effects of a VAT Rate Increase: Evidence from Japan," *RIETI Discussion Paper Series*, 11-E-045.

Caballe, J. (1995), "Endogenous Growth, Human Capital, and Bequests in a Life-Cycle Model," *Oxford Economic Papers*, Vol.47 (1), pp.156-181.

Chamley, C. and B. Wright (1987), "Fiscal Incidence in an Overlapping Generations Model with a Fixed Asset," *Journal of Public Economics*, Vol.32 (1), pp.3-24.

Cooter, R. (1978), "Optimal Tax Schedules and Rates: Mirrlees and Ramsey," *American Economic Review*, Vol.68 (5), pp.756-768.

Dahlby, B. (1996), "Fiscal Externalities and the Design of Intergovernmental Grants,"

International Tax and Public Finance, Vol.3 (3), pp.397-412.

Diamond, P. (1998), "Optimal Income Taxation: An Example with a U-Shaped Pattern of Optimal Marginal Tax Rates," *American Economic Review*, Vol.88 (1), pp.83-95.

Devereux, M.P. and Griffith, R. (1999), "The Taxation of Discrete Investment choices," *The Institute For Fiscal Studies, Working Paper Series*, No.W98/16.

Devereux, M.P. and Griffith, R. (2003), "Evaluating Tax Policy for Location Decisions," *International Tax and Public Finance*, No.10 (2), pp.107-126.

Drazen, A. (1978), "Government Debt, Human Capital, and Bequests in a Life-Cycle Model," *Journal of Political Economy*, Vol.86 (3), pp.505-516.

Feldstein, M. (1976), "On the Theory of Tax Reform," *Jornal of Public Economics*, Vol.6 (1-2), pp.77-104.

Feldstein, M. (1977), "The Surprising Incidence of a Tax on Pure Rent: A New Answer to an Old Question," *Journal of Political Economy*, Vol.85 (2), pp.349-360.

Harberger, A.C. (1962), "The Incidence of the Corporation Income Tax," *Journal of Political Economy*, Vol.70 (3), pp.215-240.

Hutton, J.P. and Lambert, P.J. (1980), "Evaluating Income Tax Revenue Elasticities," *The Economic Journal*, Vol.90 (363), pp.901-906.

Hutton, J.P. and Lambert, P.J. (1982), "Modelling the Effects of Income Growth and Discretionary Change on the Sensitivity of UK Income Tax Revenue," *The Economic Journal*, Vol.92 (365), pp.145-155.

Ihori, T. (2001), "Wealth Taxation and Economic Growth," *Journal of Public Economics*, Vol.79 (1), pp.129-148.

Ishi, H. (1989), *The Japanese Tax System*, Oxford University Press.

Kakwani, N.C. (1977a), "Measurement of Tax Progressivity: An International Comparison," *The Economic Journal*, Vol.87 (345), pp.71-80.

Kakwani, N.C. (1977b), "Applications of Lorenz Curves in Economic Analysis," *Econometrica*, Vol.45 (3), pp.719-728.

Kaldor, N. (1955), An Expenditure Tax, George Allen & Unwin Ltd, (時子山常三郎監訳 (1963)『総合消費税』東洋経済新報社).

Kaneko, M. (1982), "The Optimal Progressive Income Tax: The Existence and the Limit Tax Rates," *Mathematical Social Science*, Vol.3, pp.193-222.

Khetan, C.P. and Poddar, S.N. (1976), "Measurement of Income Tax Progression in a Growing Economy: The Canadian Experience," *The Canadian Journal of Economics*, Vol.9 (4), pp.613-629.

Kiefer, D.W. (1984), "Distributional Tax Progressivity Indexes," *National Tax Journal*, Vol.37 (4), pp.497-513.

King, M and D.Fullerton (1984), *The Taxation of Income from Capital: a Comparative Study of the United States, the United Kingdom, Sweden, and West Germany*, The University of Chicago

Press.

Krzyaniak, M. and Musgrave, R.A. ed. (1963), *The Shifting of the Corporation Income Tax: An Empirical Study of its Short-run Effect upon the Rate of Return*, Johns Hopkins Press.

Kotlikoff, L.J. and L.H.Summers (1981), "The Role of Intergenerational Transfers in Aggregate Capital Accumulation," *Journal of Political Economy*, Vol.89 (4), pp.706-732.

Liu, P. (1985), "Lorenz Domination and Global Tax Progressivity," *Canadian Journal of Economics*, Vol.18 (2), pp.395-399.

Mieszkowski, P.M. (1967), "On the Theory of Tax Incidence," *The Journal of Political Economy*, Vol.75 (3), pp.250-262.

Mieszkowski, P.M. (1972), "The Property Tax: An Excise Tax or a Profits Tax?," *Journal of Public Economics*, Vol.1 (1), pp.73-96.

Mirrlees, J.A. (1971), "An Exploration in the Theory of Optimal Income Taxation," *The Review of Economic Studies*, Vol.38 (2), pp.175-208.

Mirrlees, J.S, S. Adam, T. Besley, R. Blundell, S. Bond, R. Chote, M. Gammie, P. Johnson, G. Myles and J. Poterba. ed. (2010), *Dimensions of Tax Design: the Mirrlees Review*, Oxford University Press.

Mulheirn, Ian and Mario, Pisani (2008), "Working Tax Credit and labour supply," *Treasury Economic Working Paper*, No.3.

Musgrave R.A. and T. Thin (1948), "Income Tax Progression, 1929-48," *The Journal of Political Economy*, Vol.56 (6), pp.498-514.

Netzer, D. (1966), *Economics of the Property Tax*, The Brookings Institute, Washington, D.C.

OECD (2011), *Consumption Tax trends 2010: VAT/GST and Excise Rates, Trends and Administration Issues*, OECD Publishing.

Oh. S. (2008), "Estimation of Loss of Tax Revenue due to a Declining Number of Children and an Aging Population", 『千里山経済学』第41巻, pp.1-11.

Piotrowska, J and W. Vanborren (2008), "The Corporate Income Tax Rate-Revenue Paradox: Evidence in the EU," *Taxation Papers*, No.12.

Ramsey, F.P. (1927), "A Contribution to the Theory of Taxation," *The Economic Journal*, Vol.37 (145), pp.47-61.

Saez, Emmanuel (2001), "Using Elasticities to Derive Optimal Income Tax Rates," *Review of Economic Studies*, Vol.68, pp.205-229.

Sadka, E. (1976), "On Income Distribution Incentive Effects and Optimal Income Taxation," *Review of Economic Studies*, Vol.43 (2), pp.261-268.

Seade, J.K. (1977), "On the Shape of Optimal Tax Schedules," *Journal of Public Economics*, Vol.7 (7), pp.203-235.

Seade, J.K. (1982), "On the Sigh of the Optimum Marginal Income Taxation," *Review of Economic Studies*, Vol.49, pp.637-647.

Stern, N.H. (1976), "On the Specification of Models of Optimum Income Taxation," *Journal of Public Economics*, Vol.6 (1-2), pp.123-162.

Suits, D.B. (1977), "Measurement of Tax Progressivity," *American Economic Review*, Vol.67 (4), pp.747-752.

Tobin, J. (1998), Money, credit and capital, McGraw-Hill（薮下史郎・大阿久博・蟻川靖浩訳（2003）『トービン金融論』東洋経済新報社.）.

Tuomala, M. (1984), "On the Optimal Income Taxation: Some Further Numerical Results," *Journal of Public Economics*, Vol.23 (3), pp.351-366.

Wildasin, D.E. (1988), "Nash Equilibria in Models of Fiscal Competition," *Journal of Public Economics*, Vol.35 (2), pp.229-240.

Wilson, J.D. (1986), "A Theory of Interregional Tax Competition," *Journal of Urban Economics*, Vol.19 (3), pp.296-315.

Zodrow, G.R. and P. Mieszkowski (1986), "Pigou, Tiebout, Property Taxation, and the Under Provision of Local Public Goods," *Journal of Urban Economics*, Vol.19, pp.356-370.

〈学習案内〉

1. 文献案内

　本書は、税理士志望の大学院生および学部のゼミ生をターゲットとしています。大学院生には、修士論文、ゼミ生には卒業論文の論文の作成が求められます。修士論文の作成や卒業論文作成には、数多くの文献を読みこなし、統計資料を駆使することが求められます。また、論文を作成するにあたっては、基礎的な経済学の知識も必要です。そこで、まず経済学の基礎科目を勉強しておこうという人には、

　(1)　伊藤元重著『入門経済学』日本評論社
　(2)　市岡修著『経済学』有斐閣コンパクト

をお勧めします。(1)は平易な説明の入門書でありながら、経済学のほぼすべての分野をカバーした良書です。(2)は、(1)よりもより専門的で、多少数式を使用しています。

　財政学の基礎知識が不足している人には、

　(3)　橋本恭之『入門財政』税務経理協会
　(4)　橋本徹・山本栄一・林宜嗣・中井英雄『基本財政学［第3版］』有斐閣
　(5)　能勢哲也『現代財政学』有斐閣

をお勧めします。(3)には、経済数学、ミクロ経済学、マクロ経済学の基礎知識の解説もあります。(4)は、財政学の伝統的なスタイルにしたがって予算制度、政府支出、租税制度、公債の問題がとりあげられています。(5)は、財政学説やミクロ経済学やマクロ経済学の応用としての財政理論の解説に力を入れています。

　本書よりもレベルの高い専門書にチャレンジする意欲ある人には、

　(6)　井堀利宏『課税の経済理論』岩波書店
　(7)　藤田晴『所得税の基礎理論』中央経済社
　(8)　橋本恭之『日本財政の応用一般均衡分析』清文社

をお勧めします。(6)は、租税理論を包括的に論じた研究書です。研究者を目指す人の必読文献です。(7)は、本書と同様に、税理士志望の大学院生を対象としたテキストです。所得税に対象を限定しているため、本書よりも専門的な内容まで踏み込んだ解説がおこなわれています。(8)は、応用一般均衡分析に興味の有る研究者志望の学生さん向きの専門書です。

　卒業論文や修士論文を執筆するには、単行本だけでなく専門論文を読むことも必要です。税制関係の専門論文の掲載雑誌としては、以下がおすすめです。

　(9)　『税研』
　(10)　『租税研究』
　(11)　『税経通信』

(9)は、税制に関する専門誌ですが、一般向けに執筆されています。(10)は、シャウプ勧告にもとづいて設立された日本租税研究協会発行の専門誌です。会員懇談会の速記録と研究報告が掲載されています。(11)は、税務経理協会発行の専門誌です。一般向けに書かれています。

2．研究計画書について

　修士論文、卒業論文の作成に際しては、研究計画書を作成することもお勧めします。研究計画書には、論文の目的、先行研究のサーベイ、分析手法、参考文献リストなどを盛り込みます。

論文の目的：論文の目的を書くときのコツは、問題意識を明確にすることです。税制に関する新聞記事とか雑誌を読むと、いまの税制に対する不満などが出てくるはずです。問題意識が固まったら、そのテーマに関する専門家の論文を読んでみましょう。一人の著書の論文だけでなく、幅広く目を通してください。上記の文献案内で例示した専門誌がお勧めです。まずは、現行税制を正確に把握し、現状を確認することが大事です。日本の制度だけでなく、諸外国の制度とも比較してみましょう。計画書には、これらの調査結果を簡潔にまとめることで問題意識と目的を記述していくとよいでしょう。

先行研究のサーベイ：論文の目的の後には、先行研究のサーベイをつけてください。そのためには、専門論文を読む必要があります。論文は、インターネットの文献検索サイトに、キーワードを入れて探すとよいでしょう。論文を入手したら、序文と結論部分を読んで、メモを作成しましょう。論文の手法の違い、使用データの違いなどを抜き出すとよいでしょう。

分析手法：ひととおり、先行研究に目を通すと、先行研究では取り扱われていなかった課題が見えてくるはずです。理想的にはこれらの残された課題に取り組んで欲しいところですが、卒業論文や税理士志望の人の修士論文なら、先行研究の手法を踏襲して、最新のデータであらためて計測してみることでも十分だと思います。実際に先行研究にしたがって分析をおこなう準備として、どのような手法、データを使うのかをできるだけ詳細に記述してください。

参考文献：計画書には、参考文献リストも付けてください。参考文献リスト作成にあたっては、表記上のルールも守ってください。経済学での標準的なルールは以下のようにまとめられます。

日本語文献

著者名（発行年）『書名』発行所．

著者名（発行年）「論文名」『雑誌名』第○巻,第×号,(ページ)＊．

著者名（発行年）「論文名」編者名『書名』第○章所収,(ページ)＊,発行所．

＊ページ数は省略可。

外国語文献

著者名（発行年),書名,発行所．

著者名（発行年),論文タイトル,雑誌名,Vol.○,No.○,ページ．

著者名（発行年),論文タイトル,in 編者名 ed.,書名,ページ．

著書名（発行年),書名,発行所,(訳者名（訳書発行年)『訳書名』発行所).

索　引

【ア　行】

アカウント方式　53,149
アダム・スミスの4原則　19
新しい見解　241
新しい最適所得税論　110
安定性　282
遺産消費動機　245,246
遺産税　230
遺産動機　245
一律分離課税　64
一般均衡分析　209,242
一般消費税　52,54
移転資産　252
移転所得　26
インピュテーション方式　201,222,223
インボイス　149,151
インボイス方式　53,67,150,151
売上税　64,146
益金　193
益税　67,148,154,174,175,176
応益原則　23,280
応益性　279,284
応能原則　23
大島訴訟　59

【カ　行】

外形標準化　10,201,292
外形標準課税　191
カウンシルタックス　281

カクワニ指標　112,113,114
課税最低限　126,127,138
課税単位　58,140
課税の犠牲説　24
課税の効率性　156
課税ベースの拡大　76
課税ベースの浸食　79
カーター報告　201
カルドア　29
簡易課税　65
簡易課税制度　53,67,71,148,154,176,177
間接税　2
間接税中心　6
簡素性　22
擬制説　61
帰属サービス消費　26
帰着　40,207,241
義務説　20
逆進性　179,180,182,242
逆弾力性命題　160
キャッシュフロー　202
キャッシュフロー法人税　202,203
キャピタル・インカム　240
キャピタル・ゲイン　240
給付付き消費税額控除　185,187
給付付き税額控除　132,133
給与所得控除　59,60,72,73,92,129
寄与度　124
均一税率化　272
均衡予算帰着　41
均等絶対犠牲　24
均等比例犠牲　24

317

金融所得一体課税　229,259

勤労税額控除　134,136

偶発的遺産　245

偶発的遺産動機　246

グリーン・カード制度　54,55

クロヨン　73,79

経済的帰着　40

経済的分類　3

限界控除制度　53,67,148

限界実効税率　215,216,217

限界社会的重要度　32

限界税率累進性　105

限界費用曲線　42

減価償却　2,193,203,206

現在価値　162,206,239

現代的支出税　30

交際費　195,222

厚生経済学の第1基本定理　24

厚生経済学の第2基本定理　25

後転　208

公平性　20,22

効用可能性曲線　35

小売売上税　150

功利主義　33

功利主義的な社会的厚生関数　33

効率性　22

国税　2

個人住民税　271

個人単位　140

国境税調整　150

固定資産税　11,241,294,296

固定資産の税負担調整措置　277

古典的支出税　29

子ども手当　74,138

個別間接税　143

コミュニティチャージ　280,281

【サ 行】

最小犠牲　24

最小徴税費　20

財政的外部性　285

最適課税論　31,32,78,80

最適間接税　160

最適間接税論　38

最適所得税論　39,103

最適線形所得税　104

最適非線形所得税　108

再分配係数　112,113,120,121

再分配効果　123,124

財務省型実効税率　215

財務省報告　25

差別的帰着　41

サラリーマン増税　72

残存価額　195

三位一体の改革　90

残余所得累進性　105,112

仕入控除方式　149

自家消費　26

事業税　10,273

事業税の外形標準化　52,274

事後的平均実効税率　215

資産課税　2,227

資産保有税　227

支出税　2,29,201,202,258,259

自然増収　48

事前的平均実効税率　215

市町村税　269

ジニ係数　112,113,120,123

死亡の不確実性　245

資本コスト　206

資本所得　236

索　引

資本所得の最適課税　236
シャウプ勧告　25,47,84,201,228,230,284
社会的厚生関数　32,34
社会的無差別曲線　34,107
社会保険料控除　95,131,132
従価税　41
自由放任　19
従量税　41,42,156
宿泊税　287
取得税　230
需要の価格弾力性　44
少額貯蓄非課税制度　228
少額配当申告不要制度　228
償却率　195
消失控除制度　103
消費課税　2
消費者余剰　156
消費譲与税　148,275
消費税　2,65,66,143,146,148,149
消費税の逆進性　67
将来価値　162
所得課税　2
所得効果　99,159
所得控除　93,95,131,138
所得税　2
所得の平均化　30
所得割　272
新型間接税　62,64
申告分離課税　229
新古典派経済成長モデル　246
伸張性　282
人的控除　139
人頭税　280
垂直的公平　23,28
水平的公平　23,28,167

スーツ指標　112,113
税額控除　138
税源移譲　91
生産者余剰　156
税収弾性値　12,17
税収ロス　173
製造業者売上税　62
政府税制調査会　47
税負担の集中度　113,114
税負担累進性　105,106,112
生命保険料控除　131,132
税率表のフラット化　76
セカンド・ベスト　25,31
世帯単位　140
世代重複モデル　164
絶対的帰着　41
ゼロ税率　64,146,183
前段階税額控除方式　149
前転　208
戦略的遺産動機　246
総合課税　77,84,258
相続時精算課税制度　232
相続税　233,262
総費用曲線　42
総余剰　156
贈与税　235
租税関数　114
租税帰着　40
租税競争　285,288
租税原則　19
租税特別措置　220
租税の外部性　285
租税の3原則　22,69
租税の分類　1
租税の累積　149
租税輸出　285,286

319

損金　193

【タ　行】

代替効果　99,166
タイル尺度　113,124,125
竹下税制改革　65
多段階課税　62,149
単段階課税　62,150
小さな政府　19
地方消費税　53,143,148,275
地方税　2
地方法人特別税　191
超過課税　269
超過負担　156,157,158,237
徴税費　22
帳簿方式　149
直接税　2
直接税中心　6
直接税中心主義　84
貯蓄二重課税論　167
貯蓄に対する二重課税　23
直間比率　6,68,79,143
定額法　193,195,205
定率法　193,205
転嫁　207
伝統的見解　241
伝票方式　150
等税収曲線　107
道府県税　269
特定口座　229
特定支出控除　92,131
特定扶養控除　74
独立税主義　283
トービンのQ　207
取引高税　62,149

【ナ　行】

内生的成長モデル　247
二元的所得税　79
二元的所得税論　78,236,238,258,259
2段階支出税　30
2分2乗　140
2分2乗制度　58
日本型付加価値税　62
年金課税　63
納税協力費　22
納税者番号制度　75

【ハ　行】

配偶者控除　73
配偶者特別控除　59,102,103
配当軽課　200
配当税額控除　200
配当割　271
バーグソン・サムエルソン型の社会的厚生
　関数　32
ハーバーガー・モデル　209
パレート最適　25
バローの中立命題　245
費用収益対応の原則　193
標準税率　269
比例税率化　272
貧困の平等　24,37
ファースト・ベスト　25,31
付加価値税　149
複数税率　151,183
複数税率化　67
負担分任　271,280
普通税　269

索　引

物品税　62
負の所得税　104,133,134
部分均衡分析　242
普遍性　282,300
扶養控除　74,93,138
ブラケット・クリープ　76,85,121
フリンジ・ベネフィット　26,82,197,225
フリンジ・ベネフィット税　226
分離課税　258
分類所得税　78,84
平均実効税率　216
平均税率　217
平均税率累進性　105,106,111
便宜性　20
ベンサム　33
包括的支出税　30
包括的所得　23,25
包括的所得税　23,25,28,76,167,168,201,258
包括的所得税論　84
法人擬制説　198,199,200,201
法人実効税率　17,191,216
法人実在説　199,200
法人税　61,193
法人税と所得税の二重課税　40
法人税の実効税率　64
法人税の税率・税収パラドックス　212,214
法人税の転嫁　50,51
法人税の転嫁度　51
法人税割　273
法制上の帰着　40
法定外普通税　269
法定税率　215,216,217
法定相続分課税制度　230,233

法定普通税　269

【マ　行】

マキシミン原則　33,38
マーリーズ・レビュー　82,217,245
マル優　65,228
未実現のキャピタル・ゲイン　26
ミード報告　29,202
みなし仕入率　148,154
明確性　20
免税点制度　148
目的税　23,269

【ヤ　行】

夜警国家　19
要素市場　2
要素所得　26

【ラ　行】

ライフサイクル資産　252
ライフサイクル・モデル　161,162,164,168
ラムゼー　38
ラムゼー・ルール　39,160,237
ランプサム・タックス　24,159
利益説　19,52,200,274
利子割　271
利他的遺産動機　245,246
累進性の定義　105
累進税率表　111
累進度　14,60,111,112,113,118,122
累積課税　62
累積取得税　230,243

321

レーガン税制改革　25,48,57,192
労働供給　99
労働所得税と消費税の等値性　161,164
ロックイン効果　236
ロックイン効果（凍結効果）　243
ロールズ　33
ローレンツ曲線　112

【ワ　行】

ワグナーの9原則　20,21
割引率　162

【A～Z】

K-Mモデル　51,210
S法人　224

著者紹介

橋本　恭之（はしもと　きょうじ）

1983年	関西大学経済学部卒業。
1985年	関西大学大学院経済学研究科前期課程修了。
1989年	大阪大学大学院経済学研究科博士後期課程単位取得後退学。
1989年	桃山学院大学経済学部助教授。
1995年	関西大学経済学部助教授。
現在	関西大学経済学部教授。
	博士（経済学）大阪大学。

〈主著〉
『税制改革の応用一般均衡分析』関西大学出版部、1998年
『日本財政の応用一般均衡分析』清文社、2009年（第18回租税資料館賞）

鈴木　善充（すずき　よしみつ）

1999年	関西大学経済学部卒業。
2003年	関西大学大学院経済学研究科博士課程前期課程修了。
2008年	関西大学大学院経済学研究科博士課程後期課程修了。
2008年	関西社会経済研究所研究員。
2011年	大阪大学大学院医学系研究科保健学専攻特任助教。
2012年	近畿大学世界経済研究所専任講師。
現在	近畿大学短期大学部准教授。
	博士（経済学）関西大学。

〈主要論文〉
「消費税における益税の推計」『会計検査研究』第43号, pp. 45-56, 2011年

租税政策論
そぜいせいさくろん

2012年6月15日　初版発行
2016年10月31日　第2刷発行

著　者　橋本　恭之／鈴木　善充 ©
　　　　はしもと　きょうじ　　すずき　よしみつ

発行者　小泉　定裕

発行所　株式会社 清文社
　　　　東京都千代田区内神田1-6-6（MIFビル）
　　　　〒101-0047　電話 03(6273)7946　FAX 03(3518)0299
　　　　大阪市北区天神橋2丁目北2-6（大和南森町ビル）
　　　　〒530-0041　電話 06(6135)4050　FAX 06(6135)4059
　　　　URL http://www.skattsei.co.jp/

印刷：大村印刷㈱

■著作権法により無断複写複製は禁止されています。落丁本・乱丁本はお取り替えします。

ISBN978-4-433-53802-6